新約聖書・ヘレニズム原典資料集

The New Testament in the Hellenistic World: A Collection of Original Texts

Edited and Translated by Takashi Onuki and Kenji Tsutsui

大貫 隆・筒井賢治＝編訳

University of Tokyo Press

東京大学出版会

The New Testament in the Hellenistic World:
A Collection of Original Texts
Edited and Translated by Takashi Onuki and Kenji Tsutsui
University of Tokyo Press, 2013
ISBN 978-4-13-012450-8

はじめに

I　本書の編集の動機と目的

本書は新約聖書の文書配列に沿って進みながら，ヘレニズム文化圏に参照に値する原典資料があれば，そのつどそれを日本語訳で紹介するものである．その際，「原典資料」には，紙媒体に書かれたものばかりではなく，金石碑文も含まれる．「ヘレニズム文化圏」も広義に解される．すなわち，古代末期（西暦紀元前後の数世紀）のヘレニズム文化の影響を受けたオリエント文化と，逆にオリエント文化の影響を受けたギリシア・ローマ文化の両方にわたる概念である．それは古代末期の地中海オリエント世界におけるいわゆる「思想混淆」とほぼ同じ意味である．

この意味でのヘレニズム文化圏で生み出された原典は，このところ目覚ましい勢いで相次いで邦訳されている．それは質量ともに，本書の編著者たちの修業時代とくらべて隔世の感がある．そのことを知るには，例えば，本書の重要な先行類書でもある『原典新約時代史』（蛭沼寿雄・秀村欣二・新見宏・荒井献・加納政弘，山本書店，1976年）を見ればよい．この書は「時代史」と銘打たれてはいるが，思想史も含んだ網羅的かつ浩瀚な資料集である．全体は，第一編「ヘレニズム・ローマ世界」と第二編「新約時代のユダヤ」に分かれており，第一編では「哲学」，「宗教」，「グノーシス主義」の原典資料も紹介されている．第二編でも旧約聖書外典，ユダヤ教黙示文学の文書，ヨセフス，アレクサンドリアのフィロンなどが，すべて編著者による原典からの抜粋訳で収録されている．原典訳であることは，もちろん編著者たちの見識によるものである．しかし，それと同時に，当時信頼できる邦訳がまだ僅かしか存在しなかったという事情も働いていたに違いない.

しかし，奇しくもこの著作の刊行された1970年代の半ばを境として，それ以降，広義のヘレニズム文化圏の原典の邦訳刊行が目覚ましい勢いで始まったのである．その内の顕著なものを挙げれば，1970年代後半には，旧新約聖書の外典偽典のほぼすべての邦訳が刊行された（『聖書外典偽典』全7巻，別巻2，教文館）．続く1990年代後半には，1945年に上エジプトで発見されたグノーシス主義の直接資料である『ナグ・ハマディ文書』の主要部分の邦訳が刊行された（全4巻，岩波書店）．ほぼ同じ頃から21世紀に入ると，一連のギリシア・ローマの古典作品の邦訳が，網羅的に，しかも矢継ぎ早に刊行され始め，現在に至っている（『西洋古典叢書』京都大学学術出版会）．その他にも，ここでは詳細は省略するが，同様な規模の企画や個別の邦訳の刊行も少なくない（巻末の「出典一覧表」参照）.

ただし，このような邦訳の目覚ましい進展は，逆に全体の見渡しがたさを生み出している．ヘレニズム文化圏のどの著者のどの著作が邦訳で読めるのか．新約聖書のどの箇所がそれらとどのように関連するのか．場合によっては，並行するのか．新約聖書をより深く理解するために，どの著者のどの著作のどの箇所を参照すればよいのか．それはどこで手に入るのか．

本書はこの困難を解決するために編まれた．そのため，本書は可能な限り邦訳の有無を調べ，信頼できる邦訳を抜粋して採用し，新約聖書の該当する箇所と照らし合わせて読むことができるようにしている．それが本書の目指す利便さと役割である．

ただし，本書は旧約聖書から関連する箇所を抜粋することは，紙幅の都合で断念している．当然ながら，旧約聖書は新約聖書の背景として最たるものであって，関連する箇所を挙げ始めれば，文字通りきりがないからである．

また，古代末期に生み出されたユダヤ教文書の内，後2世紀以降のいわゆるラビ伝承からの資料も，必要最小限の範囲に限っている．その理由は，やはり本書の紙幅の都合に加えて，信頼できる邦訳が非常に少ないことによる．この領域（ユダヤ学）の研究は，最近の我が国でも進展が著しい．しかし，対象となる文献があまりに難解かつ膨大で，そもそも邦訳の企画に馴染まないのである．

逆に本書は，未だ邦訳が存在しないいくつかの重要な碑文および文書からも，かなりの数を本邦初の原典訳で収録している．特に『エピダウロス碑文集』(Inscriptiones Graecae の一部)，『ギリシア語魔術パピルス』(Papyri Graecae Magicae)，『コプト語魔術パピルス』(KZT) がそれに当たる．

ここまで読まれた読者の中には，それでは本書は，新約聖書を歴史的に，とりわけ思想史的に相対化して，同時代あるいは相前後する時代のヘレニズム文化圏の中へ位置づけることを目的とするのだと思われる方がいるかもしれない．もちろん，それは間違いではない．当然のことながら，新約聖書は虚空の中から生まれたのではなく，古代末期の地中海世界の政治史，思想史，宗教史の一定の文脈の中で生まれてきたのである．その中へ新約聖書を位置づけて，理解可能なものとすること，これは学術的な研究にとって，避けて通ることのできない課題だからである．

しかしそれは，かつて20世紀初頭のドイツの宗教史学派が行ったように，新約聖書を動機（モチーフ）史的に周辺世界から「導出」する試みの繰り返しであってはならない．神学的な自由主義を背景として登場した宗教史学派は，新約聖書とキリスト教の絶対性を否定して，周辺世界の思想史と宗教史の中に，新約聖書の大小さまざまなモチーフの先行形態を探し求めたのである．その主たる視線は，当時マンダ教文書やトゥルファン文書などの新資料の発見が相次いだオリエントの宗教思想史に向けられていた．原始キリスト教は，それまでのユダヤ教とギリシア・ローマ文化にオリエント宗教思想史が加わった思想混淆の中に位置づけられ，そこからの「導出」が試みられたわけである．

同じことは，当時のグノーシス研究にも見られた．H・ヨナス『グノーシスと古代末期の精神』(初版1934年）がそれを「観念の錬金術」と呼んだことはよく知られている．ヨナスはそれに代えて，思想の「全体原理」としての「イデー」，すなわち，それを生み出した人間たちの根源的な実存の姿勢を解明する必要を提言した．

本書も「観念の錬金術」のために，ヘレニズム世界の中に並行する原典資料を探すのではない．そうではなくて，引照される原典は，新約聖書の個性と独自性をよりよく理解するための手がかりでなければならない．それは再び新約聖書とキリスト教の絶対性を弁証するためではない．そうではなくて，それ自身の個性を具えた思考はすべて，「観念の錬金術」からは理解できないという理由からである．

本書における原典資料の選び方は，この目的と密接に関係している．本書では，新約聖書の箇所と紹介される原典資料の間の時間的な関係には，確たる原則はない．例えば，原典資料が新約聖書の該当箇所に先行して，その歴史的説明に，ましてや「導出」に資するとは限らない．むしろ，原典資料は対応する新約聖書の箇所の個性あるいは独自性を際立たせるため，つまり違いの観点から紹介される場合も少なくない．あるいは新約聖書の箇所が原典資料の側に影響を及ぼしている関係，つまり影響史の観点から紹介する原典資料もある．この点については，必要に応じて，各項の最初におかれた解説の中で説明を施している．

II　本書の構成，訳文，出典表記について

本書の構成は，新約聖書の文書配列に沿って，かつ，個々の文書の章節順に，参照に値するヘレニズムの著者・著作の断章を紹介していくかたちになっている．

ただし，福音書については，周知のように，内容の同じ記事が重複している場合（いわゆる「並行記事」）が少なくない．そのような場合は，マルコ福音書の箇所を規準にして，他の福音書の並行箇所も一括して表記する．その結果，マタイ，ルカ，ヨハネ福音書についてみると，それぞれ取り上げられる箇所の章節は，順不同となるので要注意である．

取り上げられる新約聖書の箇所は，通し番号で整理されている．掲出された訳文は原則として日本聖書協会発行の『聖書　新共同訳』に準じているが，比較参照されるべきヘレニズムからの原典資料との関連性をより明瞭にするために，適宜変更を加えている．したがって，本質的には本書の編者による私訳と考えていただいて構わない．また，掲出される箇所の内容を示す簡潔なキーワードを見出しとして付している他，各項の最初の解説の中でも，必要に応じて内容を報告している．

逆にヘレニズムの原典資料の場合も，既存の邦訳から採用して本書に採録したものについては，新約聖書の該当箇所との比較参照のために，必要最小限の範囲で補正を加えている場合があることをお断りしておかねばならない．それぞれの訳者の方々のご理解をお願いする所以である．

さらに，引照される翻訳本文で用いられる括弧類の意味は次の通りである．

［　］: これには二通りある．(1) 読者の読解を容易にするために，訳者が文脈上および歴史的な情報を提供する場合，(2) 原典そのものにおいて，該当箇所のテキスト（本文）が破損・欠落しているために，それぞれの訳者が最も蓋然性が高いと判断する研究上の提案に従って復元する場合．これら二通りの場合の表記は，原典と訳者が異なるごとに微妙に相違するために，本書では敢えて区別せず，同じ［　］括弧に統一した次第である．この点についても，それぞれの訳者の方々のご理解をお願いしたい．

（　）: これにも二通りある．(1) 単語レベルの訳語について，訳者がギリシア語あるいはラテン語などの原綴，あるいは別訳の可能性を提示する場合，(2) 原典そのものにおいて，挿入語あるいは挿入文である場合．

〈　〉: 原典そのものにおいて，該当箇所のテキスト（本文）に破損・欠落はないが，写字生による筆写ミスなどでテキストの文章そのものが不完全と思われる場合に，それぞれの訳者が最も蓋然性が高いと判断する研究上の提案に従って補正したもの．

採用したそれぞれの訳文の訳者が誰であるかは，巻末に付す出典一覧表から判別できるようになっている．そのために，出典一覧表は可能な限り精密に作成されている．例外的に訳文の末尾に訳者名（ほとんどが本書の編著者）を記したのは，次のような場合に限られる．(1) 邦訳が存在しない場合，(2) 邦訳はあるが，それが抄訳であるために，本書に採用する箇所が欠けている場合，(3) 邦訳はあるが，本書の編著者が独自訳を持っていたために，敢えてそれを採用する場合，(4) 出典一覧表からの判別は可能だが，訳者が複数である場合のように，判別に困難を伴う場合．以上すべての場合について，翻訳の底本は出典一覧表の II に掲出している．これらの場合以外は，本論部に訳者名は一切表記していない．なお，『聖書　新共同訳』の続編（1987年）所収の文書については原則として出典一覧表に記していない．

最後に巻末の「著者・著作解説」について一言させていただく．当然ながら本書では，ヘレニズム世界からの同一の原典が，新約聖書のさまざまな箇所で繰り返し引照される場合が少なくない．各項の最初の解説でそのつど同じことを繰り返す無駄を省くために，巻末に「著者・著作解説」を設けた．著者（人物）の場合は，原則として年譜だけに限定し，著作にはあまり触れていない．しかし，著者（人物）ではなく，作品名だけが分かっているもの，あるいは文書群（例えば『ナグ・ハマディ文書』，あるいは『死海文書』など）も取り上げて，可能な限り簡潔に解説している．「著者・著作解説」に取り上げられている著者および著作については，各項の最初の解説やその他で言及される際に，必要に応じて右肩に*印を付している．

編著者　大貫 隆・筒井賢治

目　次

マタイによる福音書

ルカによる福音書

ヨハネによる福音書

使徒言行録

ローマの信徒への手紙

コリントの信徒への第一の手紙

コリントの信徒への第二の手紙

ガラテヤの信徒への手紙

エフェソの信徒への手紙

コロサイの信徒への手紙

テサロニケの信徒への第一の手紙

テモテへの第一の手紙

テモテへの第二の手紙

ヘブライ人への手紙

ペトロの第一の手紙

ペトロの第二の手紙

ヨハネの第一の手紙

ユダの手紙

ヨハネの黙示録

マルコによる福音書と並行記事

1 「神の子イエス・キリストの福音」
マルコ 1, 1

福音書記者マルコが冒頭で使った「福音」という単語は，ギリシア語では *εὐαγγέλιον*/euangelion（複数形は *εὐαγγέλια*/euangelia）と書かれ，「良い（*εὐ*/eu）知らせ（*ἀγγελί-*/angeli-）」という意味の合成語である．この言葉がキリスト教ないしイエスのメッセージの本質を指す術語として定着しているのは周知の通りであり，マルコ以前からパウロが使っている（ガラテヤ 1,6 以下等）キーワードだが，どのような背景からこのような用語法が生まれたのだろうか．手がかりとして指摘されるのが以下のような用例である．A ではアウグストゥス（在位前 27–後 14 年），B ではウェスパシアヌス（在位 69–79 年）の即位が *εὐαγγέλια*/euangelia（複数形）と呼ばれている．両者とも激しい権力闘争に勝ち残って実権を握った人物であり，そのことによって世界に平和をもたらしたことが称揚されている．イエスの活動も，それに対抗する意味で世界に平和をもたらすものとして理解され，宣教されたのかもしれない．

マルコ 1, 1

1神の子イエス・キリストの福音の初め．

A　プリエネ碑文 SIG II 456（『原典新約時代史』蛭沼寿雄他，山本書店，1976 年，37 頁による）

天の摂理がアウグストゥスをもたらし，彼をわれらとわれらの子孫のために救い主（σωτήρ/sōtēr）として遣わし，戦争をやめさせ，万物に秩序を与えた.（中略）なぜなら彼は彼以前の善行者に優るだけでなく，後世の何人も彼より卓越する見込みをもちえないからである．この神の生誕日は彼がもたらした福音（εὐαγγέλιον/euangelion）の世界に始まる日である.

B　ヨセフス*『ユダヤ戦記』IV, 618. 656

東方における皇帝誕生の知らせは噂として思うよりも早く広まった．どの都市もこの良き知らせ（εὐαγγέλια/euangelia）を祭りでもって祝い，ウェスパシアヌスのために犠牲を捧げた.（618）

ウェスパシアヌスがアレクサンドリアに到着すると，ローマからの吉報（εὐαγγέλια/euangelia）と，今や自分のものとなった世界の各地からやって来た祝賀の使節たちとに迎えられた.（656）

2　洗礼者ヨハネとその洗礼

マルコ 1, 4-8／マタイ 3, 7-12／ルカ 3, 3-17

洗礼者ヨハネは，ヨルダン川の流域で，「罪の赦しを得させるため」の「悔い改めの洗礼」を施した．その運動は同時代のユダヤ教の根源的な更新を宣べ伝える終末論的なものだった．その背後には，同じユダヤ教の周縁部に広範囲に展開していた洗礼運動が存在した.『死海文書』*で知られるクムラン教団もその一つである．いずれもユダヤ教の体制内革新運動であった．イエスはヨハネの洗礼を受けており，イエスからみればヨハネは師に当る.「わたしよりも優れた方が，後から来られる」（マルコ 1,7 および並行記事）は現在のマルコ福音書の文脈ではイエス（1,9 以下）を指すが，歴史上の洗礼者ヨハネ自身においては，おそらく神を指していたものと思われる．イエスの死後に成立した原始キリスト教会は，自分たちが救い主と信じるイエスを，洗礼者ヨハネよりも「優れた方」としたのである．以下に引くヨセフス*の報告は新約聖書とは独立の伝承に基づいている．マンダ教徒は前述のユダヤ教周縁部に展開した洗礼運動の一つである.『ギンザー』*は彼らの聖文書の中で最も主要なものである．ただし，洗礼者ヨハネに関する伝承は比較的後代に挿入されたもので，グノーシス主義的な神話の枠内で作り直されている．

マルコ 1, 4-8

4洗礼者ヨハネが荒れ野に現れて，罪の赦しを得させるために悔い改めの洗礼を宣べ伝えた．5ユダヤの全地方とエルサレムの住民は皆，ヨハネのもとに来て，罪を告白し，ヨルダン川で彼から洗礼を受けた．6ヨハネはらくだの毛衣を着，腰に革の帯を締め，いなごと野蜜を食べていた．7彼はこう宣べ伝えた．「わたしよりも優れた方が，後から来られる．わたしは，かがんでその方の履物のひもを解く値打ちもない．8わたしは水であなたたちに洗礼を授けたが，その方は聖霊で洗礼をお授けになる．」

A　ヨセフス*『ユダヤ古代誌』XVIII, 117

人間としてのヨハネは根っからの善人であって，ユダヤ人たちに，徳を実行して互いに正義をもとめ，神にたいしては敬虔を実践して洗礼に加わるように教えすすめていた．ヨハネによれば，洗礼は，犯した罪の赦しを得るためではなく，霊魂が正しい行いによってすでに清められていることを神に示す，身体の清めとして必要だったのである．

B　マンダ教文書『ギンザー』*Lidzbarski 192, 15–23; 193, 4–8

洗礼者ヨハネが活ける水のヨルダンを使って，活ける洗礼を施し，「いのち」［マンダ教の神統記で最上位の神］の名を唱えたときに語った言葉．（中略）

それから，マンダ・ダイエー(1)はヨハネと一緒にヨルダン川へ進んで行った．マンダ・ダイエーを目にしたとき，ヨルダンはその眼前で飛び上がり，水は岸を越えた．ヨハネは下の口（肛門）と上の口の間まで，水に浸かった．彼は泳ぐが，立っていられない．マンダ・ダイエーはヨハネを見て，顔を曇らせた．マンダ・ダイエーの栄光がヨルダンを抑え込んだ．ヨルダンがマンダ・ダイエーの栄光を目にしたとき，その水が引いた．そしてヨハネは乾いたところに立った．(192, 15-23)

大海からは魚の声，宇宙の海の両岸からは鳥たちの声が，ヨハネの耳に聞こえてきた．そのとき彼は自分と一緒に進んできたのがマンダ・ダイエーであったことを認識した．そしてヨハネはマンダ・ダイエーに向かって，こう言った．――「あなたこそ，わたしがその御名によって，活ける洗礼を授けてきたお方です．」（193, 4-8）

(1) 語義は「いのちの認識」．マンダ教の神話で，光の世界から地上世界へ遣わされる代表的な使者．

3 イエスの受洗

マルコ 1, 9-11／マタイ 3, 13-17／ルカ 3, 21-22

マンダ教ではイエス・キリストとキリスト教徒が異端として扱われている．次の断章では，共観福音書におけるイエスの受洗が十字架の処刑による最期と一つに見られた上で，悪の権化ルーハーのわざとされている．

マルコ 1, 9-11

9そのころ，イエスはガリラヤのナザレから来て，ヨルダン川でヨハネから洗礼を受けられた．10水の中から上がるとすぐ，天が裂けて“霊”が鳩のように御自分に降って来るのを，御覧になった．11すると，「あなたはわたしの愛する子，わたしの心に適う者」という声が，天から聞こえた．

マンダ教文書『ヨハネの書』§30：Lidzbarski 103, 11-105, 25; 107, 24-108, 5

マリアの息子イエス・キリストに，ヨルダン川へ行って，ヨハネにこう言えと命じたのは誰か．すなわち，「ヨハネよ，あなたの洗礼をわたしに授け，あなたがいつも口にしている御名をわたしの上に唱えてください．もしわたしがあなたの弟子であることを証明したら，わたしはあなたをわたしの書物の中で記憶するでしょう．もしわたしがあなたの弟子であることを証明しないならば，どうぞあなたの書からわたしの名前を消し去ってください．」ヨハネはエルサレムでイエス・キリストに答えて言った，「あなたはユダヤ人たちをたぶらかし，祭司たちを騙した．あなたは男たちの精を断ち，女たちの出産と妊娠を断ち切った．あなたはエルサレムで，モーセが命じた安息日を蔑ろにした．あなたは角笛で彼らをたぶらかし，ショーファル［後出の「鉛の角笛」と同じか］で恥ずべきことを広めた．」（中略）

そこでヨハネはエルサレムでイエス・キリストにこう言った，「吃りが学者になることはなく，盲人が手紙を書くこともない．荒れ果てた家が栄えることはなく，寡婦が処女になることもない．臭い水が美味くなることはなく，石が油で柔らかくなることもない．」（103, 11-105, 25）

そのときイエス・キリストはエルサレムでヨハネに答えて言った，「吃りが学者になり，盲人が手紙を書く．荒れ果てた家が栄え，寡婦が処女になる．臭い水が美味くなり，石が油で柔らかくなる．」（中略）

イエス・キリストがこう言ったとき，アバトゥール(1)の館から一通の手紙が届いた．「ヨハネよ，その嘘つきにヨルダンで洗礼を授けるがよい．その者をヨルダンに降ろして，洗礼を授け，再び岸に引き上げて，立たせるがよい．」そのとき，ルーハー(2)が鳩に姿を変えて，ヨルダンの上に十字架を打ち込む．ヨルダンに十字架を打ち込み，その水をさまざまな色に変えた．ルーハーは言った，「ヨルダンよ，お前はわたしとわたしの七人の息子たち［七惑星］を聖別する．」（107, 24-108, 5）

(1) 語義は「秤」．マンダ教の神統記では上から三番目の神．
(2) ヘブライ語の「ルーアッハ」（霊）と同じ．マンダ教の神話では，闇の領域の支配者．

4 熱病の癒し

マルコ 1, 29-31／マタイ 8, 14-15／ルカ 4, 38-39

マルコ 1, 29-31／マタイ 8, 14-15／ルカ 4, 38-39 では，イエスがシモン・ペトロのしゅうとめの熱病を癒している．オクシュリンコス・パピルス*1381 には，イムテース（*Ἰμούθης*/Imūthēs）による熱病の癒しの物語がある．イムテースは前3世紀のエジプト王朝に仕えた大臣で，エジプト名はイムホテプ（Imhotep）．サッカラにあるジュエル王の階段状ピラミッドの建設者．建築家であると同時に，神官，医者でもあり，後代の書記官たちの守護神としても崇められ，座位で膝の上にパピルスを広げている姿の彫刻が多数彫られた．プトレマイオス朝時代のエジプトではギリシアのアスクレピオス神と習合した．次の断章はその段階に属する．

マルコ 1, 29-31

29すぐに，一行は会堂を出て，シモンとアンデレの家に行った．ヤコブとヨハ
ネも一緒であった．30シモンのしゅうとめが熱を出して寝ていたので，人々は早
速，彼女のことをイエスに話した．31イエスがそばに行き，手を取って起こされ
ると，熱は去り，彼女は一同をもてなした．

イムテース（イムホテプ）-アスクレピオス（オクシュリンコス・パピルス 1381, 51-57, 79-145, 203-222 行）

（第III欄）この神（イムホテプ）は善き（救いの）わざを喜んでしてくださる神である．人々を苦しめている病気について，しばしば医術も為す術を知らない．そのような場合でも，この神は善き御心によって，たとえその人々の敬虔さがその場限りのものであっても，彼らを癒してくれた．（中略）（第IV欄）さて，その後この私にも突然に右側の脇腹が痛み始めた．私は急いで人間である医者のところへ助けを求めに走ったが，この時もこの神は大変はるかに慈愛に富んでおられた．すなわち，事の次第を聞かれると憐れみを覚えられて，ご自身の善きわざ（癒し）を力強くお示しになられた．そのわざが本当であることを証明するために，私は今からこの神が行われた恐るべき奇跡について（第V欄）語ろうと思う．それは万の生き物が寝静まった夜のことだった．起きているのは，体に痛みを抱えた者たちばかりだった．すると神のようなものが力強く出現した．高熱が私（の全身）を襲い，ひどく苦しめた．呼吸は困難になり，咳が出て，肋膜からは激痛が襲ってきて，私の体は痙攣した．痛みで頭痛もひどくなり，昏睡状態になった．私の母は生まれつき情愛の深い人だったので，まるで小さな子供に対してするように，私の苦しみを我が身に負って，私

の側に坐ったまま，片時も眠らなかった．その時，私は突然見たのである．それは夢でも眠りの中でもなかった．なぜなら，私の目は見開かれて不動の状態だったからである．その目で見たものは，たしかに明瞭ではなかったが，［この後の文章（数行分？）本文が壊れていて判読が困難．おそらく女性的な存在が出現］（第 VI 欄）幻影の中へ入って行った．そして彼女は私に，神ご自身にせよ，あるいはその仕え人にせよ，じっと凝視して探求したりしないようにと命じた．ところが，一人の巨大な人物が，あるいは人間に姿を変えただけかもしれないが，明るい色の亜麻布に身を包んで，左手には書物を持って，そこにいるではないか．その人物は私を頭から足の先まで，二回あるいは三回と眺め回した後，突然見えなくなった．母の方は目が正気にもどった後もまだ震えながら，私を起こそうとした．しかし，私から高熱がすでに去り，私がひどく寝汗をかいたことを発見すると，神が現れてくださったのだと分かって，跪いて礼拝した．それから私の体を拭いて，私の気を確かにしてくれた．（第 VII 欄）それから母は神がしてくれた奇跡のわざを私に話して聞かせようとしたので，この私の方から彼女にすべてのことを話して聞かせた．すなわち，私が幻で見たことはすべて，夢を通して私に示されたことだったのである．それから私は肋膜痛が治った．神が痛みを消して私を癒してくださったのである．私は神のこの善行を人々に告げ知らせよう．（中略）

（第 X 欄）真直ぐな思いの善良なる者たちよ，あなたがたはこちらへ来なさい．不信心で誹謗中傷を事とする者たち，あなたがたは去りなさい．［この後の文章は本文が壊れていて判読が困難］神に仕える者たち，あなたがたは病気から解き放たれた．医術を身につける者たち，癒しの異能を身につけるために熱心に励む者たち，多くの善きわざに与った者たち，海難から救い出された者たち．これらすべてにわたって働いているのはこの神の救いの力である．私はこの神の力が四つの形で現れたこと，その善行の偉大さと贈与の賜物を告げ知らせよう．（以下略）（大貫隆訳）

5　重い皮膚病の癒し

マルコ 1, 40-45／マタイ 8, 1-4／ルカ 5, 12-16

この記事では，イエスが重い皮膚病を癒す．イエスの所作は，手で相手に触れること，そして「よろしい，清くなれ」という発言のみである．しかし，次に引くレベネ（クレタ島）のアスクレピオス神殿の奉献碑文では，アスクレピオス神の言葉として，事細かに食事療法が指示される点で，民間療法あるいは病気治癒の魔術（後出 109 の B-2 参照）との類縁性が感じられる．

マルコ 1, 40-45

40さて，重い皮膚病を患っている人が，イエスのところに来てひざまずいて願い，「御心ならば，わたしを清くすることがおできになります」と言った．41イエスが深く憐れんで，手を差し伸べてその人に触れ，「よろしい，清くなれ」と言われると，42たちまち重い皮膚病は去り，その人は清くなった．43イエスはすぐにその人を立ち去らせようとし，厳しく注意して，44言われた．「だれにも，何も話さないように気をつけなさい．ただ，行って祭司に体を見せ，モーセが定めたものを清めのために献げて，人々に証明しなさい．」45しかし，彼はそこを立ち去ると，大いにこの出来事を人々に告げ，言い広め始めた．それで，イエスはもはや公然と町に入ることができず，町の外の人のいない所におられた．それでも，人々は四方からイエスのところに集まって来た．

『ギリシア語碑文集成』* (SIG)³III, No. 1171：レベネ（クレタ島）のアスクレピオス神殿の奉献碑文

ポプリオス・グラニオスが命じられたところに従ってアスクレピオス神に奉献する．私は二年間にわたって絶えることなく歩き回る生活をしていたために，身体の肉が化膿して，おまけに出血もして，一日中それを取り除いていなければならない始末だった．［しかし，アスクレピオス］神はそれを治してくださると約束なさった．神は［私にこう］お命じになった．断食しながら垣根芥子を食べ，次にイタリア産の胡椒を飲み，またその次に強力粉を温めたお湯で食べること，次に神聖な灰と神殿の水を飲み，それから卵と松ヤニ，それから苦い瀝青，次に蜂蜜と一緒にアイリスを食べ，次にキュドニア産のリンゴ［ある

いは羊肉］と岩に生える草を沸騰したお湯に入れてスープにして飲むこと．次にリンゴを食べること，次に人々が神に供物を捧げる祭壇にある神聖な灰と一緒に無花果を食べること．（以下，本文欠損）（大貫隆訳）

6　足の癒し　→81

マルコ 2, 1-12／マタイ 9, 1-8／ルカ 5, 17-26

この記事では，中風で身体が不自由な男がイエスの言葉によって癒される．ヘレニズムの領域にも，同じように四肢，その中でも特に足の障害が奇跡的に癒される物語が少なからず見つかる．次に挙げる事例の内のBには，四肢の不自由が神（ユッピテル）への不従順に対する神罰とされる点で，病気（中風）をその人の罪に対して神が下した罰と見なすマルコ 2, 7 の考え方に通じるものがある．その他，A，C，Dは医神アスクレピオス信仰にかかわるもので，Aはペルガモン，CとDはエピダウロスを本拠としている．

マルコ 2, 1-12

1数日後，イエスが再びカファルナウムに来られると，家におられることが知
れ渡り，2大勢の人が集まったので，戸口の辺りまですきまもないほどになった．
イエスが御言葉を語っておられると，3四人の男が中風の人を運んで来た．4しか
し，群衆に阻まれて，イエスのもとに連れて行くことができなかったので，イエ
スがおられる辺りの屋根をはがして穴をあけ，病人の寝ている床をつり降ろした．
5イエスはその人たちの信仰を見て，中風の人に，「子よ，あなたの罪は赦され
る」と言われた．6ところが，そこに律法学者が数人座っていて，心の中であれ
これと考えた．7「この人は，なぜこういうことを口にするのか．神を冒瀆してい
る．神おひとりのほかに，いったいだれが，罪を赦すことができるだろうか．」
8イエスは，彼らが心の中で考えていることを，御自分の霊の力ですぐに知って
言われた．「なぜ，そんな考えを心に抱くのか．9中風の人に『あなたの罪は赦さ
れる』と言うのと，『起きて，床を担いで歩け』と言うのと，どちらが易しいか．
10人の子が地上で罪を赦す権威を持っていることを知らせよう．」そして，（イエ

スは）中風の人に言われた．11「わたしはあなたに言う．起き上がり，床を担いで家に帰りなさい．」12その人は起き上がり，すぐに床を担いで，皆の見ている前を出て行った．人々は皆驚き，「このようなことは，今まで見たことがない」と言って，神を賛美した．

A　アエリウス・アリスティデス*「アスクレピオスの泉によせて」：『講話』39,15

この泉［ペルガモンにあったアスクレピオスの泉］の水で洗うことで視力を再び回復した人もたくさんいるが，それを飲んで心臓の病気を癒され，必要な気息を取り戻した人も多い．また，この泉は多くの人の曲がった足を真っ直ぐにし，その他の傷病を癒された者もたくさんいる．さらには，声が出なかった人が，それを飲むと話し出したこともある．そういうわけで，この泉の水は何とも言葉では言い表せないもので，それを飲んで予見者（占い師）になった者もたくさんいる．ある人々にとっては，その水を汲むこと自体が何か他の癒しを得ることよりも大事であり，現に傷病を抱えている人々にとっては，今述べた通り，それを癒す薬であり，今現に健康で生活している人々にとっては，その他のどんな水を使ってももうそれには満足できなくするものである．（大貫隆訳）

B　リウィウス*『ローマ建国以来の歴史』II 36

そのころたまたまローマでは大競技祭をやり直すための準備が進められていた．やり直しとなった事情は次のようなものであった．競技祭の朝，催しがまだ始まる前に，一人の家父長が奴隷の首に枷をかけ，［笞を］打ちすえながら競技場の中央を追い回した．その後競技会は，この出来事が祭事に何ら支障を来たさぬがごとく開始された．ところが程なく，平民出身のティトゥス・ラティニウスが夢を見た．ユッピテルが現れてこう言ったのである——競技を先導した踊り手は不快であった．競技祭をやり直し，いっそう盛大な催しにせぬのなら，ローマには由々しい事態が訪れるであろう．さあ行って，このことを両コーンスルに告げ知らせよ——．ラティニウスは信仰心の薄い人間では決してなかったが，それでも公職者の権威を怖れる気持ちが先に立った．また人のロに上って物笑いの種にされることも恐れた．彼にとってそのためらいの代償は大きかった．幾日もしないうちに息子を失ったからである．この突然の不幸の原因について疑問の余地をなくすため，前に見た同じ姿が悲嘆に暮れる父親の夢に現れ，「神意をないがしろにした報いはこれで十分か」と尋ねた．そして，すぐさまコーンスルのところに行き，このことを知らせなければ，さらに重大なことが起こると告げた．事態は急を要していた．にもかかわらず，彼はためらい，逡巡を続けた．その彼を重い病が襲い，たちまち体の自由がきかなくなった．このときはじめて，彼は神々の怒りの意味を悟った．端緒となった災厄，いま身に降りかかっている災厄にうちひしがれて，彼は近親者を相談に呼んだ．そして，見たこと，聞いたこと，ユッピテルが夢に何度も現れ，天の恐ろしい怒りが自分への災厄となって現れたことを打ち明けた．集まった者のうち，彼を輿にのせて中央広場のコーンスルのもとに運ぶことに異議を唱える者は誰一人としていなかった．コーンスルの命により彼はそこから元老院議事堂へと運ばれ，同じことを元老院議員に物語ると，すべては驚きにつつまれた．そのとき新たな不思議が起こった．元老院議事堂に運ばれたとき，四肢とも不自由であったこの男は，役目を果たすと自分の足で家に戻ったと言い伝えられている．(岩谷智訳)

C　エピダウロス碑文* (IG IV² I, 121-123)：石碑 A の XVI

足が萎えたニカノールの話．この男が坐っていると，一人の少年が，いや実に，ニカノールの杖をひったくって逃げ去った．するとニカノールは立ち上がって，その少年を追いかけた．それで彼［の足］は治って健常になった．(大貫隆訳)

D　エピダウロス碑文* (IG IV² I, 121-123)：石碑 A の XVII

足の指の傷を蛇に治してもらった男の話．この男は足の指にひどい傷を負って［歩けなくなり］，苦しんで横たわっていた．数日後，彼のことを気遣う者たちに運ばれて，［この神域の中にある］療養所の一つで坐っていた．その療養所で彼が眠っていると，至聖所から一匹の蛇が出てきて，舌を使ってその男の指を治してくれた．その後，蛇はまた至聖所の中へ身を隠した．男は健常になるとともに立ち上がって，自分は夢を見たと言った．その中で，見目麗しい美青年が彼の足の指に薬を塗ってくれたみたいだと言った．（大貫隆訳）

7　安息日に麦の穂を摘む

マルコ 2, 23-24／マタイ 12, 1-2／ルカ 6, 1-2

安息日に麦の穂を摘むことを禁じる言葉はアレクサンドリアのフィロン*にも見出される．

マルコ 2, 23-24

23ある安息日に，イエスが麦畑を通って行かれると，弟子たちは歩きながら麦の穂を摘み始めた．24ファリサイ派の人々がイエスに，「御覧なさい．なぜ，彼らは安息日にしてはならないことをするのか」と言った．

アレクサンドリアのフィロン*『モーセの生涯』II, 22

というのは，［安息日に労働をしない定めは］あらゆる家畜の群れに関すること，そもそも人間の仕事，また奴隷が生まれつきの主人に仕えるためにする仕事にあてはまり，さらにはあらゆる種類の樹木や植物にもあてはまるからである．それらの枝を切ることも，葉を取ることもゆるされず，実を摘むこともしてはならないのである．その日（安息日）にはすべての者が仕事から解き放たれ，いわば自由を享受するのである．その自由は公の定めとして扱われ，それに触れる者は誰もいない．（大貫隆訳）

8 アポフテグマ

マルコ 2, 23-28／マタイ 12, 1-8／ルカ 6, 1-5

「アポフテグマ」とは福音書の様式史的研究の中でよく用いられる術語である．元来はギリシア語で「訓言」を意味する．ただし，諺のように，時空を超越して普遍的に妥当する処世知を伝えようとするわけではなく，特定の歴史上の人物をめぐる一定の場面を設定して，その人物が発する決定的な言葉によって「落ち」がつけられる．したがって，全体としては，短い物語となっているものが多い．そして，その「落ち」を理解するためには，背景にある文化史的・思想史的な前提を知らなければならない．

マルコ 2, 23-28

23ある安息日に，イエスが麦畑を通って行かれると，弟子たちは歩きながら麦
の穂を摘み始めた．24ファリサイ派の人々がイエスに，「御覧なさい．なぜ，彼
らは安息日にしてはならないことをするのか」と言った．25イエスは言われた．
「ダビデが，自分も供の者たちも，食べ物がなくて空腹だったときに何をしたか，
一度も読んだことがないのか．26アビアタルが大祭司であったとき，ダビデは神
の家に入り，祭司のほかにはだれも食べてはならない供えのパンを食べ，一緒に
いた者たちにも与えたではないか．」27そして更に言われた．「安息日は，人のた
めに定められた．人が安息日のためにあるのではない．28だから，人の子は安息
日の主でもある．」

A ディオゲネス・ラエルティオス*『ギリシア哲学者列伝』VI, 2, §68：「(シノペの) ディオゲネス」

アレクサンドロス大王が彼［シノペのディオゲネス］の前に立って，「お前は，余がおそろしくないのか」と言ったとき，それに対して彼は，「いったい，あなたは何者なのですか．善い者なのですか，それとも，悪い者なのですか」と訊ねた．そこで大王が，「むろん，善い者だ」と答えると，「それでは，誰が善い者を恐れるでしょうか」と彼は言った．

B　ルキアノス*『デモナクスの生涯』§12; 14

デモナクスが彼［ファウォリヌス，宦官のソフィスト］の講義を笑い，とくにその節をつけた弁じ方を卑俗で女みたいで哲学にはふさわしくないと嘲っていると聞きつけてファウォリヌスがやって来た．彼が，自分の演説を愚弄するお前は何者か，とデモナクスに尋ねると，彼は答えた，「容易にはたぶらかされぬ耳を持つ人間だ．」ソフィストはなお食い下がり質問した，「お前は大人になって哲学の門下に入ったとき，どんな所持品［資質］を携えて来たのか．」「睾丸を」と彼は答えた．(§12)

あのシドン人のソフィストがアテナイで人気を博し，あらゆる哲学に自分は通じているとかなんとか自慢するので彼（デモナクス）は——いや彼自身の言葉を記すほうがよいだろう．「もしアリストテレスがわたしをリュケイオンに呼べばついて行くだろう．プラトンがアカデメイアに来いといえば赴くだろう．ゼノンがそういえばポイキレで時を過ごすだろう．ピュタゴラスが呼べば沈黙の行をするだろう(1)．」そこで彼は聴衆席の中央で立ち上がり，相手に話しかけた．「きみ，ピュタゴラスが呼んでいるよ．」(§14)

(1) ピュタゴラスの弟子たちの教団では沈黙が旨とされていたことを指す．

C　『砂漠の師父の言葉』*：「アントニオス」§13; 20

砂漠で野生の動物を狩っている者がいた．その男は，師父アントニオスが兄弟たちと冗談を言い合っているのを見た．長老は，兄弟たちにとって時にはくつろぐことも必要だということを，その男に納得させようとして言った．「弓に矢をつがえて引き絞れ．」彼がそのとおりにすると，長老は言った．「さらに引き絞れ．」猟師は引き絞った．長老はさらに引き絞れと命じた．猟師は「これ以上引き絞ると，弓が壊れてしまいます」と言った．そこで長老は語った．「神に仕えるわざとて，同様である．兄弟たちをあまり張りつめさせると，すぐに駄目になってしまう．それゆえに，ときどきは兄弟たちもくつろがねばならないのだ．」猟師はアントニオスの言葉を聞いて胸を打たれ，長老に大いに益せられて，そこを立ち去った．また，兄弟たちも励みを得て，自分たちの修屋へと戻って行った．(§13)

ある兄弟が世間を捨て，財産を貧しい人々に施し，わずかのものを自分のために取っておいて，師父アントニオスのもとを訪ねてきた．このいきさつを知ったアントニオスは，彼にこう言った．「もし修道者になりたければ，村へ行って肉を買い求め，それをそなたの裸身にまとって，ここに戻って来なさい．」この兄弟が言われた通りにしてみると，犬や鳥が彼の体に喰いつき，ずたずたに引き裂いてしまった．彼が長老に出会うと，長老は自分の命令を果たしたかどうか尋ねた．兄弟が引き裂かれた自分の体を見せると，聖アントニオスはこう語った．「世間を捨てておきながら，財を持とうとすれば，悪霊たちに闘いを挑まれて，このように引き裂かれるのだ．」（§20）

9 安息日は人間のため

マルコ 2, 27-28

イエスによる「安息日は，人のために定められた．人が安息日のためにあるのではない」という発言のうちで「人が安息日のためにある」によって指示されている立場，すなわち，ユダヤ教の「律法主義」と形式的に完全に反対する文言がプルタルコスによって伝えられている．

マルコ 2, 27-28 →8

プルタルコス*「スパルタ人の箴言」（パウサニアス§1）：『モラリア』230F

プレイストナックスの子パウサニアスは，なぜ彼ら［スパルタ人］のもとでは，古来の法を変えることが許されないのかと訊かれて，こう答えた．「なぜなら，法が人間の主人たるべきで，人間が法の主人たるべきではないからだ．」（大貫隆訳）

10　萎えた手の癒し

マルコ 3, 1-6／マタイ 12, 9-14／ルカ 6, 6-11

この治癒奇跡物語において，イエスは「手を伸ばしなさい」と一言口にするだけである．次のエピダウロス碑文では，それとは対照的に，夢に現れたアスクレピオス神があくまで外科的な治療を施している．

マルコ 3, 1-6

1イエスはまた会堂にお入りになった．そこに片手の萎えた人がいた．2人々は
イエスを訴えようと思って，安息日にこの人の病気をいやされるかどうか，注目
していた．3イエスは手の萎えた人に，「真ん中に立ちなさい」と言われた．4そ
して人々にこう言われた．「安息日に律法で許されているのは，善を行うことか，
悪を行うことか．命を救うことか，殺すことか．」彼らは黙っていた．5そこで，
イエスは怒って人々を見回し，彼らのかたくなな心を悲しみながら，その人に，
「手を伸ばしなさい」と言われた．伸ばすと，手は元どおりになった．6ファリサ
イ派の人々は出て行き，早速，ヘロデ派の人々と一緒に，どのようにしてイエス
を殺そうかと相談し始めた．

エピダウロス碑文*（IG IV^2 I, 121-123）：石碑 A の III

手の指が一本を除いて利かないある男がこの神に嘆願するためにやってきた．そして境内にかけられていた感謝の奉納画を目にしたが，（そこに描かれていた）癒しを信用せず，添え書きされていた話を馬鹿にした．ところがその男が夜寝ている間に夢を見た．夢の中で，彼は神殿の建物でサイコロ遊びをしていた．彼がまさしくサイコロを振ろうとしたその瞬間に，神が現れて彼の手を摑むと，指（複数）を引き伸ばしたように思われた．また，その神が立ち去る時には，その男に手を一度折り曲げさせてから，その指の一本一本を引っ張って伸ばしてくれたように思われた．神はそのようにして全ての指を真っ直ぐにすると，その男に「これでもお前は，境内にかけられている奉納画に記された話を信じないか」と訊ねた．その男は「信じません」と答えた．そこで神は言った，「それらは信用できない話ではない．にもかかわらず，お前は少し前にも

信用しなかった．だから，今後お前は名前を変えて『アピストス』（不信心）
と名乗るがよい．」翌朝，その男は健常の手に治って出て行った．（大貫隆訳）

11 種まきの譬え

マルコ 4, 1-9／マタイ 13, 1-9／ルカ 8, 4-8

古代地中海世界における種まきは，文化圏や土地により，また作付けの穀物や野菜の種類によって，さまざまであった．エジプトでは，図版が示すように，種を蒔く農夫が先に行き，その後から鋤を着けた牛が土を耕して，蒔かれた種を土に入れている．エジプトでは，ナイル河が定期的に氾濫し，上流から運ばれてきた肥沃な土が平野一面に堆積するために，このような方法で十分であったと考えられる．マルコ 4, 1-9 と並行記事のイエスの譬えは，パレスティナでも，このやり方が行われていたことを前提しているかもしれない．しかし，イザヤ書の記述は，反対に土を耕して整地してから種を蒔くやり方を示している．

マルコ 4, 1-9

1イエスは，再び湖のほとりで教え始められた．おびただしい群衆が，そばに
集まって来た．そこで，イエスは舟に乗って腰を下ろし，湖の上におられたが，
群衆は皆，湖畔にいた．2イエスはたとえでいろいろと教えられ，その中で次の
ように言われた．3「よく聞きなさい．種を蒔く人が種蒔きに出て行った．4蒔い
ている間に，ある種は道端に落ち，鳥が来て食べてしまった．5ほかの種は，石
だらけで土の少ない所に落ち，そこは土が浅いのですぐ芽を出した．6しかし，
日が昇ると焼けて，根がないために枯れてしまった．7ほかの種は茨の中に落ち
た．すると茨が伸びて覆いふさいだので，実を結ばなかった．8また，ほかの種
は良い土地に落ち，芽生え，育って実を結び，あるものは三十倍，あるものは六
十倍，あるものは百倍にもなった．」9そして，「聞く耳のある者は聞きなさい」
と言われた．

イザヤ 28, 23-29

23聞け，わたしの声に耳を傾けよ．聞け，わたしの言うことに耳を傾けよ．
24種を蒔くために耕す者は一日中耕すだけだろうか．土を起こして，畝を造る
だけだろうか．25畑の面を平らにしたなら，イノンドとクミンの種は，広く蒔
き散らし，小麦は畝に，大麦は印をしたところに，裸麦は畑の端にと，種を蒔
くのではないか．26神はふさわしい仕方を彼に示し，教えられる．27イノンド
は脱穀機で打たず，クミンの上に脱穀車を引き回すことはしない．イノンドは
棒で打ち，クミンは杖で打つ．28穀物はいつまでも脱穀して砕くことはない．
脱穀車の車輪と馬がその上を回っても，砕き尽くすことはない．29これもまた
万軍の主から出たことである．主の計らいは驚くべきもので，大いなることを
成し遂げられる．

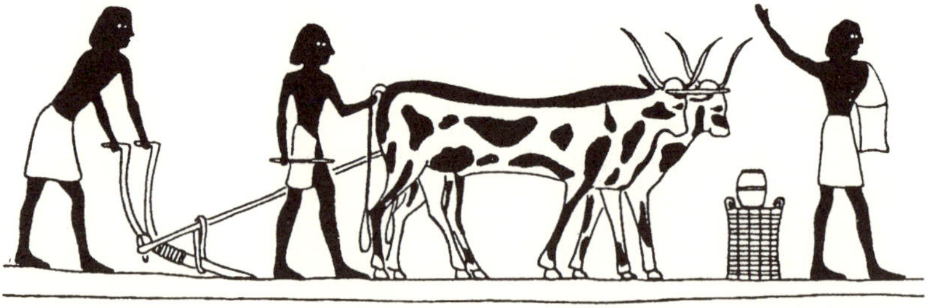

古代エジプトの生活（K. Galling（Hrsg.）*Handbuch zum Alten Testament*, Erste Reihe 1, Tübingen ^{2}1977, S. 255(b)）

12 からし種の譬え

マルコ 4, 30-32

この「からし種の譬え」は，イエスの「神の国」の譬えの一つである．それはイエスの終末論の枠内にある．形式的にこれと似た文言がストア派の哲学者セネカ*に見つかる．それは無時間的な哲学的洞察の土俵にある．

マルコ 4, 30-32

30更に，イエスは言われた．「神の国を何にたとえようか．どのようなたとえ
で示そうか．31それは，からし種のようなものである．土に蒔くときには，地上
のどんな種よりも小さいが，32蒔くと，成長してどんな野菜よりも大きくなり，
葉の陰に空の鳥が巣を作れるほど大きな枝を張る．」

セネカ*『倫理書簡集』 IV, 38, 2

言葉は種子のように蒔かれるべきだ．種子はどれほど小さくとも適切な土地を得れば，自身の力を伸ばし，最小から最大に殖えて繁茂する．理性もそれと同じ働きをする．見ただけでは大きく広がっていないが，仕事をするうちに成長する．わずかのことしか言われなくても，魂がしっかりと受け入れたなら，強い力を得て伸び上がる．そうだ．忠告と種子には同じ性質がある．どちらも生み出す力は大きいが，それ自身は小さい．

13　水難からの奇跡的救出

マルコ 4, 35-41／マタイ 8, 23-27／ルカ 8, 22-25

水難からの救出を主題とする奇跡物語は，相前後する時代のヘレニズム文化圏とユダヤ教の中にも少なからず見つかる．

マルコ 4, 35-41

35その日の夕方になって，イエスは，「向こう岸に渡ろう」と弟子たちに言わ
れた．36そこで，弟子たちは群衆を後に残し，イエスを舟に乗せたまま漕ぎ出し
た．ほかの舟も一緒であった．37激しい突風が起こり，舟は波をかぶって，水浸
しになるほどであった．38しかし，イエスは艫（とも）の方で枕をして眠っておられた．
弟子たちはイエスを起こして，「先生，わたしたちがおぼれてもかまわないので
すか」と言った．39イエスは起き上がって，風を叱り，湖に，「黙れ．静まれ」
と言われた．すると，風はやみ，すっかり凪になった．40イエスは言われた．

「なぜ怖がるのか．まだ信じないのか．」41弟子たちは非常に恐れて，「いったい，この方はどなたなのだろう．風や湖さえも従うではないか」と互いに言った．

A　アエリウス・アリスティデス*「サラピス神礼賛」：『講話』45, 29. 31. 33

このサラピス神(1)こそ，現代において風を統治する神である．ホメーロスは一人の島人を風の支配者にして，彼こそは「風を支配する者だが，欲するままに人間を追い回す権限を彼に与えるのはためらわれた」［『オデュッセイア』第10巻22行］と謳っているのはもはや当たらない．このサラピス神こそは大海の真ん中に飲める水を送り［＝海難の時に飲料水を与え］，［傷病で］横臥する者たちを立ち上がらせた神である．サラピスこそは観察者が熱望してやまない太陽の光を与えた神，その聖なる図書館には聖なる書物の無数の巻が収まっている．(45, 29)

もし誰かがその万巻の書をすべて読んでみようと試みるとしよう．その者が読み残している書の後を追いかける様子は，まるで大河の流れをさかのぼって追いかけるようなもの，あるいは永遠の時の全体を生き抜くに値すると考えるようなものであろう．彼はすべてを手中にしなければならないからだ．しかし，それは人それぞれが時間をかけて少しずつ，実現していくべきものだろう．自分で自分を助けながらそうする者もいれば，他の者たちに起きたことを見ながらそうする者もいるだろう．(45, 31)

おお，汝，サラピス神よ．あなたは最も麗しいこの町（スミュルナ）を治めておられる．この町はもう何年にもわたって，あなたに祝祭を催してきました．おお，すべての人間にとって共通の光であるサラピスよ．あなたはこの私たちに，つい最近も栄光を現してくださいました．すなわち，海（地中海）が盛り上がって，あらゆる方角から押し迫り，もう何も見えなくなり，残るはただ町の全滅のみ，それももうすでに起きてしまったも同然．まさにその時，あなたは［厚い雲に］覆われていた天を現し，大地も見えるようにしてくださり，そこに［私たちは］錨を下ろすことができたのでした．その信じ難さたるや，この地に足を踏み入れるだけの者にはとても想像できないことである．(45, 33)
（大貫隆訳）

(1) Sarapis. セラピス（Serapis）とも書く．ヘレニズム世界の宗教習合をよく示す混成神．もともとは古代エジプトの死者の神オシリスと合一した聖牛アピスの崇拝だったが，これにプトレマイオス1世がギリシア神祇の観念を加えて，王朝の国家神とした．その神像はゼウスの容貌をしていて，主神殿はアレクサンドリアにあった「セラペイオン」．女神イシスの密儀とも習合して急速にローマ世界にも広まった．

B　ルキアノス*『船または願い事』§9

船主のいうには，まだ夜中で西風がきついときに，彼らもそういう時化に見舞われたのだそうだ．しかし，彼らが泣き叫ぶ声に動かされた神々が，リュキアから光を放ってその方面のありかを示し，さらにディオスクロイのひとりが檣頭（しょうとう）に輝く星を宿らせて，すでに絶壁に近づきつつあった船を左手の沖合に導いてくれたのだという．

C　ユダヤ教ラビ文献：バビロニア・タルムード*Baba mezia 59b

また，ラビ・ガマリエル［2世，後90–130年頃］も船旅の途中だった．ところが海が荒れ，彼に襲いかかってきた．船は今にも沈みそうになった．その時，ガマリエルは言った．「こうなったのは，どうやら，私がラビ・エリエゼル・ベン・ヒュルカーノスの追放に加担したためではないかと思われる．」こう言うと彼は立ち上がり，こう祈った．「全世界の主よ！　私があのように振る舞ったのは自分の名誉のためでも，わが祖先たちの家の名誉のためでもなく，むしろあなたのためでした．イスラエルの中に争いが増さないようにするためでした．そのことはあなたにはすでに明らかで，ご存知の通りです．」すると，海は荒れ狂うのを止めて静かになった．

D　ユダヤ教ラビ文献：エルサレム・タルムード*Berakhoth 9, 1

ラビ・タンフマ［後350年頃活動］が語った話．ある時，異邦人たちが乗り組んだ船が大海（地中海）を航海中だった．その船には一人のユダヤ人の少年も乗っていた．その時，大変な嵐が来て，全員が立ち上がって，それぞれが崇める偶像の神々を手にささげ持って，それに向かって助けを呼び求めた．しかし，何の効果もなかった．それが何の役にも立たないことが分かると，彼らはユダヤ人の少年のところに来て，こう言った．「子よ，立ってお前の神に祈り求めるがよい．われらが聞き及ぶところでは，お前たちユダヤ人の神はお前たちが呼び求めるときには，それに答えてくれるとのことだ．それに，まことに強い神だそうではないか．」

するとその少年は喜んで立ち上がり，［ユダヤ人の］神に呼び求めた．聖なる神はほむべきかな．神がその少年の祈りを聞き届けたので，海は静かになった．

彼らは途中の陸地に着いたとき，それぞれ必要な物を買うために船を降りた．その際，彼らは少年に言った．「お前も何か買おうとは思わないのか．」少年は彼らに答えた．「僕のような可哀想な他所者にかまってどうしたいの？」すると彼らが言った．「お前が可哀想な他所者だって？　こちらこそ可哀想な他所者だよ．われらはここにいるが，われらの神はバベル（バビロン）に在る．われらはここにいるが，われらの神はローマに在る．われらはここにいて，われらの神もここにいる．しかし，われらの神々は何の役にも立たない．ところが，お前の場合，お前が行くところ，お前の神も共にいてくれる．」これこそ申命記 4,7 にこう言われている通りである．「われわれの神，主は，われわれが呼び求めるとき，いつでもわれわれの近くにおられる．いずれの大いなる国民に，このように近くにいる神があろうか．」

14　胎の癒し

マルコ 5, 25-34／マタイ 9, 20-22／ルカ 8, 42-48

女性の胎にかかわる病気の癒しは，エピダウロスのアスクレピオス崇拝においても，数多く伝わっている．

マルコ 5, 25-34

25さて，ここに十二年間も出血の止まらない女がいた．26多くの医者にかかっ
て，ひどく苦しめられ，全財産を使い果たしても何の役にも立たず，ますます悪
くなるだけであった．27イエスのことを聞いて，女は群衆の中に紛れ込み，後ろ

からイエスの服に触れた．28「この方の服にでも触れればいやしていただける」と思ったからである．29すると，すぐ出血が全く止まって病気がいやされたことを体に感じた．30イエスは，自分の内から力が出て行ったことに気づいて，群衆の中で振り返り，「わたしの服に触れたのはだれか」と言われた．31そこで，弟子たちは言った．「群衆があなたに押し迫っているのがお分かりでしょう．それなのに，『だれがわたしに触れたのか』とおっしゃるのですか．」32しかし，イエスは，触れた者を見つけようと，辺りを見回しておられた．33女は自分の身に起こったことを知って恐ろしくなり，震えながら進み出てひれ伏し，すべてをありのまま話した．34イエスは言われた．「娘よ，あなたの信仰があなたを救った．安心して行きなさい．もうその病気にかからず，元気に暮らしなさい．」

A　エピダウロス碑文*（IG IV² I, 121-123）：石碑Bの XXIII

トロザの人アリスタゴラの話．彼女は腹の中に寄生虫を抱えていた．そして，トロザにあるアスクレピオス神殿で一夜を眠り，夢を見た．そのときちょうどアスクレピオス神はエピダウロスに滞在していて，トロザの神殿にはおられなかった．それでアスクレピオスの息子の神々が彼女の頭を切断したように思われた．ところが，その神々はそれを再び元通り［首の］上に置くことができなかった．そこで，彼らは［エピダウロスにいる］アスクレピオスのもとへ使いを送って，来てくれるようにと言わせた．その間に一日が過ぎた．癒しの神アスクレピオスは頭が胴体から切断されているのを見た．その次の夜のこと，アリスタゴラは幻を見た．それによると，アスクレピオス神はエピダウロスからやってきて，彼女の頭を首の上に戻すと，彼女の胎を切り開き，その中にあった寄生虫を取り除いた．そして彼女の胎をもう一度縫い合わせるのであった．こうして彼女は健常な体となった．（大貫隆訳）

B　エピダウロス碑文*（IG IV² I, 121-123）：石碑Bの XXV

フェライオスの妊婦ソーストラタの話．彼女は満杯の体（？）になってしまって，大急ぎでこの境内へやってきて，一夜を眠った．彼女ははっきりした夢を見ることもないまま，また家路を引き返した．しかし，その後のこと，一人の見目麗しい男性がコルノス辺りで現れて，彼女とおつきの者たちに忠告してくれたように思われた．すなわち，その男性は彼らから事の次第と困難のほどを聞き出すと，ソーストラタを運んでいた担架を下ろすように命じた．それからソーストラタの胎を切り開いて，中にいた無数の生き物を取り出した．それは足を洗うためのバケツ二杯分もあった．それからまた彼女の子宮を縫い合わせて，その女を再び健常にしてやった．その後でアスクレピオス神は自分がそこに居合わせていたことを啓示した．そして，癒しの代価はエピダウロスの方へ送るようにと命じた．（大貫隆訳）

15　イエスの服に触れる

マルコ 5, 27-29／マタイ 9, 20-21／ルカ 8, 44

流血を病む女は，群衆の中からイエスの服に触れるだけで癒される．このように偉人や王に触るだけで癒しが起きるという信仰は，古代地中海世界に一般的に広まっていたと考えられる．→23 の A も参照.

マルコ 5, 27-29　→14

アリアノス*『アレクサンドロス大王東征記』VI, 13

こうして馬上の彼［アレクサンドロス］の姿がふたたび衆目の前に現れると，全軍を挙げてのさかんな拍手はしばし鳴りもやまず，岸辺や川沿いの木深い谷間にこだました．やがて幕舎に近づいた彼は，歩くところも見られるようにと，わざわざ馬から降りてみせもしたのである．すると並いる者たちは，こちら側からもあちら側からも彼に走りよると，彼の手に触れる者もあれば膝に触れる者もあり，彼の着ているものにさわる者もあれば，近くまで寄ってしげしげと彼を見つめ，祝いの言葉をかけてからそこを離れる者もあった．なかには束ねてつくった花環を彼に投げ送ったり，あるいは，その時節のインドに咲く花という花を，彼に浴びせかける者たちもいた．

16 遍歴のラディカリズム

マルコ 6, 6-13／マタイ 10, 1. 5-15／ルカ 9, 1-6

生前のイエスは「神の国」を告知するために，いわゆる「十二人」をはじめとする僅かな弟子（信従者）たちとともに，パレスティナ各地を経巡る遍歴の生活に身を挺した．そのための身支度は杖一本と履物の他には何も携えない無防備なもので，食べ物もそのつど施されるものに限られていた．それは今まさに始まりつつある神の支配にすべてを委ねて生きることを身をもって示す象徴的行為であった．その遍歴生活はイエスの死後も，一部の原始キリスト教徒の生活様式として存続したことが1世紀末に成立した『十二使徒の教訓』*（A）から知られる．それはまた，古代ギリシアの古典期以降の犬儒派の生活様式（B，C）とも著しい類似性を示すため，イエスの運動全体をその類似性から説明する学説も唱えられている．Dのヨセフス*が証言するエッセネ派の事例は，同信の仲間の共同体内部の話であるから，イエス運動と同列には論じられない．

マルコ 6, 6-13

6それから，イエスは付近の村を巡り歩いてお教えになった．7そして，十二人
を呼び寄せ，二人ずつ組にして遣わすことにされた．その際，汚れた霊に対する
権能を授け，8旅には杖一本のほか何も持たず，パンも，袋も，また帯の中に金
も持たず，9ただ履物は履くように，そして「下着は二枚着てはならない」と命
じられた．10また，こうも言われた．「どこでも，ある家に入ったら，その土地
から旅立つときまで，その家にとどまりなさい．11しかし，あなたがたを迎え入
れず，あなたがたに耳を傾けようともしない所があったら，そこを出ていくとき，
彼らへの証しとして足の裏の埃を払い落としなさい．」12十二人は出かけて行っ
て，悔い改めさせるために宣教した．13そして，多くの悪霊を追い出し，油を塗
って多くの病人をいやした．

A 『十二使徒の教訓』*11, 3-6; 12, 1-13, 7

使徒と預言者とについては，福音書の教義に則って，次のように行いなさい．あなたがたのところに来る使徒はすべて，主のように受け入れなさい．しかし，

彼は一日しか［あなたがたのところに］とどまるべきでない．必要ならば，もう一日［とどまることができる］．もし三日とどまるなら，その人は偽預言者である．使徒［たるもの］は，出発に際して，［次の］宿泊まで［に必要な］パン以外は何も受けとるべきではない．もし金銭を要求するなら，その人は偽預言者である．(11, 3-6)

主の名において来るものは皆，受け入れなさい．その上でその人を吟味して．［彼が誰であるかを］知りなさい．［そうすれば］あなたがたは左右を［＝本物か偽りかを］弁えることができよう．来た人が旅の途上にある人ならば，できる限りの援助をしなさい．しかしその人は，必要がある場合にも，二，三日以上あなたがたのところにとどまるべきではない．その人が職人であって，あなたがたのところにとどまることを望む場合には，その人は働いて食物を得るべきである．その人が手に職のない場合には，キリスト者であるということで無為にあなたがたと一緒に過ごすことにならないよう，あなたがたはあなたがたの洞察に従ってあらかじめ配慮しなければならない．もし彼がそのように行動することを望まないならば，その人はキリストで商売をする人である．このような人たちに注意しなさい．

すべての誠実な預言者があなたがたのところにとどまることを望む場合には，彼はその食物をうけるにふさわしい．誠実な教師の場合も同様であって，彼も働き人同様，その食物をうけるにふさわしい．あなたは酒ぶねと脱穀機との産物．また牛と羊との，すべての初物をとって，この初物を預言者たちに与えなさい．彼らこそがあなたがたの大祭司だからである．預言者が［近くに］いない場合には，貧しい人々に与えなさい．捏粉を作る場合には，初物をとって，誡命に従って与えなさい．ぶどう酒またはオリーブ油の壺をあけたときも同じで，初物をとって預言者たちに与えなさい．金銭，衣服，およびすべての所有物の初物をあなたの判断に従ってとって，誡命に従って与えなさい．(12, 1-13,7)

B　ディオゲネス・ラエルティオス*『ギリシア哲学者列伝』VI, 1, §13：「アンティステネス」

また，ディオクレスが述べているところによると，彼は［着古した］上衣を二重折にして［下着用にも］使った最初の人であり，そしてその一枚だけですませて，そのほかには杖と頭陀袋とを携帯していただけであったとのことである．そしてネアンテスもまた，彼が上衣を二重折にして用いた最初の人であると述べている．しかしソシクラテスは，『哲学者たちの系譜』第三巻のなかで，そのような使い方をした最初の人はアスペンドスのディオドロスであって，その上にこの人は，顎ひげをのばし，頭陀袋と杖とを携えていたと述べている．

C ディオゲネス・ラエルティオス*『ギリシア哲学者列伝』VI, 2, §22-23：「(シノペの) ディオゲネス」

テオプラストスが『メガラ誌』のなかで述べているところによると，彼は，鼠が寝床を求めることもなく，暗闇も恐れず，また美味美食と思われていたものを欲しがりもせずに，走り廻っているのを見て，自分のおかれた状況を切り抜ける手だてを見出したということである．また，ある人たちによれば，彼は着古した上衣を二重折りにして着用した最初の人であったが，それはそうせざるをえなかったからであるし，またそのなかに身体を包んで眠るためでもあった．また，彼は頭陀袋をたずさえていたが，そのなかには食糧が入っていたのである．さらに彼は，どんな場所をもあらゆることに，つまり食事をとるのにも，眠るのにも，話し合いをするのにも利用したということである．そしてまたそのようなときに，ゼウスの神殿の柱廊（ストア）や，ポンペイオン［行列用祭器の保管庫］を指差しながら，アテナイ人は自分のために住みかをしつらえてくれていると，彼は言っていたのであった．

彼が杖にすがるようになったのは，身体が弱ってからであるが，しかしそれ以後は，日常いつでも杖をたずさえていた．とはいっても，街のなかにおいてはそうではなく，旅に出るときに杖と頭陀袋とをたずさえていたのである．

D ヨセフス*『ユダヤ戦記』II, 124-127

この宗派［エッセネ派］の人は特定の町を持たないが，どの町にも大勢住んでいる．この宗派の人はどこから来ても，すべての財産をあたかも自分自身のもののように自由に用いることができる．また一度も会ったことのない仲間の家に，あたかも親友であるかのように出入りする．従って，彼らが旅行するときは，何一つたずさえることをしない．ただ盗賊に備えて武器をもってゆくだけである．この宗派のある町には，かならず旅行者の世話をする役目の人が任命されていて，衣類やその他の面倒をみる．彼らの服装や身のこなしは，厳しい家庭教師についた若者に似ている．服もサンダルもすり切れるまで使う彼らの間では物の売買はしない．それぞれが他人の必要に応じて自分のものを与え，自分に必要なものをもらう．与えるものがなくても，必要なら他からもらうことができる．

17　洗礼者ヨハネの最期

マルコ 6, 14-29／マタイ 14, 1-12／ルカ 9, 7-9

マルコ 6, 14-29／マタイ 14, 1-12 は，洗礼者ヨハネの最期について物語る（なお並行記事のルカ 9, 7-9 は詳細を省略している）．後に「サロメ物語」として有名になるこの宴会の話はマルコ（とマタイ）以外には伝わっていないが，ヘロデ・アンティパスがヨハネをマカイルスの牢獄で処刑したことは，ヨセフス*の『ユダヤ古代誌』(A) も伝えている．マンダ教文書『ギンザー』* (B) においては，洗礼者ヨハネは肉体の死後，他のマンダ教徒に先駆けて，超越的な光の世界へ回帰した人物である．

マルコ 6, 14-29

14イエスの名が知れ渡ったので，ヘロデ王の耳にも入った．人々は言っていた．
「洗礼者ヨハネが死者の中から生き返ったのだ．だから，奇跡を行う力が彼に働
いている．」15そのほかにも，「彼はエリヤだ」と言う人もいれば，「昔の預言者
のような預言者だ」と言う人もいた．16ところが，ヘロデはこれを聞いて，「わ
たしが首をはねたあのヨハネが，生き返ったのだ」と言った．17実は，ヘロデは，
自分の兄弟フィリポの妻ヘロディアと結婚しており，そのことで人をやってヨハ
ネを捕らえさせ，牢につないでいた．18ヨハネが，「自分の兄弟の妻と結婚する
ことは，律法で許されていない」とヘロデに言ったからである．19そこで，ヘロ
ディアはヨハネを恨み，彼を殺そうと思っていたが，できないでいた．20なぜな

ら，ヘロデが，ヨハネは正しい聖なる人であることを知って，彼を恐れ，保護し，また，その教えを聞いて非常に当惑しながらも，なお喜んで耳を傾けていたからである．21ところが，良い機会が訪れた．ヘロデが，自分の誕生日の祝いに高官や将校，ガリラヤの有力者などを招いて宴会を催すと，22ヘロディアの娘が入って来て踊りをおどり，ヘロデとその客を喜ばせた．そこで，王は少女に，「欲しいものがあれば何でも言いなさい．お前にやろう」と言い，23更に，「お前が願うなら，この国の半分でもやろう」と固く誓ったのである．24少女が座を外して，母親に，「何を願いましょうか」と言うと，母親は，「洗礼者ヨハネの首を」と言った．25早速，少女は大急ぎで王のところに行き，「今すぐに洗礼者ヨハネの首を盆に載せて，いただきとうございます」と願った．26王は非常に心を痛めたが，誓ったことではあるし，また客の手前，少女の願いを退けたくなかった．27そこで，王は衛兵を遣わし，ヨハネの首を持って来るようにと命じた．衛兵は出て行き，牢の中でヨハネの首をはね，28盆に載せて持って来て少女に渡し，少女はそれを母親に渡した．29ヨハネの弟子たちはこのことを聞き，やって来て，遺体を引き取り，墓に納めた．

A　ヨセフス*『ユダヤ古代誌』XVIII, 118-119

さて，その他の人々もヨハネの説教を聞いて大いに動かされ，その周囲に群がった．そこでヘロデは，人びとにたいする彼のこの大きな影響力が何らかの騒乱を引き起こすのではないか，と警戒した．事実，人びとはヨハネがすすめることなら何でもする気になっていたように思われた．そこでヘロデは，実際に革命が起きて窮地におちいり，そのときになってほぞをかむよりは，反乱に先手を打って彼を殺害しておくほうが上策であると考えた．そこでヨハネは，ヘロデのこの疑惑のため，前述した要塞のマカイルスへ鎖につながれて送られ，その地で処刑された［37年頃］．そしてユダヤ人たちは，ヘロデの軍隊がここで敗北(1)したのはヨハネの復讐によるものと考えた．神がヘロデを罰することを欲したもうたからというわけである．

(1) ヘロデ・アンティパスはヘロディアとの「結婚」以前に，ナバテア王アレタスの娘と正式に結婚していた．彼女が逃げ戻ってきたのを受けて，アレタスが出兵して始まったナバテア戦争でヘロデは大敗を喫した（後36年頃．XVIII, 109-114参照）．

B　マンダ教文書『ギンザー』*Lidzbarski 193, 8-16. 27-29; 196, 9-10. 17-21

マンダ・ダイエーが彼に尋ねた，「誰の名において，お前は洗礼を授けているのか」. ヨハネはマンダ・ダイエーに答えて言った，「ご自分をわたしに現してくださったお方の名によって，やがて来るべき方の名によって，良く守られた，そしてやがて現れるはずのマーナー(1)の名によってです．さあ今や，あなたの真理の御手，癒しをもたらす大いなる右の手をわたしの上に置いてください．そしてあなたの御名をわたしの上に，あなたがお植えになられた植え物であるこのわたしの上に，唱えてください．最初のものから最後のものまで，あなたの御名によって固くされるでしょう．」

マンダ・ダイエーはヨハネに言った．「もしわたしがあなたに手を置けば，あなたは身体から離れることになる．」（中略）（193, 8-16）それからマンダ・ダイエーはヨハネから着ていた物，すなわち肉と血を脱がせた．それに代えて栄光の着物を彼に着せ，良質の純粋な光のターバンで彼を包んだ．（中略）（193, 27-29）

するとヨハネは栄光と光ばかりに満ち満ちた場所に立った．（中略）（196, 9-10）そしてこう祈った，「願わくは，今わたしの立っているこの時，今わたしが登ってきたこの上昇と同じように，すべての真実で信仰深い人々も登り来たらんことを．そしていのちの徴をつけられ，純粋な洗礼を授けられ，限りなき力の第一の『いのち』の名が彼らの上に唱えられんことを．」（196, 17-21）

(1) 語義は「器」．マンダ教の神統記で最上位の神「いのち」の別名．

18　五千人の給食　→22, 82

マルコ 6, 30-44／マタイ 14, 13-21／ルカ 9, 10-17／ヨハネ 6, 1-14

この記事においてイエスは，ガリラヤ湖畔で，五つのパンと二匹の魚を五千人に食べさせて満腹にさせる．マルコ 8, 1-10／マタイ 15, 32-39 は，五千人が四千人に変わっているだけで，基本的には同じ伝承の異伝である．もちろん，物語に史実性はない．むしろ，イエスの死後の原始キリスト教団が，洗礼者ヨハネを旧約の伝説的な預言者エリヤの再来として（マルコ9, 11-13, 25, 85参照），イエスをエリヤの弟子エリシャのような預言者として描くために紡ぎ出した奇跡物語である．特にエリシャが僅かなパンで百人に食べさせた上で，なお余りが出たという列王記下4, 42-44の話との関連が濃厚である．洗礼者ヨハネとその弟子イエスという関係が，エリヤとその弟子エリシャの関係に並行させられている．以下に引くバビロニア・タルムード*からの断章は，同じパンの話ではあるが，それとはまったく次元の異なる逸話である．

マルコ 6, 30-44

30さて，使徒たちはイエスのところに集まって来て，自分たちが行ったことや
教えたことを残らず報告した．31イエスは，「さあ，あなたがただけで人里離れ
た所へ行って，しばらく休むがよい」と言われた．出入りする人が多くて，食事
をする暇もなかったからである．32そこで，一同は舟に乗って，自分たちだけで
人里離れた所へ行った．33ところが，多くの人々は彼らが出かけて行くのを見て，
それと気づき，すべての町からそこへ一斉に駆けつけ，彼らより先に着いた．
34イエスは舟から上がり，大勢の群衆を見て，飼い主のいない羊のような有様を
深く憐れみ，いろいろと教え始められた．35そのうち，時もだいぶたったので，
弟子たちがイエスのそばに来て言った．「ここは人里離れた所で，時間もだいぶ
たちました．36人々を解散させてください．そうすれば，自分で周りの里や村へ，
何か食べる物を買いに行くでしょう．」37これに対してイエスは，「あなたがたが
彼らに食べ物を与えなさい」とお答えになった．弟子たちは，「わたしたちが二
百デナリオンものパンを買って来て，みんなに食べさせるのですか」と言った．
38イエスは言われた．「パンは幾つあるのか．見て来なさい．」弟子たちは確かめ
て来て，言った．「五つあります．それに魚が二匹です．」39そこで，イエスは弟
子たちに，皆を組に分けて，青草の上に座らせるようにお命じになった．40人々
は，百人，五十人ずつまとまって腰を下ろした．41イエスは五つのパンと二匹の
魚を取り，天を仰いで賛美の祈りを唱え，パンを裂いて，弟子たちに渡しては配
らせ，二匹の魚も皆に分配された．42すべての人が食べて満腹した．43そして，
パンの屑と魚の残りを集めると，十二の籠にいっぱいになった．44パンを食べた
人は男が五千人であった．

ユダヤ教ラビ文献：バビロニア・タルムード*Taanith 24b-25a（ハニナ・ベン・ドサの妻とパンの奇跡）

ラビ・イェフダが次のように語った.

毎日，天［＝神］から声がして，「この世界全体は我が子ハニナのゆえに養われるだろう」と言うのであった.「しかし，我が子ハニナは安息日が始まる前の晩から，次の安息日の前の晩まで，いつもイナゴ豆しか食べないで，それで満足している.」

ハニナの妻は安息日の前の晩になると，竈に火を起こして，煙を立てるのを決まりにしている．彼女がそうするのは，近所の人たちの前で恥をかかないためだった．彼女の近くには，意地の悪い女が住んでいたのである．その女が独り言を言った.「妙な具合だわ．あの女が無一物なのは私にはとっくに分かっている．でもこの煙は一体何だろう？」

意地の悪いその女は行って，ハニナの家の戸を叩いた．するとハニナの妻は恥をかくのを恐れて，家の内側に逃げ込んでしまった．そのとき，ハニナの妻に奇跡が起こった．というのは，竈がパンで満杯になっているではないか．盆も練った粉で満杯だった.

すると意地悪な女が［中に入ってきて］，ハニナの妻に言った.「はやくパン焼きしゃもじをもっといで．パンがこげ始めているじゃないか.」するとハニナの妻が言った.「そうよ，私もそう思って中に急いだのよ.」

この終りのところには，別の伝承もある．それによると，ハニナの妻がパンしゃもじを取りに急いだのは，彼女がこの奇跡に慣れっこになっていたからだそうである.

19 ユダヤ教徒の手洗い

マルコ 7,3-4／マタイ 15,2

ファリサイ派をはじめとする正統的ユダヤ教徒は，父祖の言い伝えに従って，食事の前に念入りに手を洗った他，生活全般にかかわる清浄規定を遵守していた．次の『シビュラの託宣』*では，起床して直ぐに手を洗って，神に祈ったことが窺われる．

マルコ 7, 3-4

3ファリサイ派の人々をはじめユダヤ人は皆，昔の人の言い伝えを固く守って，念入りに手を洗ってからでないと食事をせず，4また，市場から帰ったときには，身を清めてからでないと食事をしない．そのほか，杯，鉢，銅の器や寝台を洗うことなど，昔から受け継いで固く守っていることがたくさんある．

『シビュラの託宣』*III, 591-594

かえって彼らは天に向かって清い手を差し伸べ，いつも床から早く起きて水で手を清め，ひたすら不死なる永遠の支配者を，そして次に両親をうやまう．

20 食卓の下の子犬

マルコ 7, 28／マタイ 15, 27

シリア・フェニキアの女が汚れた霊に憑かれた娘の癒しをイエスに求めている．イエスは，自分はユダヤ教徒のもとにしか遣わされていないと言って，女の求めを断るが，女は下記のような言葉で切り返す．イエスがこの言葉に感心して，女を家に送り返すと，悪霊はすでに娘から出てしまっていたという．次のフィロストラトス*『テュアナのアポロニオス伝』の断章でも，食卓から落ちるものを拾って食べる犬のイメージが，ほぼ同じ意味合いで用いられている．おそらく，これは当時の地中海世界のイメージ言語の共有財であったのではないかと思われる．

マルコ 7, 28

28ところが，女は答えて言った．「主よ，しかし，食卓の下の小犬も，子供のパン屑はいただきます．」

フィロストラトス*『テュアナのアポロニオス伝』 I, 19

とにかく，彼［ダミス，ニネベ生まれのアッシリア人で，アポロニオスに心酔してその従者となる］が雑記帳と呼んでいたものは，彼の意図では，アポロニオスに関することはどんな些細なことでも黙って見過ごさないためのものであった．アポロニオスがたまたま口にした，取るに足りないような言葉でも，記録しておかねばならなかった．私は是非ここに書き留めておきたいと思うのだが，ある一人の意地の悪い男がダミスのその所行をからかって，ダミスはたしかに尊敬すべき傑物［アポロニオス］の意見や考えを実にたくさん記録したものの，まったく取るに足らないようなことまで集めていて，まるで食卓から落ちるものを拾っては食べている犬を思い出させて仕方がない，と言った．それに対してダミスはこう答えた．「もし神々の食卓というものがあって，神々も食事をするとしたら，間違いなくそこには給仕たちもいて，床に落ちるアンブロシアのかけらも失われることがないように気をつけるにちがいない．」（大貫隆訳）

21 耳と舌の癒し

マルコ 7, 32-37

イエスは，耳が聞こえず舌の回らない人を，「エッファタ」（開け）という一種の呪文とともに癒している．次のエピダウロス碑文*も口が利けない障害の癒しであるが，癒しは突然に起きている．同時に，癒しの謝礼が求められていることが興味深い．おそらく，エピダウロスのアスクレピオス神殿では，治癒行為が対価を取って営まれていたのだと推定される（→23 の C，E，G を参照）．それに対して，イエスの癒しは神の国を告知する遍歴生活の道すがらの偶発的で無償の行為であった．

マルコ 7, 32-37

32人々は耳が聞こえず舌の回らない人を連れて来て，その上に手を置いてくだ

さるようにと願った．33そこで，イエスはこの人だけを群衆の中から連れ出し，
指をその両耳に差し入れ，それから唾をつけてその舌に触れられた．34そして，
天を仰いで深く息をつき，その人に向かって，「エッファタ」と言われた．これ
は，「開け」という意味である．35すると，たちまち耳が開き，舌のもつれが解
け，はっきり話すことができるようになった．36イエスは人々に，だれにもこの
ことを話してはいけない，と口止めをされた．しかし，イエスが口止めをされれ
ばされるほど，人々はかえってますます言い広めた．37そして，すっかり驚いて
言った．「この方のなさったことはすべて，すばらしい．耳の聞こえない人を聞
こえるようにし，口の利けない人を話せるようにしてくださる．」

エピダウロス碑文* (IG IV^2 I, 121-123)：石碑AのV

口が利けない少年．この少年は口が利けるようになるために，この神殿の境内にやってきた．その少年はお供えをして，その他の決められたことも果たした．すると，神に松明を灯す役の僕がその少年の父親の方を見ながら，彼が求めていること［＝息子が話せるようになること］はもうすでに実現しているようなものだが，もし事実そうなったら，一年以内にその癒しの謝礼を納めることを約束するように命じた．するとその時突然，その少年が「私が約束します」と言ったものだ．驚いたのは父親で，もう一度同じことを言ってごらん，とその子に命じた．すると少年はもう一度そう言った．こうしてその子は健常を取り戻した．（大貫隆訳）

22　四千人の給食　→18, 82

マルコ 8, 1-10／マタイ 15, 32-39

23 目の癒し

マルコ 8, 22-26

この奇跡物語において，イエスはその人の目に唾をつけて癒している．明らかに民間治療者のイメージである．他方，目の障害が奇跡的に癒される話は，地中海世界にも広範囲にわたって伝わっている．次に挙げる断章の内のC以下は，すべてアスクレピオス崇拝の枠内のものである．ただし，C，D，Eはエピダウロス，Fはローマ，Gはナウパクトス（コリント湾北岸）を，それぞれ本拠にした話である．C，E，Gからは，前掲の21と同じように，アスクレピオス崇拝の枠内での治癒行為は有償であったことが窺われる．また，AとBはそれぞれウェスパシアヌスとハドリアヌスを主人公とするもので，前掲の15と同じく，偉人や王に触るだけで癒しが起きるという古代地中海世界に一般的に広まっていた民間信仰を証拠立てている．

マルコ 8, 22-26

22一行はベトサイダに着いた．人々が一人の盲人をイエスのところに連れて来て，触れていただきたいと願った．23イエスは盲人の手を取って，村の外に連れ出し，その目に唾をつけ，両手をその人の上に置いて，「何か見えるか」とお尋ねになった．24すると，盲人は見えるようになって，言った．「人が見えます．木のようですが，歩いているのが分かります．」25そこで，イエスがもう一度両手をその目に当てられると，よく見えてきていやされ，何でもはっきり見えるようになった．26イエスは，「この村に入ってはいけない」と言って，その人を家に帰された．

A　タキトゥス*『同時代史』IV 81, 1-3

ウェスパシアヌスがアレクサンドレイアで夏の季節風の吹く時期と穏やかな海路を待っていた数ヶ月の間に，多くの奇跡が起った．それらは天寵を，ウェスパシアヌスに対する神々の好意とも言うべきものを啓示したように思われた．

アレクサンドレイアの低階層の住民で，視力を侵した血膿で広く世間に知られていた人が，ウェスパシアヌスの膝に取り縋り，失明を治してくれ，と泣きながら哀願する．彼は迷信に心を捧げるこの民族が，どの神より深く崇めていたセラピス神の御告げに従い「私の瞼と眼玉にあなたの唾を塗って下さい」と元首に嘆願した．もう一人の男は腕を患っていて，同じくセラピスの神託により，カエサルの足裏で腕を踏んで貰いたい，と祈った．

ウェスパシアヌスははじめ苦笑し断る．しかし二人から執拗に頼まれて，時に思い上がっていると噂されるのを恐れ，時に患者の懸命な願いや，追従者のお世辞から希望を懐いた．ついに元首はこのような盲人と不具者が，人間の力で治せるかどうか，医者に訊ねるように命じた．医者はさまざまの所見を述べた．

「前の男は，もし障害が取り除かれると，まだすっかり喪失していない視力を取り戻すかも知れない．後の男は，関節が脱臼しているが，もし治療の効果が上ると，整復も可能であろう．恐らく神々はこれを望み，元首が神々の下働きに択ばれたのだ．ともかく治療の効果が現れると，その栄光はカエサルのものであり，その甲斐がなかったら，哀れな病人が嘲笑されるだけである．」

そこでウェスパシアヌスは，「自分の幸運ですべてが可能なのだ．こうなったら，何でも信じよう」と決心した．彼は顔に笑みを浮べ，傍らに立っていた大勢の人が固唾を呑むうちに，頼まれた通りのことをした．見る間に腕は使えるようになり，盲目に再び日の光が差し込んだ．両方ともその場に居合わせた人が証言するのである，嘘をついて何の得にもならない今日においてすら．

B　アエリウス・スパルティアヌス*『ハドリアヌスの生涯』25, 1-4

その頃，一人の女性が現れて，次のごとく語った．ハドリアヌスは健康になるから自殺しないように知らせるよう夢の中で忠告されたが，自分はそれを果たさなかったため，盲目となった．しかし，再び同じことをハドリアヌスに言ってその膝に接吻するように命じられた．そうすれば失われた視力が回復するであろう，と．彼女は夢のお告げの通りに行動し，自分が出てきたその聖所の水で目を洗うと，視力が回復したのであった．また，パンノニアより一人の盲目の老人が，熱があるハドリアヌスのもとにやって来て，彼に触れた．すると老人の目は見えるようになり，ハドリアヌスの熱も下がった．もっとも，これらの話は捏造されたものでしかないとマリウス・マクシムスは語っている．

C　エピダウロス碑文*（IG IV^2 I, 121-123）：石碑 A の IV

アテネ出身で片目のアンブロシアー．彼女があるとき，［ここの］神に嘆願するためにやってきた．境内をあちこち歩き回っている間に，ある癒しの物語が目に留まった．すると彼女はそれをとても信じ難く，しかも不可能なことだと思って，吹き出してしまった．それは体に障害を負って，しかも目が見えない者たちが一夜寝ている間に夢を見ただけで健常な体になったという話であった．しかし，その彼女も夢を見た．その夢の中で，神は［彼女の］傍らに立ってこう言ったように思われた．「彼女を私は健常な者としてやろう．しかし，そのお返しには白銀の供え物をつくらせてこの境内に捧げさせ，彼女の不見識の記念とすることにしよう．」神はこう言うと，彼女の病んでいる方の瞼を開いて，何か薬をさした．翌朝，彼女は健常な状態で神殿から出てきた．（大貫隆訳）

D　エピダウロス碑文*（IG IV^2 I, 121-123）：石碑 A の IX

ある少年が［ここの］神に嘆願するためにやってきた．彼は両目が見えなかった．瞼が残っているだけで，その中には何もなく，まったく空だった．境内にいた者たちの内の何人かは，眼球の場所だけあっても何も残っていないにもかかわらず，また目が見えるようになるかもしれないと考えているその少年の単純さを嘲笑した．さて，少年が［この神殿で］一夜を眠っていると，夢の中で神が出てきて，何か薬のようなものを取って，少年の瞼を押し開けるとその中に注入した．翌朝，少年は両方の目が見えるようになって出て行った．（大貫隆訳）

E　エピダウロス碑文*（IG IV^2 I, 121-123）：石碑 B の XXII

タソスの人ヘルモーンの話．この男は目が見えなかったが，神がそれを治した．しかし，彼はその後その代価を納めなかった．そこで神は彼をもう一度盲目にした．彼は再び［この神殿へ］やってきて，一夜眠った．神は彼を治してやった．（大貫隆訳）

F 『ギリシア語碑文集成』* (SIG)³III, No. 1173 (＝『ギリシア語碑文集』* IG, XIV, 966)：ローマでのアスクレピオス崇拝

その当時，盲目のガイウスという名前の男に，［ローマにあるアスクレピオス］神が自分の神殿に詣でて，［そこにある皇帝の？］玉座に跪いて，右から左に回る形でその周りを回ってから，五本の手の指をその玉座の上に置いて，それから手を挙げて，今度は自分の目の上に置くようにという託宣を授けた．［その男がそうしたところ］，彼は目が再び見えるようになった．周りには群衆がいたが，彼らも一緒に喜んだ．なぜなら，それはわれらの皇帝アントニヌスに対する生きた誉れとなったからである．（中略）

ウァレリウス・アプロスは盲目の兵士だった．彼に神［アスクレピオス］が，行って白い雄鶏の血を採って蜂蜜と混ぜてから，それを目の膏薬として塗ること，それを三日の間頻繁に目の上に貼るようにという託宣を授けた．そうすると彼は再び目が見えるようになって，戻って行き，公衆の前で神に感謝を捧げた．（大貫隆訳）

G パウサニアス*『ギリシア案内記』X 38, 13

［その地の］アスクレピオス神殿は廃墟となっていた．最初その神殿にはファルシオスという名前の男が私的に住んでいた．この男は目の病気にかかっていて，失明寸前だった．エピダウロスの神［アスクレピオス］が彼のところへアニュタを遣わした．このアニュタは叙事詩作家であった．彼女は文字が書かれた手紙を持って行くのだった．このことは彼女にまずは夢の幻として現れたが，間もなくそのとおりに現実となった．すなわち，見よ，気がつくと彼女の手には文字が書かれた手紙が置かれているではないか．そこで彼女は船で［コリント湾の北岸にある］ナウパクトスに赴くと，ファルシオスに手紙の封印をほどいて書かれていることを読むようにと命じた．自分の目がそういう状態であったファルシオスには，書かれている文字を見ることなどとても不可能だと思われた．しかし，彼がアスクレピオス神の神託であることに何がしか信頼して手紙の封印をほどくために封印の鑞に目を留めたとき，彼の目は健常に戻った．そしてそこに書かれていることに従って，アニュタに謝礼を払った．それは黄金二千スタテールだった．（大貫隆訳）

24 自分の十字架を背負う

マルコ 8, 34／マタイ 16, 24／ルカ 9, 23

「自分の十字架を背負う」（ヨハネ 19, 17 も参照）という表現はプルタルコス*にも見られる．明らかに，実際の十字架刑の執行の段取りとして，そのように定められていたのである．

マルコ 8, 34

34 それから，群衆を弟子たちと共に呼び寄せて言われた．「わたしの後に従いたい者は，自分を捨て，自分の十字架を背負って，わたしに従いなさい．」

プルタルコス*「神罰が遅れて下されることについて」§9：『モラリア』554A-B

邪悪さというものは，自分自身への痛みや懲らしめと生まれをともにしているのであって，後になって不正の裁きを受けるのではなく，むしろ不遜であることそれ自体において裁きを受けているのである．また，悪事をはたらいて身体的な懲罰を受ける人はそれぞれ，自分で十字架を運ぶのだが，悪徳は，自分を懲らしめるそれぞれの道具を，自分自身で生み出している．

25 「まずエリヤが来るはずだ」 →85

マルコ 9, 11／マタイ 17, 10

26 悪霊祓い →59

マルコ 9, 16-27／マタイ 17, 14-20／ルカ 9, 38-43a

この伝承では，明らかに癲癇の症状が悪霊に取り憑かれた結果として考えられている．イエスは悪霊を祓って少年を癒している．福音書には，この話に代表される悪霊祓いの奇跡物語が数多く伝えられている（マルコ 1, 21-28; 5, 1-20; ルカ 13, 10-17）．それと対照的なのが，アスクレピオス崇拝である．エピダウロス碑文*を筆頭にして，アスクレピオスについて伝わる癒しの奇跡物語では，外科的な障害とその治癒が多く，精神性の疾患が問題にされることは少ない．もちろん，次に挙げる事例は明瞭に悪霊祓いを主題としている．しかし，いずれも少なくとも間接的には，新約聖書のイエス伝承あるいはパレスティナとの関連が考えられるものである点に注意が必要である．特にDのルキアノス*は後2世紀の地中海世界の宗教文化史を知る知識人で，『嘘好き』は大衆レベルの奇跡信仰や迷信を集めて冷笑する作品である．「パレスティナからきたシリア人」の悪霊祓い師のことは「誰でも知っている」と述べているから，当時のパレスティナでは，同じような悪霊祓いは日常的な現象であったのだと思われる．福音書におけるイエスの悪霊祓いの話もその一部なのである．マルコ 9, 21-25 でイエスは，急に引きつけを起こして，口から泡を吹いて転び回る子供を見て，父親に「このようになったのは，いつごろからか」と尋ねた後，「汚れた霊」を「叱って」追い出す．この点は，Dのルキアノスが「パレステイナからきたシリア人」の悪霊祓い師について報告する所作と完全に並行している．

マルコ 9, 16-27

16イエスが，「何を議論しているのか」とお尋ねになると，17群衆の中のある
者が答えた．「先生，息子をおそばに連れて参りました．この子は霊に取りつか
れて，ものが言えません．18霊がこの子に取りつくと，所かまわず地面に引き倒
すのです．すると，この子は口から泡を出し，歯ぎしりして体をこわばらせてし
まいます．この霊を追い出してくださるようにお弟子たちに申しましたが，でき
ませんでした．」19イエスはお答えになった．「なんと信仰のない時代なのか．い
つまでわたしはあなたがたと共にいられようか．いつまで，あなたがたに我慢し
なければならないのか．その子をわたしのところに連れて来なさい．」20人々は

息子をイエスのところに連れて来た．霊は，イエスを見ると，すぐにその子を引
きつけさせた．その子は地面に倒れ，転び回って泡を吹いた．[21]イエスは父親に，
「このようになったのは，いつごろからか」とお尋ねになった．父親は言った．
「幼い時からです．[22]霊は息子を殺そうとして，もう何度も火の中や水の中に投
げ込みました．おできになるなら，わたしどもを憐れんでお助けください．」[23]
イエスは言われた．「『できれば』と言うか．信じる者には何でもできる．」[24]そ
の子の父親はすぐに叫んだ．「信じます．信仰のないわたしをお助けください．」
[25]イエスは，群衆が走り寄って来るのを見ると，汚れた霊をお叱りになった．
「ものも言わせず，耳も聞こえさせない霊，わたしの命令だ．この子から出て行
け．二度とこの子の中に入るな．」[26]すると，霊は叫び声をあげ，ひどく引きつ
けさせて出て行った．その子は死んだようになったので，多くの者が，「死んで
しまった」と言った．[27]しかし，イエスが手を取って起こされると，立ち上がっ
た．

A　フィロストラトス*『テュアナのアポロニオス伝』IV 10：エフェソの疫病を祓う

アポロニオスは以上のような言葉を語って，スミュルナの人々の心を一つにした．ちょうどその時エフェソに疫病が発生し，もはやどんな対策も効果がなくなった．そこでエフェソの人々はアポロニオスのもとへ使いを送った．彼に自分たちの苦しみを癒す医者になってもらいたいと思ったのである．アポロニオスは出立を引き延ばそうとは考えず，使者に「出掛けよう」と答えた．するとたちまちにアポロニオスはエフェソにいた．それはちょうど，かつてピュタゴラスがツロとメタポントゥムの両方に同時に居合わせるという奇跡を行ったのと同じだった．

さて，彼はエフェソの住民たちを招集すると，こう言った，「元気を出しなさい．今日私がこの疫病を鎮めるだろう．」こう言いながらアポロニオスは，全住民を現在あの疫病除けの神像が立っている劇場に連れて行った．するとそこに乞食を装った一人の老人がいた．彼は盲人を装って，両目もわざと閉じていた．背嚢を一つ携行し，その中に一切れのパンを持ち合わせていた．ぼろ布で身を覆い，顔は汚れきっていた．

アポロニオスはエフェソ人たちをその老人の回りに立たせるや，「さあ，で

きるかぎり沢山の石をかき集め，この神々の敵に投げつけよ」と命じた．しかし，エフェソの住人たちはアポロニオスの言っていることの意味が分からず驚くばかりだった．と同時に，かくも惨めな有り様で助けを求め，憐れみを受けようとやたらと喋りまくっているだけの余所者を叩き殺すのは，あまりに恐ろしいことだと思われた．ところがアポロニオスはエフェソの住人たちにもっとその余所者に押し迫るように，そして，決して逃がさないように命じてひるまなかった．そこで何人かが投石を始めると，盲目を装って目を閉じていただけのその男は急に一同を睨みつけた．その時彼が見せた目は燃え上がる炎のようだった．その時，エフェソの住人たちは，その男の正体が悪霊であるのに気がついた．それから彼らの投石は物凄く，投げられた石はその悪霊の上に積もって塚となった．

しばらく経ってから，アポロニオスは彼らにそれらの石を取り除いて，彼らが殺した獣を確かめるようにと命じた．彼らが石で撃ち殺したはずの者を露にしてみると，当の男の姿は消えてなかった．その代わりに石の下から現れたのは，体型ではモロシア産の犬に，大きさでは最大級のライオンに似た犬の引き裂かれた死体だった．口から泡を吹いたその様は狂犬さながらであった．

こうして，あの疫病除けの神像，すなわちヘラクレス像が，その妖怪が撃ち殺された場所に建立されて今日に至っているのである．（大貫隆訳）

B　フィロストラトス*『テュアナのアポロニオス伝』IV 20

さて，アポロニオスが飲み物を神前に供えることについて議論をしていると，それを聞いていた聴衆の中に，たまたま一人の伊達男が居合わせた．その男の放蕩ぶりはあまりにひどくて，その行いはもうずっと以前から街角の噂の格好の種だった．彼の実家はコルキュラだった．そして自分の祖先はあのオデュッセウスをもてなしたファイアケス人のアルキノオスだと言っていた．アポロニオスはその時，神々に飲み物を供える仕方について議論している途中で，彼らに，そのためには特定の器を使うこと，それは神々だけのために取り分けておいて，自分たちが飲むためにそれに触ったり，実際に使ったりしないように教えていた．そして，その器は把手がついたものでなくてはいけないこと，飲み物を神々に供えるために注ぎ出すときには，その把手を伝わらせてすること，なぜなら，把手から飲み物を飲む人間はいないから，そこが一番汚れていないからである，と忠告した．

さて，その若い伊達男はそれを聞くと，もの凄い声で笑い出した．それは嘲りの嗤いだった．アポロニオスはその男を睨みつけると，こう言った．「この嘲りをしているのは，お前自身ではない．悪霊がお前を駆り立ててそうさせているのだ．お前はそれに気付いていないだけだ．」事実，その若者は自分では知らぬ間に，悪霊に取り憑かれていたのである．というのは，彼は他の誰も笑わないところで急に笑い始めるかと思えば，訳もなく突然泣き始めるのであった．そして何時も自分自身を相手に独り言を言っていた．その時周りにいた者たちは，彼にそんなことを言わせたのは若気の為せることだろうと思っていた．そして，その時彼が口にした悪ふざけも酒に酔っていたせいだろうと思われた．しかし，実際には彼は悪霊の操り人形だったのである．

さて，アポロニオスがその若者を睨みつけると，彼の中にいた悪霊は怖がって，そして怒って叫び声を上げ始めた．その声はちょうど人が火傷を負ったり，鞭で打たれたりするときに上げる叫び声のようだった．それから，その悪霊は，その若者から出て行くこと，そして，もう二度と他の人間にも入らないことを誓い始めた．しかし，アポロニオスは怒りをもって彼を睨みつけた．それは丁度，主人が怠惰で，ずる賢くて，恥知らずな奴隷を叱るときと同じだった．それから彼は悪霊にその若者から立ち去ること，しかも立ち去る時には，そうと分かるように目に見える印を残して行くように命じた．

すると悪霊は「私はその立像をひっくり返して行くでしょう」と言った後，王たちの柱廊に立っている肖像を指差した．というのも，この出来事はその場所で起きたことだからである．するとその立像が次第にぐらつき始め，遂には転倒した．それが人々にどれほどの騒ぎを惹き起こしたものか．また，人々がどれほどびっくりして拍手喝采したものか．それを一体誰がよく筆舌に尽くすことができようか．

ところが，その若い男はまるで今やっと眠りから覚めたばかりのように，目を擦った．そしてすべての人が彼に注意を集中している中で，太陽の光の方に目をやってから，穏やかな顔つきを取り戻した．なぜなら，彼はもはや放蕩の時の身ぶりも気がふれた目つきも見せず，今や正気に戻ったからである．それはまるでよく効く薬を飲んで治ったかのようだった．それから彼は着ていた派手な着物と上着も放蕩の生活も捨て去った．そして哲学者たちの質素な生活を好むようになり，彼らの目印である上着をまとった．そして，それから後はアポロニオスの生活の仕方に倣って生きるようになった．（大貫隆訳）

C　フィロストラトス*『テュアナのアポロニオス伝』VI 43：アポロニオスが狂犬病の少年を癒す

アポロニオスについて，次のような話もタルソに伝わっている．一頭の狂犬が一人の少年に襲いかかって噛みついた．その結果，噛まれた少年は狂犬そっくりになって，吠え猛りながら，両手も足のように使って至るところをうろつき回っていた．

少年がこういう病状になってから三十日目に，しばらく前にタルソに着いていたアポロニオスがその少年を見て，噛みついた犬を捜し出すように命令した．しかし，町の者たちは，その犬を探したけれども，見つけられなかったと言った．なぜなら，その少年は襲われた時，市壁の外で投げ槍の練習中であったし，もはや自分で自分のことが分からなくなってしまった少年本人からも，その犬がどんな犬であったか何も聞き出せなかったからと言うのである．

するとアポロニオスはしばし黙想した後，供のダミスに「その犬は白くて毛が多く，アンフィロキコス地方の猟犬ほどもある大きな牧羊犬で，今現にある泉の側で水を飲みたくても水が怖くて震えながら立ち尽くしている．その犬を私のところに連れてきなさい．闘技場のある川岸へ．犬にはただ私が呼んでいるとだけ言いなさい」と言った．

そこでダミスはその犬を引っ立ててきた．すると犬はアポロニオスの足元に，ちょうど嘆願者が祭壇に向かってそうするように，鳴き叫んだ．アポロニオスは犬を手で撫でて鎮めると，少年を手で抱えるようにして犬のすぐ側に立たせた．そして，今から起きようとしているえも言われぬ奇跡を多くの者たちが見過ごすことのないようにと，叫んで言った，「ミュシアのテーレフォスの魂がこの少年に入り込み，運命の女神（モイラ）たちがかつてのテーレフォスと同じことをこの少年の上にもたらそうというのだ．」こう言いながらアポロニオスは犬に向かって，自分が噛みついてできた証人の傷口を限なくなめるように命じた．すなわち，傷を負わせた者が今度は癒す者に一転するかのようであった．

その後で，少年は父親のもとへ帰って行き，自分の母親も見分け，遊び仲間にも以前のように話しかけ，キュドニスの水を飲んだ．アポロニオスは犬の方も蔑ろにはせず，河に向かって祈りを捧げてから，その犬に河を渡らせた．犬は河を渡り切ると，向こう岸に立って，吠え始めた．これは狂犬にはきわめて珍しいことなのである．それからその犬はそれまで垂れていた耳を折り返し，尻尾を振った．犬には自分が再び健常の身になったことが分かったのである．なぜなら，狂犬には，そうする勇気さえあれば，一口水を飲むことが癒しとなるからである．（大貫隆訳）

D　ルキアノス*『嘘好き』§16：パレスティナの悪霊祓師

あのパレスティナから来たシリア人のことは誰でも知っている．彼はその種のこと［悪霊祓い］の達人である．月が出てくると転倒して，目を回し，口から泡を吹く病人を彼は一体何人治して，元通り自分の足で立たせて，健常な状態にして家に帰らせてきたことか．彼らをその病気の恐怖から解き放つ代わりに，彼は高い代価を要求する．そのやり方はこうである．彼はまず転倒して横になっている患者たちに近寄ると，悪霊どもに一体どこから来て彼らに取り憑いたのかと問うのである．すると，病人自身は口を利かずにいるが，悪霊の方がギリシア語かシリア語で，あるいはそれぞれ（の悪霊）の郷里の言葉で，どうやって，どこからその人の中に入り込んだのかを答えるのである．その魔術師の方はその悪霊に呪文をかけて出て行けと命じる．もし悪霊がそれに従わなければ，威嚇して追い出す．私も自分の目で，病人たちの中から悪霊どもが出て行くのを見たが，煤けて黒かった．（大貫隆訳）

E　ヨセフス*『ユダヤ古代誌』VIII, 45-49

神がソロモンに悪鬼を追い出す秘技を授けたので，大勢の人が治癒されて恩恵を受けた．彼は病いを癒す呪文を考案し，また，悪霊にとりつかれた者がそれを追い出して二度と入らせないための魔除けの秘法を案出して残した．

こうした秘技や秘法による治療は，現在でも私たちの間できわめて盛んである．実際，私は同胞の一人でエレアザロス［エレアザル］という男が，ウェスパシアヌスや，その息子たち［ティトゥスとドミティアヌス］，千人隊長，その他大勢の兵などが見守る中で，悪霊にとりつかれた男たちをそれから解き放つのを目撃したことがある．その治療の仕方は次のようであった．エレアザロスが悪霊につかれた男の鼻へ指輪を近づける．その指輪の印章の下にはソロモンの処方箋どおりに薬草の根がぶら下げられていた．そして，男がそれを嗅ぐと，悪霊が鼻孔から出て行った．そしてエレアザロスは男が倒れるや，ソロモンの名を唱え，ソロモンがつくった魔除けの呪文を口にしながら，二度と男の中に戻ってこないように悪霊に厳命した．

次にエレアザロスは自分にこのような治癒力があることを見物人に納得させるために，水の一杯入った盃だか洗足の鉢だかを少し離れたところに置いた．そして彼は悪霊が男から去ったことを見物人にしかと見せるために，出て行った悪霊に向かって，それをひっくり返すように命じた．すると，そのとおりのことが起こり，ソロモンの聡明さと知恵がはっきりと示されたのである．

私がここでこのようなことを語ったのは，ソロモンの天才がどんなにすぐれたものであったか，また，神がどんなに彼を愛したかを万人に知ってほしかったからであり，また，王の徳がすべてにおいて卓越していたことを天が下の全民族に知ってもらいたかったからである．

27 四肢の切断

マルコ 9, 43-47／マタイ 18, 8-9

古代ギリシア・ローマでも外科の医術は知られており，時には四肢を切断するような大がかりな手術が行われた．大事なものをあえて捨てることが結局は本人の利益になることがある，という道徳的・倫理的な思想を，そうした外科手術の例に託して語ることは，以下に挙げるプラトン*の作品だけでなく，他にもしばしば確認できる．マルコ 9, 43 以下と並行記事でイエスが口にする，「片手があなたを躓かせるなら切り取ってしまえ，両手が揃ったまま地獄に落とされるよりは，片手で命にあずかるほうがよい」という趣旨の発言も，大意としてはプラトンのそれと同じであろう．

ただし，イエスの発言においては「片手を切り取る」「片眼をえぐりとる」というイメージがきわめて衝撃的で，これはあくまで譬えなのだ，イエスが言いたいのはあくまで信仰や教会の話なのだ（マルコ 9, 42 並行参照），と自らを納得させてしまうことを聴き手に許さない迫力がある．そこに，イエスの話が人々を引きつけた理由の一つがあるのだろうか．

マルコ 9, 43-47

43もし片方の手があなたをつまずかせるなら，切り捨ててしまいなさい．両手
がそろったまま地獄の消えない火の中に落ちるよりは，片手になっても命にあず
かる方がよい．（44 節は底本に欠）45もし片方の足があなたをつまずかせるなら，
切り捨ててしまいなさい．両足がそろったままで地獄に投げ込まれるよりは，片
足になっても命にあずかる方がよい．（46 節は底本に欠）47もし片方の目があな
たをつまずかせるなら，えぐり出しなさい．両方の目がそろったまま地獄に投げ
込まれるよりは，一つの目になっても神の国に入る方がよい．

プラトン*『饗宴』205D-206A

［ディオティマの話］「ところで，自分の半身を探し求める人々は恋している人々である，という一つの説がたしかに説かれています．しかし私の説によれば，恋の対象というものは，友よ，いやしくもそれが何らかの意味でよきものというのでなければ，半分でも全体でもないのです．実際，人々は自分の身体の一部分が悪いと思えば，自分の足でも手でも切り取る気になりますからね．つまりわたしの思うのに，各人自分のものならありがたがるというものではないからです．――もっとも，よきものをば自分に所属するもの，自分のものと呼び，悪しきものをば自分と縁のないものと呼ぶならば，話は別ですが．――つまり人々の恋する対象は，よきもの以外の何物でもないからです．」

28 塩の効用

マルコ 9, 49-50／マタイ 5, 13／ルカ 14, 34-35

塩を引き合いに出すこのイエスの発言は，おそらく元々はユダヤ人の間での格言のようなものであったのではないかと思われる．それと同時に，塩の貴重さは古代地中海世界全体の共通感覚であったに違いない．

マルコ 9, 49-50

49「人は皆，火で塩味を付けられる．50塩は良いものである．だが，塩に塩気がなくなれば，あなたがたは何によって塩に味を付けるのか．自分自身の内に塩を持ちなさい．そして，互いに平和に過ごしなさい．」

プルタルコス*『食卓歓談集』 VII 序文：『モラリア』697D

ホメーロスは塩のことを「神的なもの」と呼んでいる．また，多くの人々がそれを「優美」（カリス）と呼んでいる．なぜなら，それは調味料として使われると，どのような食べ物でもわれわれの味覚に調和させ，口に合うもの，つまり「優美」にしてくれるからである．しかし，饗宴の食卓で「最も神的な薬味」と言うべきは，親しい間柄の友人がそこに居てくれることである．彼がわれわれと一緒に飲み食いすることではなく，むしろ会話のやり取りに加わってくれることである．（大貫隆訳）

29 「神には何でもできる」

マルコ 10, 27／マタイ 19, 26／ルカ 18, 27

これとほぼ同じ文言が，ヘレニズムの民間信仰では，奇跡物語の枠内で発見される．神あるいはその恩寵を受けた支配者には「すべてが可能なのだ」という見方である．前掲の 23 の A では，ウェスパシアヌスが盲人の目を癒すに当たって，「自分の幸運ですべてが可能なのだ．こうなったら，何でも信じよう」と述べている.

マルコ 10, 27

27イエスは彼らを見つめて言われた.「人間にできることではないが, 神にはできる. 神は何でもできるからだ.」

タキトゥス*『同時代史』 IV 81, 1-3 →23のA

30 エルサレム入城

マルコ 11, 7-11／マタイ 21, 7-11／ルカ 19, 35-38

イエスが弟子たちとともに, エルサレムに入城する場面である. その際,「多くの人が自分の服を道に敷き, また, ほかの人々は野原から葉の付いた枝を切ってきて道に敷いた」(マルコ 11, 8) と言われている. これとよく似た場面がプルタルコス*『英雄伝』:「小カトー」にある. ただしそこでは, 自分の服を敷いて道を整えることは,「その頃のローマ人が少数のディクタトルにもほとんどやらないようなこと」と言われている. イエスのエルサレム入城の場面の語り手も, 事の例外性を意識しているのかもしれない.

マルコ 11, 7-11

7二人が子ろばを連れてイエスのところに戻って来て, その上に自分の服をかけると, イエスはそれにお乗りになった. 8多くの人が自分の服を道に敷き, また, ほかの人々は野原から葉の付いた枝を切ってきて道に敷いた. 9そして, 前を行く者も後に従う者も叫んだ.「ホサナ. 主の名によって来られる方に, 祝福があるように. 10我らの父ダビデの来るべき国に, 祝福があるように. いと高きところにホサナ.」11こうして, イエスはエルサレムに着いて, 神殿の境内に入り, 辺りの様子を見て回った後, もはや夕方になったので, 十二人を連れてベタニアへ出て行かれた.

プルタルコス*『英雄伝』:「小カトー」§12

カトーの軍務の任期が終わって見送られるときに，兵士たちは普通行われるように祈願と頌讃を献げず，涙と抱擁で尽くせない別れを惜しみ，その通る道には足の下に外套を敷き詰め，カトーの手に唇をつけるなど，その頃のローマ人が少数のディクタトルにもほとんどやらないようなことをした．

31 納税問答 →97

マルコ 12, 13-17／マタイ 22, 15-22／ルカ 20, 20-26

イエスがファリサイ派をはじめとするユダヤ人と，ローマ皇帝への納税の是非をめぐって問答を交わす場面である．当時のユダヤ教徒にとって，その是非がどれほど重い問題であったかは，ヨセフス*『ユダヤ戦記』から窺われる．ガリラヤのユダに始まった「熱心党」の運動においては，納税は自分たちの神を捨てて，ローマ皇帝に仕えることと同義であった．イエスはデナリオン銀貨を一枚持ってこさせると，「これは誰の肖像と銘か」と問う．それに続くイエスの言葉，「皇帝のものは皇帝に，神のものは神に返しなさい」については，さまざまな解釈があるが，ここでは触れない．ローマの第二代皇帝ティベリウスの治世下（後 14-37 年）のデナリオン銀貨は次に掲げる図版の通りである．銘文（表）は TI(BERIVS) CAESAR DIVI AVG(VSTI) F(ILIVS) AVGVSTVS「神君アウグストゥスの子，ティベリウス・カエサル・アウグストゥス」と読める．1 デナリオンは，イエス時代のパレスティナでは，日雇い労働者の一日分の労賃であり（マタイ 20, 1-16 参照），ギリシアの通貨では 1 ドラクメ（ルカ 15, 8 参照）に相当した．

マルコ 12, 13-17

13さて，人々は，イエスの言葉じりをとらえて陥れようとして，ファリサイ派
やヘロデ派の人を数人イエスのところに遣わした．14彼らは来て，イエスに言った．「先生，わたしたちは，あなたが真実な方で，だれをもはばからない方であることを知っています．人々を分け隔てせず，真理に基づいて神の道を教えてお

られるからです．ところで，皇帝に税金を納めるのは，律法に適っているでしょうか，適っていないでしょうか．納めるべきでしょうか，納めてはならないのでしょうか．」15イエスは，彼らの下心を見抜いて言われた．「なぜ，わたしを試そうとするのか．デナリオン銀貨を持って来て見せなさい．」16彼らがそれを持って来ると，イエスは，「これは，だれの肖像と銘か」と言われた．彼らが，「皇帝のものです」と言うと，17イエスは言われた．「皇帝のものは皇帝に，神のものは神に返しなさい．」彼らは，イエスの答えに驚き入った．

ヨセフス*『ユダヤ戦記』 II, 118

彼［属領州ユダヤの領主アルケラオス］が統治していたころ，ユダという名のガリラヤ人が同郷の者たちを煽動して騒乱を起こした．彼は，ローマ人に貢納金を納めたり，ひとたび神のみを主権者と仰いだのに，なお死ぬべき人間に仕えるなどというのは卑怯者だと言って彼らを煽り立てた．この男は他の分派となんら共通点をもたない自分だけの一派を立てた一種の賢者であった．

デナリオン硬貨の表（左）と裏（右）（『原典新約時代史』蛭沼寿雄他，山本書店，1976年，127頁）

32 「復活したら天使のようになる」

マルコ 12, 25／マタイ 22, 30／ルカ 20, 35-36

きたるべき死人の復活の有無をめぐってサドカイ派と論争する場面でイエスが発する言葉である．サドカイ派はこれを否定するが（→112），イエスは肯定した上で，「死者の中から復活するときには，めとることも嫁ぐこともなく，天使のようになるのだ」（マルコ 12, 25）と発言する．イエスのこの発言は彼が突然口にしたものではなく，ユダヤ教黙示思想の終末論の中にすでに一定の場所を占めていた表象である．次に二つの事例を挙げる．

マルコ 12, 25

25「死者の中から復活するときには，めとることも嫁ぐこともなく，天使のようになるのだ．」

A 『エチオピア語エノク書』*51, 4

そのとき地は，預ったものを返し，黄泉は預りものとして受け取ったものを返し，地獄は借りたものを返すであろう．彼［メシア］はそのなかから義人たち，聖人たちを選び出す．彼らが救われる日が近づいたゆえ．（中略）そして，みな天使になる．彼らの顔は喜びに輝く．そのとき，選ばれた者が立ち上がるゆえに，地は喜び，義人たちがそこに住まい，選ばれた者たちがそこを縦横に闊歩してまわるであろう．

B 『シリア語バルク黙示録』*51, 7-10

しかし，自分の行いによって救われた者，今律法を望みとし，叡智を希望とし，知恵を堅固［な土台］とした人々には不思議がその定められた時に姿を見せるであろう．彼らは，今は不可視な世界を見，今は彼らの目に隠れている時を視るであろう．もはや時は彼らを老いさせないであろう．彼らはその世界の高みに住まい，天使に似たものとなり，星と肩をならべ，自分の好きなように姿を変え，美から華麗へ，光から栄光の輝きへと変わるだろう．

33 レプトン

マルコ 12, 42／ルカ 21, 2

一人のやもめがエルサレム神殿の賽銭箱に，自分の生活費すべてを投げ入れるが，それは「レプトン銅貨二枚」であったという．これはローマ総督ポンティオ・ピラト治下のパレスティナで鋳造された青銅貨で，銘はギリシア語で「KAISAROS」（皇帝の），裏は「第 17 年」と読める．ラテン語では「レプタ」．当時のユダヤで使われていた最小の貨幣であったことが，ルカ 12, 59 から読み取られる．マルコ 12, 42 はレプトン銅貨二枚が 1 クァドランスに当たるとしている．1 クァドランス（quadrans）は「4 分の 1」の意で，ローマの貨幣単位「アース」の「4 分の 1」に相当する．

マルコ 12, 42

42ところが，一人の貧しいやもめが来て，レプトン銅貨二枚，すなわち一クァドランスを入れた．

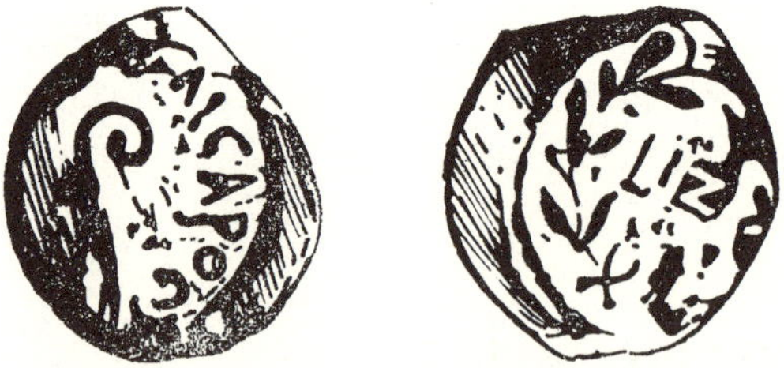

パレスティナの青銅貨の表（左）と裏（右）（『原典新約時代史』蛭沼寿雄他，山本書店，1976 年，129 頁）

34 自称他称のメシアが登場 →111

マルコ 13, 5-6. 21-22／マタイ 24, 4-5. 23-24／ルカ 21, 8

この記事においてイエスは，終末時に「偽メシアや偽預言者」が相次いで登場し，人々を惑わせることを予言している．すでに 31 に挙げたガリラヤのユダの運動以後，さまざまな自称他称のメシアによる政治主義的な反ローマの闘争が続いた．いずれもその時代のローマ総督の軍隊によって直ちに鎮圧された．以下に挙げる事例のうち，B は総督ピラト（在任後 26-36 年），C はファドゥス（同後 44-46 年），D はフェリックス（同後 52-60 年），E は後70年のエルサレム陥落（→35）後間もなくの頃の出来事である．

マルコ 13, 5-6. 21-22

[5]イエスは話し始められた．「人に惑わされないように気をつけなさい．[6]わたしの名を名乗る者が大勢現れ，『わたしがそれだ』と言って，多くの人を惑わすだろう．（中略）[21]そのとき，『見よ，ここにメシアがいる』『見よ，あそこだ』と言う者がいても，信じてはならない．[22]偽メシアや偽預言者が現れて，しるしや不思議な業を行い，できれば，選ばれた人たちを惑わそうとするからである．」

A　ヨセフス*『ユダヤ戦記』II, 118　→31

B　ヨセフス*『ユダヤ古代誌』XVIII, 85-87

騒擾を引き起こすという点ではサマリア人も例外ではなかった．というのは，嘘をついても呵責を感ぜず，その企みはすべて大衆に迎合するにあるといった一人の男が，サマリアの人たちを集め，彼らがもっとも神聖な山と信じているゲリジム山に自分と一緒に登るように命じた．彼は人びとに，そこに着いたらかつてモーセが埋めた聖なる什器を見せてやる，と保証したのである．彼の話を聞いた人びとはそれを信じ，武器を手にして集結し始めた．そして，人びとはティラタナと呼ばれる村に泊まった．彼らは，大挙して登山を行おうと計画していたので，つづいてやって来る者たちが，自分たちの一行に加わるのをそこで待ち受けていた．ところが，人びとがいざ登山を開始しようとする直前，ピラトゥスが騎兵と武装した歩兵の分遣隊で予定の登山道を閉ざしてしまった．そして彼らは，村にすでに集まっていた人びとに攻撃を仕かけ，これと激しく戦って，ある者は殺し，ある者は追いちらした．多くの者たちが生きながらにして捕えられたが，ピラトゥスはその中の首謀者たちと，また逃亡者たちの間にもっとも大きな影響力をもっていた連中とを処刑した．

C　ヨセフス*『ユダヤ古代誌』XX, 97-99　→97

ファドゥスがユダヤの総督時代に，テウダス［使5, 36のテウダと同じ］というぺてん師が大勢の民衆に向かって，全財産を持ち自分にしたがってヨルダン川まで行くように説いたことがあった．彼の言葉によれば，彼は預言者であり，彼が命ずればヨルダン川は二つに割れ，彼らは簡単にそこを通れるのだ，と．彼はこのようなうまい話で多くの者を欺いた．しかし，ファドゥスは，連中がこのような騙りでは甘い汁を吸うようなことはさせなかった．彼は騎兵大隊を彼らに差し向け，不意を襲って彼らの多くを殺したり生け捕りにしたりした．テウダス自身は捕らえられて首をはねられ，その首はエルサレムに送られた．

D ヨセフス*『ユダヤ戦記』II, 258-263

この連中［シカリオイ，次のEの注（1）参照］のほかにもう一群の悪人どもが起こって来た．前者よりは手はきれいなのだが，心の中はよりいっそう邪悪で神を畏れない者たちであり，暗殺者に劣らず都の平安をぶちこわした．詐欺師やいかさま師どもが神の霊感をうけたとよそおって革命的な変革をつくり出そうとし，大衆を説き伏せて神がかりのようにさせて荒野に連れ出した．荒野で神が彼らに解放のしるしを示してくださる，というのである．ここに至ってフェリックスはこれを叛乱のきざしと見なし，騎兵と重装備の歩兵を派遣して多くの群衆をうち滅ぼした．

もっと大きな災いをユダヤ人にもたらしたのはエジプト人の偽預言者である．この詐欺師はユダヤの土地にあらわれ，自分を預言者と信じこませて約三万人の追随者を集め，荒野からオリブ山と呼ばれる丘まで彼らを引きまわし，そこからさらにエルサレムに押し入るかまえを見せた．ローマの守備兵を威圧したのち，自分といっしょに侵入した者たちを護衛として民衆に君臨するつもりだった．しかし，フェリックスは彼の攻撃を予期していたので，重装備のローマ歩兵を率いて迎えうった．住民もすべて彼に加わって防衛にあたったので，戦闘の結果は，エジプト人がわずかの手兵をつれて逃走し，彼の仲間の大部分が殺されるか捕虜になるというありさまであった．残りの者は散りぢりになってひそかにおのおの自分の家に帰って行った．

E ヨセフス*『ユダヤ戦記』VII, 437-443

シカリオイ(1)の狂気はさらに，病気が蔓延するように，キュレネ近辺の町々を襲った．すなわち，ヨナタンと呼ばれる卑劣漢が無産の者たちをたぶらかして味方とし，徴と幻影を見せてやると約束して，彼らを荒野へ連れ出したのである．彼の詐欺行為を見破る者は殆どなかったがキュレネのユダヤ人のおもだった者は，リビアのペンタポリスの知事カテュロスに，ヨナタンが町を出て行ったこととそのための準備を報告した．するとカテュロスは，一団の騎兵と歩兵を差し向け，武器を持たない一行を雑作なくつぶした．戦闘では多数の者が殺された．少数の者が生きながら捕らえられてカテュロスのもとへ連行された．その際事件の首謀者ヨナタンは逃げたが，結局国中をくまなく捜索されて捕らえられた．知事のまえに引き出された彼は，処罰をまぬかれようと一計を案じ，次のようなでたらめを言って，カテュロスに悪事を働かせる口実を与えた．すなわち，自分は金持ちのユダヤ人たちから陰謀の指示を仰ぎました，と．カテュロスはさっそくこの中傷にとびつき，ことを悲劇仕立てにして，重大事件とした．その目的は，自分もまたユダヤ人の戦争で功績を積んだことを示すためだった．

(1) ラテン語で「シカ」(sica) と呼ばれる鎌形の短剣を武器に要人の暗殺を繰り返して対ローマの反乱を進めたユダヤ教急進派．

35 ユダヤ戦争とエルサレム陥落 →74

マルコ 13,1-8／マタイ 24,1-8／ルカ 21,5-11

マルコ 13,2 と並行記事において，イエスはエルサレム神殿の崩壊を予言する．これは生前のイエスによる実際の予言ではなく，むしろ福音書の編者マルコが後 70 年にローマ軍によって神殿が破壊された事実を，いわゆる「事後予言」としてイエスに語らせたものであると考えられる．マルコがそれに続けてイエスに語らせていることも，そこに至るまで足掛け 5 年にわたってつづいたユダヤ教徒のローマに対する反乱（ユダヤ戦争）と重なるところが少なくない（→34）．以下では，その最後の戦闘におけるエルサレム神殿の炎上（A），続いて生じた市中でのゲリラ戦の後，さらに死海西岸のマサダの要塞に場所を移して続いた攻防戦と最後の全員玉砕（B）について，ヨセフス*の報告から抜粋する．なおCは，ユダヤ教の前史から始まって，エルサレム陥落までのタキトゥス*『同時代史』による要約である．

マルコ 13, 1-8

1イエスが神殿の境内を出て行かれるとき，弟子の一人が言った．「先生，御覧
ください．なんとすばらしい石，なんとすばらしい建物でしょう．」2イエスは言
われた．「これらの大きな建物を見ているのか．一つの石もここで崩されずに他
の石の上に残ることはない．」3イエスがオリーブ山で神殿の方を向いて座ってお
られると，ペトロ，ヤコブ，ヨハネ，アンデレが，ひそかに尋ねた．4「おっしゃ
ってください．そのことはいつ起こるのですか．また，そのことがすべて実現す
るときには，どんな徴があるのですか．」
5イエスは話し始められた．「人に惑わされないように気をつけなさい．6わた
しの名を名乗る者が大勢現れ，『わたしがそれだ』と言って，多くの人を惑わす
だろう．7戦争の騒ぎや戦争のうわさを聞いても，慌ててはいけない．そういう
ことは起こるに決まっているが，まだ世の終わりではない．8民は民に，国は国
に敵対して立ち上がり，方々に地震があり，飢饉が起こる．これらは産みの苦し
みの始まりである．」

A　ヨセフス*『ユダヤ戦記』VI, 267-268. 281-284

わたしたちがその素晴らしさをこの目で見，この耳で聞いてきた神殿——その構造と規模，細部にいたるまでのその贅をつくした仕上げ，聖なるものについての評判等——の炎上崩壊を慨嘆してもそれは当然のことだが，——（中略）——聖所がかつてバビロニア人に焼き払われた同じ月の同じ日に［後70年8月30日］に焼き払われたのである．（267-268）

ローマ兵は聖所が炎上したのを見て，もはや周辺の建造物を救えないと判断し，それらすべてに，すなわち柱廊のうち焼けなかったものと，東側と南側の二つの門を除くすべての門に火を放った．二つの門はのちに徹底的に破壊された．ローマ兵はさらに，大量の金子と大量の［祭司？］服，および他の財宝がおかれていた貴重品室にも火を放った．ここにはユダヤ人の富という富が積み上げられていたが，それは金持ち連中が保管のために家から持ち込んだものだった．ついでローマ兵は外庭の中でただ一つ残っていた柱廊へ向かった．その

上には一般市民の女や子供たち，種々雑多の流入者等が6000人避難していた．彼らの措置についてカイサルが何らかの判断を下したり指揮官たちに指示を与えたりする前に，ローマ兵は怒りにかられて下から柱廊に火を放った．そのために彼らのある者は火から逃れようとして，またある者はそれに巻き込まれて落命した．多勢の者の中で助かった者は一人もいなかった．(281-284)

B　ヨセフス*『ユダヤ戦記』VII, 252-253. 395-401

この間，ユダヤではバッソスが死に，フラウィウス・シルバスが総督職を引き継いでいた．彼はいまや全土がローマ軍に制圧され，ただ一つの要塞だけが持ちこたえているのを知り，全勢力を結集してその地へ遠征した．この要塞はマサダと呼ばれていた．要塞を占拠したシカリオイは，エレアザロスという大きな感化力をもつ男を指導者にしていた．(252-253)

そして自分たち全員の処刑者として10名の者をくじで選出すると，それぞれの妻子の傍らに横たわり，彼女たちを腕にしかと抱くと，この痛ましいつとめを果たさねばならぬ男たちの一撃の前に首をさし出した．男たちは逡巡することなく全員を殺害した．その後，彼らは同じように自分たちの運命をくじに託した．すなわち，くじを引き当てた者が他の9人を殺害してから最後に自決することになった．彼らはみな，それを実行するのもその苦痛を耐えるのも同じだと信じたのである．

ついに9人の者が首をさし出して死んだ．ただ一人生き残った者は，倒れた多勢の者を見渡した．それは彼らの中に止めの一撃を必要とする者がいないかを確かめるためだった．彼は全員がまちがいなく死に果てたのを確認すると，宮殿に火を放ってはげしく燃え上がらせ，そして渾身の勇をふるっておのれの身体に剣を貫きとおし，家族の者たちの傍らに倒れた．（中略）この悲劇があったのは，クサンティコスの月の第15日［後73あるいは74年5月2日］だった．犠牲者は，女，子供を含めて960人だった．(395-401)

C　タキトゥス*『同時代史』V, 13

天空で戦列が衝突し，武器が火花を散らすのが見られた．雷光が突然黒雲を裂き，一瞬，神殿を照らした．その途端，至聖所の扉が開き「神々が出て行くぞ」という人の声より大きな声が聞えた．それと同時に神々の出て行く騒々しい物音がした．

これらの不思議な現象を恐しい警告と解釈した人は，ほんの僅かであった．大勢は心の中でこう確信していた．これは古代の司祭の文書に記されている通り，まさにこの時，東方の力が増大し，ユダヤから出て行く人びとが世界の覇者となる前兆だ，と(1)．実はこの意味曖昧な文言は，ウェスパシアヌスとティトゥスの運命を予言していたのである．しかしユダヤの群衆は人間の欲深い性（さが）から，この大いなる運命の約束を自分たちと結びつけてとり，逆境の中ですら真実に心を向けようとしなかった．

(1) この謎の託宣については，ヨセフス*『ユダヤ戦記』VI, 312 とスエトニウス*『ローマ皇帝伝』VIII :「ウェスパシアヌス」4 にも並行記事がある．

36 「憎むべき破壊者」

マルコ 13, 14-16／マタイ 24, 15-18／ルカ 21, 20-21

マルコ 13, 14 と並行記事には，一種謎めいた文が現れる．現代の福音書研究においては，この背後に，皇帝ガイウス（ガイオス）・カリグラ（在位，後 37-41 年）がエルサレム神殿内に自分の像の建立を命じた事件（ユダヤ教側から見れば「カリグラ危機」）を想定するのが有力である．建立を命じられたシリア総督ペトロニウスは紆余曲折と長い逡巡の後，一命を賭してガイウスに建立計画の見直しを進言する．ガイウスの突然の死によって，計画は未遂に終わる．その間の消息については，ヨセフス*が『ユダヤ戦記』II 巻と『ユダヤ古代誌』XVIII 巻で報告している．ここには前者のみを再録するが，後者では，ガイウスの庇護を受けていたユダヤ人の藩属国王アグリッパ 1 世（後 37-44 年，パレスティナ全域を統治）の巧みな働きかけが奏功したことになっている．また，アレクサンドリアのフィロン*『ガイウスへの使節』§197-337 には，同じ事件についてさらに詳細な記述がある．そこでのアグリッパ 1 世は文字通り命がけの諫言（手紙）によって，ガイウスの計画を中止させたことになっている．タキトゥス*『同時代史』V, 9 にも短い言及がある.

マルコ 13, 14-15

14「憎むべき破壊者が立ってはならない所に立つのを見たら――読者は悟れ――，そのとき，ユダヤにいる人々は山に逃げなさい. 15屋上にいる者は下に降りてはならない. 家にある物を何か取り出そうとして中に入ってはならない.」

ヨセフス*『ユダヤ戦記』II, 184-187. 192-194. 200-203

カイサル・ガイオスは，はなはだ思い上がって幸運の女神をあなどり，自らを神と見なされること，称えられることを欲するまでになった. そして国中の最も高貴な人びとを一掃したのみならず，その不敬虔な行いをユダヤにまで及ぼした. 彼はペトローニオスを軍隊とともにエルサレムに派遣して，神殿の中に自分の像を建てさせようとした. ユダヤ人が彼らをうけいれまいとするなら，阻止する者たちを殺し，残りの国民を一人残らず奴隷にしてしまえと命令したのである. しかし，この命令の成り行きは神の配慮の下に置かれていたのである. ペトローニオスは三軍団とシリア兵の予備部隊の大群を率いてアンティオキアを出発しユダヤに向けて進軍した. ユダヤ人のうち，ある者は戦争のうわさを信ぜず，ある者は信じたが，防備の手段をもたなかった. しかし，間もなく恐怖がすみずみまで広がった. 軍隊はすでにプトレマイオスに着いていたのである. (184-187)

ユダヤ人たちは妻子ともどもプトレマイオスの平地に集まり，まず第一に彼らの父祖の律法のため，第二には彼ら自身のためにペトローニオスに嘆願した. そこで彼はこの多勢の人びととその哀願に屈し，像と軍隊をプトレマイオスに残して，ガリラヤに入り，群衆と著名な人びとをすべてティベリアスに召集した. そしてローマ人の力とカイサルの脅迫について縷々と述べたて，そのうえ彼らの要求が無分別であることも指摘した. 属領のあらゆる国民がその町に彼らの神々の像と並んでカイサルの像を立てているのに，彼らだけがこれに反対することは，ほとんど叛乱に等しいし，また侮辱である，と彼は説いた. (192-194)

しかしどんなに努力しても成功しなかったのと，この地方が種まきもせずに放置されているのを見て，ついに彼は──（中略）──軍をまとめてプトレマイオスをはなれ，アンティオキアに帰った．そこからただちにカイサルに手紙を送って，ユダヤ作戦の顛末とユダヤ人の請願の内容を知らせるとともに，もしカイサルがその人間も国土もことごとく滅ぼし尽くすつもりなら別だが，そうでないならば彼らの法を重んじて，先の命令を取り消すべきだ，と書いた．この手紙に対してガイオスは一方ならぬ怒りをこめて返書を書き，命令の執行を遅らせたかどによりペトローニオスを死刑にするとおどした．ところが，この手紙を運んだ使者がたまたま嵐のために航海に三ヶ月も手間取ったのに，一方，ガイオスの死を知らせる他の使者たちは無事に海を渡ってきたのである．そこでペトローニオスはカイサルの死の知らせを，自分自身への追及の手紙よりも27日も早く手にすることができた．(200-203)

37　ひざまずいて拝む　→46

マルコ 15, 19

38　十字架刑

マルコ 15, 22-41／マタイ 27, 33-56／ルカ 23, 33-49／ヨハネ 19, 17-27

十字架刑，すなわち生きたままの人間を立てた杭に縛りつけるという処刑方法，もしくはそれに類似する処刑方法は，古くからギリシア・ローマ世界で行われてきた（下記のG，H，I，M，N，Rなど）．この状態におかれた人間が自然に死んでいくのを見せるということから（見せしめという目的が特に明確なのはI），きわめて残酷な処置であり（E，Fなど），これを執行するのは残酷な支配者であり（J，K），処刑される側はもちろん，それを見せられる側にとってさえ，きわめて不快なものであった（A，B）．そのため，十字架刑を執行するには法的な制限が設けられたり（D，L），ローマ市民権保有者は執行対象外とされるようなケースもあった（その裏返しがBやC）．

キリスト教は，よりによってこのような最悪の死に方をしたナザレのイエスこそが，神から遣わされたメシア（キリスト）であるという信仰から出発した．最初期のキリスト教徒，とりわけキリスト教史上で著作が残されている最古の人物であるパウロは，人間世界の最底辺ともいうべき十字架上の死を神がメシアの死に場所として選んだという逆説に正面から向き合い，「神の愚かさは人よりも賢く，神の弱さは人よりも強い」（1コリ1, 25）という大胆な思想を展開した．おそらくパウロ自身，十字架刑について，AやBと同じような，おぞましい見せ物というイメージを実感として持っていたのであろう．

ところが，時代を下るにつれて，イエスの死は単なる「死」とされ，それが十字架による残虐な処刑であったというリアルなイメージが次第に失われていった．その代わりとして，なぜ十字架なのかを説明するため，そこに隠された意味を探ろうとするような動きが出てくる（O，P，Q）．つまりは，十字架のかたちそのものが，神やキリストの神秘を象徴する記号なのだということになる．現在，キリスト教を象徴するアクセサリーのようなものとして十字架の形が用いられるのと共通点がある．

「十字架」という単語は，新約聖書を含む古代キリスト教文献においては，ほとんど一貫して *σταυρός*/stauros（ギリシア語）とcrux（ラテン語）およびその派生形が用いられる．しかしキリスト教外の文献では，ユダヤ教文献を含め，用語はさほど固定していない．キリスト教徒を揶揄する文書であるルキアノス『ペレグリーノスの最期』11と13においても，「十字架にかける」という意味で *ἀνασκολοπίζω*/anaskolopizō という動詞が用いられており，これは古くヘロドトスがG（3箇所とも）で用いたのと同じ単語である．ここから見て，具体的な意味づけの変遷はあるにせよ，キリスト教徒の間では，「十字架」がテクニカルタームとして単語レベルで定着していたことが分かる．

マルコ 15, 22-41

22そして，イエスをゴルゴタという所——その意味は「されこうべの場所」
——に連れて行った．23没薬を混ぜたぶどう酒を飲ませようとしたが，イエスは

お受けにならなかった．24それから，兵士たちはイエスを十字架につけて，その
服を分け合った．だれが何を取るかをくじ引きで決めてから．25イエスを十字架
につけたのは，午前九時であった．26罪状書きには，「ユダヤ人の王」と書いて
あった．27また，イエスと一緒に二人の強盗を，一人は右にもう一人は左に，十
字架につけた．（28 節は底本に欠）29そこを通りかかった人々は，頭を振りなが
らイエスをののしって言った．「おやおや，神殿を打ち倒し，三日で建てる者，
30十字架から降りて自分を救ってみろ．」31同じように，祭司長たちも律法学者
たちと一緒になって，代わる代わるイエスを侮辱して言った．「他人は救ったの
に，自分は救えない．32メシア，イスラエルの王，今すぐ十字架から降りるがい
い．それを見たら，信じてやろう．」一緒に十字架につけられた者たちも，イエ
スをののしった．33昼の十二時になると，全地は暗くなり，それが三時まで続い
た．34三時にイエスは大声で叫ばれた．「エロイ，エロイ，レマ，サバクタニ．」
これは，「わが神，わが神，なぜわたしをお見捨てになったのですか」という意
味である．35そばに居合わせた人々のうちには，これを聞いて，「そら，エリヤ
を呼んでいる」と言う者がいた．36ある者が走り寄り，海綿に酸いぶどう酒を含
ませて葦の棒に付け，「待て，エリヤが彼を降ろしに来るかどうか，見ていよう」
と言いながら，イエスに飲ませようとした．37しかし，イエスは大声を出して息
を引き取られた．38すると，神殿の垂れ幕が上から下まで真っ二つに裂けた．
39百人隊長がイエスの方を向いて，そばに立っていた．そして，イエスがこのよ
うに息を引き取られたのを見て，「本当に，この人は神の子だった」と言った．
40また，婦人たちも遠くから見守っていた．その中には，マグダラのマリア，小
ヤコブとヨセの母マリア，そしてサロメがいた．41この婦人たちは，イエスがガ
リラヤにおられたとき，イエスに従って来て世話をしていた人々である．なおそ
のほかにも，イエスと共にエルサレムへ上って来た婦人たちが大勢いた．

A　キケロー*『ラビリウス弁護演説』5, 16

公の裁判という恥辱は悲惨であり，財産の没収は悲惨であり，国外追放は悲惨である．しかしそこには，大きな災いであろうとも，一抹の自由が残されている．さらにまた死が目前に迫るなら，我々は自由のうちに死のうではないか．しかし死刑執行人，目隠しの頭巾，さらには十字架という言葉それ自体も，ローマ市民の身体から，いやそればかりか考えから，眼から，そして耳からも，無縁であってもらいたいものだ．これらはすべて，実行されて人がそのような

目に遭ったということだけでなく，規定されているということも，予期されうるということも，そして口にされることそれだけでも，ローマ市民であり自由人である者に相応しくないのである．我々の奴隷たちでさえ，主人の温情を得れば，奴隷解放儀式の杖一本に触れてもらうだけで，こうした処罰への恐怖から全面的に解放してもらえる．対して我々の功績も，高齢も，あなた方から受ける敬意も，鞭打ちから，［処刑後の死体を引きずる］鉄鉤から，そして十字架刑への恐怖から我々を救ってくれることはないというのだろうか．（筒井賢治訳）

B　キケロー*『ウェッレース弾劾』2, 5, 62, 162-165

メッサーナ広場のまっただなかで，ローマ市民が，審判人の諸兄に，鞭打たれたのです．鞭打ちの響きと苦痛のあいだにあって，その哀れな男はうめき声もださず，ただただ「わたしはローマ市民だ」とだけ叫んでおりました．そのようにして市民権を口にすることで，身体に受けるあらゆる鞭打ちを拒絶し，拷問を避けられるはずだと思っていたのであります．しかし，彼は鞭の激しい攻撃をやめてもらうことができなかったばかりか，何度も嘆願を続け，市民権を口にしているあいだに，十字架が――いいでしょうか，十字架が――そのような忌まわしいものを一度も見たことがなかった哀れで惨めな彼のために用意されていたのであります．

おお，自由という甘美な言葉よ．おお，われわれの類い稀なる市民権よ．おお，ポルキウス法よ，センプローニウス法よ．おお，ローマの市民が切望し，やっと回復された護民官権限よ．こうしたすべての法と権利は，そこまで地に堕ちたのか，ローマ市民がローマ国民の属州の同盟国の町で，ローマ市民の恩恵によって儀鉞（ファスケース）と斧をもつ者によって広場（アゴラ）に縛られ，鞭打たれるまでに．いや，それだけではない．火と灼熱の鉄板，その他の拷問が加えられようとしているとき，彼の悲痛な哀願と哀れむべき声がお前を押しとどめることができなかったにしても，その場に居合わせていたローマ市民らの激しい涙と慨嘆の声にさえ，お前は心を動かされることはなかったというのか．誰であるにせよ，ローマ市民だと言っている者を十字架に架けるというようなことを，お前はあえてしたのか．

（中略）

ウェッレース，お前もそれと同じことを言っているのだ．お前もそれを認めているのだ，ガーウィウスが自分はローマ市民だと叫んだという事実，お前のもとでは市民権という名が，残酷きわまりなく，むごたらしいことききわまりない刑罰にほんの少しのためらい，ほんの少しの猶予ももたらさないほど無価値なものであったという事実を．（谷栄一郎訳）

C　タキトゥス*『同時代史』4, 11

市民を恐怖のどん底に落としたのは，カルプルニウス・ガレリアヌスの殺害である．彼はガイウス・ピソの息子であった．大胆な振舞いは全くなかった．しかし家名は世間に広く知れ渡り，彼自身の若々しい美貌は，いつも民衆の噂の種であった．そしてまだ混乱状態にあった都では，耳新しい話題を喜び，この青年が元首になるという根も葉もない噂を撒き散らす者がいた．

ムキアヌスの命令でカルプルニウスは監視兵に囲まれ，首都で死ぬと一層目立つので，アピア街道は都から四十マイルの地点で，彼は血管を切られ血飛沫をあげ息が絶えた．

ウィテッリウスの下で護衛隊長だったユリウス・プリスクスは，強制ではなく自ら恥じて自決した．アルフェヌス・ウァルスは生き長らえ臆病者として恥をさらした．

アシアティクスは解放奴隷だったので，有害な権力行使の罪を，奴隷に適応される処刑で贖った．

D　ユスティニアヌス『学説彙纂』*

D-1　48, 13, 7（6）**（神殿強盗）**（ウルピアヌス『地方総督職について』7巻より）

地方総督は神殿強盗に対する処罰を，その人物の身分および事件の状況，時間，年齢，性別に鑑みて，より過酷，あるいは，より穏便に下さねばならない．私の知るところでは，多くの神殿強盗を野獣の刑に，少なからずを生きたまま火刑に処し，また別の神殿強盗をフルカに架けてきた．しかし，この処罰法は夜間に暴力を振るって神殿をこじ開け，神への供物を盗み出した者については，野獣刑にまで軽減することができる．また，もし昼間神殿から何か些細なものを盗んだ場合，その者は金属の拷問（metalli coercitio）(1)にかけられる．あるいは，もし彼がしかるべき生まれの者であるならば，島流しにされねばならない．（大貫隆訳）

(1)「金属の」は拷問の場所を指す．鉱山での強制労働．

D-2　48, 19, 28pr（重刑の種類）

重刑（capitales poenae）にはほぼ次のような階梯がある．最も重い処罰（summum supplicium）は「フルカ」（furca）(1)による処刑であると思われる．その次は生きたままの火刑である．これはたしかに最も重い処罰に数えられるにふさわしいが，遅れて考案された処刑法であるために，最初に挙げたものの後に続くものと看做された．その次は斬首刑である．（以上の）死刑のすぐ後に続く処罰は金属の拷問である．その後は，島流しである．（大貫隆訳）

(1) Y字型の木製の拷問具．被処刑者の肩に固定し，両腕をY字の上部に当たる部分に固定した．

D-3　48, 19, 28, 15（盗賊）

周知の盗賊たちが，他でもない彼らが暴力行為を働いていた当の場所でフルカに架けられることは，多くの人々の気に入った．そして，それを目の当たりにすることで，他の者たちも同じ犯罪行為を控えるようになり，しかも盗賊たちが殺人行為を犯していた当の場所で殺人者に対する処罰が下されることは，［残された］一族や親族にとっては慰めともなる．ただし，少なからずの者たちがその盗賊たちを野獣の刑に処した．（大貫隆訳）

D-4　48, 19, 38, 1-2（逃亡・密告・反乱罪）

1. 敵陣へ逃亡した者，あるいは我が軍の戦友を密告した者は，生きたまま火刑に処されるか，フルカに架けられる．

2. 民衆を扇動して反乱や謀反を企んだ者は，その身分に応じて，フルカに吊るし上げられるか，野獣に投じられるか，島流しにされる．（大貫隆訳）

D-5　49, 16, 3, 10 **（脱走兵）**

敵方へ逃亡して，再び戻ってきた者は，たとえ兵士たちがそのような者たちから何の害も受けなくても，野獣に投じられるか，フルカによる処刑に付されるべきである．（大貫隆訳）

E　ヨセフス*『ユダヤ戦記』 I, 97; II, 241. 253. 308; V, 451; VII, 202

過剰な憤激にかられたアレクサンドロスの残虐行為は神をも恐れぬものだった．なぜなら，彼は捕虜となった者たちのうちの800人を都の中で十字架にかけると，人びとの眼の前で彼らの妻子たちを殺したが，その間彼は一杯やりながら，傍らに妾たちをはべらせていたのである．（I, 97）

そのときコドラトスはどちらの側にも即答せず，この地域を訪れたときに詳細を調べると言った．その後，彼はカイサレイアへ赴くと，クマノスによって捕らえられていた者たち全員を十字架刑に処した．（II, 241）

彼［ユダヤ総督フェリックス］によって十字架刑に処された野盗と，彼らに通じているところを見つかり処罰された民衆の数は数えきれぬほどだった．（II, 253）

ローマ兵たちの前例のない残忍さが災禍を一段と重苦しいものにした．というのは，その日フロルスはかつて誰もしたことのない大胆な所業，つまり，騎士階級に属する者たちを審判の座の前で鞭打ちし，十字架に釘打ちするという所業をやってのけたからである．（II, 308）

兵士たちは，怒りと憎しみから，捕らえた者たちをさまざまな格好で十字架に釘打ちしてはそれを楽しんだ．その数があまりにも多かったので，十字架を立てる場所や，架ける体はあっても，十字架の柱そのものが足りなくなるほどだった．（V, 451）

バッソスはエレアザロスをすぐにでも吊すかのように十字架を立てさせた．すると，それを見た要塞の者たちはさらに怖じ気づき，そのような残酷な仕打ちだけは止めてくれ，と耳をつんざくような悲鳴を上げて訴えた．（VII, 202）

F　ヨセフス*『ユダヤ古代誌』 XIII, 380; XX, 102. 129. 160–161

すなわち彼［アレクサンドロス］は，人目をひく公開の場所で，妾たちと祝宴を張りながら，およそ800名のユダヤ人に十字架刑を申し渡したが，その哀れな連中のまだ生きている眼の前で，まず，妻子たちを殺してみせたのである．(XIII, 380)

なお当時は，このほかにも，ガリラヤ人ユダスの子ヤコボスとシモンが引き出され，アレクサンドロスの命令によって，十字架にかけられるという事件があった．(XX, 102)

その後しばらくして，コドラトスはサマリアへ赴き，その地ですべての事情を聴取し，この騒動の責任はサマリア人にあるという結論を下した．そして彼は，それらのサマリア人と，ユダヤ人のうちでクマノスに捕らえられていた，反乱に参加したと判明した者たちとを十字架刑に処した．(XX, 129)

ところで，ユダヤでの事態は悪化の一途をたどるばかりだった．なぜなら，徒党を組んだ無頼の徒や，衆愚を欺くぺてん師どもが再び跋扈跳梁しだしたからである．そしてフェリックスは連日これらのぺてん師や無頼の徒を大量に処刑することに追われていた．(XX, 160-161)

G　ヘロドトス*『歴史』1, 128; 3, 132. 159

アステュアゲスは（中略）キュロスを放せと彼に説いた夢占いのマゴスたちを串刺の刑に処し……．(1, 128)

デモケデスは（中略）以前王の治療に当たっていたエジプト人医師たちが，ギリシアの医師に敗れたというので串刺の刑に処せられようとしたのを，王に助命を歎願して彼らの生命を救いもし……．(3, 132)

また［ペルシア王ダレイオスは］町［バビロン］の重だったもの約三千人を串刺の刑に処し，残りのバビロン人に町を返して居住することを許した．(3, 159)

H　トゥキュディデス*『戦史』1, 110, 3

エジプト叛乱の張本人と目されたリュビア王イーナロスは，裏切りのわなに落ちてペルシア人に捕らえられると磔刑に処せられた．

I　スエトニウス*『ローマ皇帝伝』VII：「ガルバ伝」9

たとえば両替屋が不正直に金を取り扱った場合，両手を切断し，それを勘定台に釘付けにした．ある孤児が死ぬと，その遺産を相続することになっていた後見人を，その孤児を毒殺したという理由で，十字架にはりつけた．

法律の庇護を訴えて，自分はローマ市民だと抗議した人に，あたかもいくらかの慰みと名誉を与えて罰を軽減するかのごとく，彼を縛りつける十字架をとりかえ，他のよりもうんと高くし，色も白く塗り変えるように命じた．

J　スエトニウス*『ローマ皇帝伝』VI：「ネロ伝」29

彼［ネロ］は野獣の毛皮で身を被い隠し，檻から放たれると，杭に縛りつけられていた男たちや女たちの陰門をめがけて突進した．

K　スエトニウス*『ローマ皇帝伝』VIII：「ドミティアヌス伝」10

タルススのヘルモゲネスも［ドミティアヌスは］殺した．彼が著した『歴史』の中で，ドミティアヌスに何度か言及し，あてこすっていたからである．これを写した写字生まで十字架にかけた．

L　ディオ・カシウス*『ローマ史』54, 3, 6-7

さて，何人かの裁判官たちは，これらの陰謀参加者も無罪釈放したので，アウグストゥスは一つの法を宣布した．それによると，被告がその場にいないかたちで行われる訴訟行為においては，投票は秘密裏になされてはならず，被告が有罪を宣告されるのは，全員一致の場合に限られなければならなかった．アウグストゥスはこの定めを怒りからではなく，本当に国家の利益のためを思って宣布したのであった．彼はそのことを何よりも雄弁に証明する証拠も残している．すなわち，カエピオの父親が，息子の逃亡に同行した二人の奴隷の内の一人については，その同行の理由が年若い主人が死ぬときに手助けをするためであったことに鑑みて，自由放免したのに対して，もう一人の奴隷については，息子を裏切ったことを理由に，死罪宣告の理由を明記した罪札を身に帯びさせて，市の広場（フォロ）の真ん中を引きずり回した挙句に，十字架刑に処したことがあった．そのとき，アウグストゥスはそのことで不機嫌になることはな

かった.（大貫隆訳）

M　アルテミドロス*『夢判断の書』2, 56, 61

地下の神（プルトン自身でも，番犬ケルベロスでも，その他の冥界の神でもよい）を背負う夢は，犯罪者には十字架の刑を意味する．十字架は死に類するものであるし，十字架に磔にされる者は，まずそれを背負うからだ．一方，罪を犯していない人には，毒蛇を背負うという予言である．そして，もし背負った神の重みに圧しつぶされるようなら，毒蛇に咬まれて死ぬだろう．圧しつぶされなければ，気がついて毒蛇を放り出し，命拾いするだろう．

N　セネカ*『倫理書簡集』101, 10-12

希望を目当てに生きている人からは，すぐ先の時間は皆，滑り落ちていく．それに代わって入り込んでくるのは，飽くことなき執着心と，それ自体この上なく惨めで，しかもすべてをこの上なく惨めにする死への恐怖だ．マエケーナースのあの醜悪きわまりない祈願も，これに由来する．その中で，彼は身体の傷害も毀損も，ついには尖った棒杭[(1)]さえも甘受すると言うのだ，こんな苦痛の中でも命さえ長らえることができるならば，と．

手の利かぬ不具にしてくれ，
足萎えの不具にしてくれ，
背中には瘤をつけてせむしにしてくれ，
歯はぐらつかせ，打ち合わせてくれ，
命がありさえすれば，それで結構だ．
尖った棒杭の上に座ってもよい，
この私の命だけは奪わないでくれ．

もしもそんな目に遭ったとしたならこの上なく惨めなことを祈っている．求めているのは命のようだが，実は拷問の引き延ばしだ．磔にされるまで生きていたいと願うなら，見下げ果てた男だと思う．（中略）自分の傷を深くし，拷問台に大の字に縛りつけられて吊されることに，そんなに価値があるのか．拷問の終わりという，苦しみにおける最善のことを先延ばしにするだけなのに．

(1) acuta crux．十字架ではなく，尖った杭に肛門から座らせる串刺しの刑のこと．（大芝訳

注）

O 『バルナバの手紙』*9, 7-8

そこで，愛の子供たちよ，すべてについて豊かに学びなさい．すなわち，最初に割礼を施したアブラハムは，霊においてイエスを予見し，三文字の教義をうけて，割礼を施したのである．というのは，「アブラハムは自分の家に属する18人および300人の男に割礼を施した」とあるからである［創17, 23. 27; 14, 14］．彼に与えられた知識とはそれぞれ何で［あった］か．彼が，先ず18人と述べ，それから間を置いて300人と言っている点に注目しなさい．18［を構成しているの］は，（数価が）10であるI（イオタ）と，（数価が）8であるH（エータ）である．それは［それゆえ］ΙΗΣΟΥΣ（＝イエス）となる．またT（タウ，数価は300）で［あらわされる］十字架(1)が恵みを意味しているので，および300人，とあるのである．それはそれゆえ，二文字でイエスを，また一文字で十字架をあらわしている．

(1) T字型の十字架が考えられている．

P アレクサンドリアのクレメンス*『絨毯』6, 84, 3

さて，数詞としては300を意味する字母（＝タウT）は，その形が主の十字架を指していると言われる．逆にイオータ（I＝10）とエータ（H＝8）は救い主の名前を指すと言われている．（大貫隆訳）

Q テルトゥリアヌス*『マルキオン反駁』3, 22, 5-6

「主は私に言った，門の中央を通ってエルサレムの中に入り，男たちの額にタウの印を付けよ」（エゼ9, 4参照）．ギリシア人たちのこの文字タウ，われわれの文字Tであるが，これがすなわち十字架の形であり，それが真なるカトリックのエルサレムにおいてわれわれの額に付けられるだろうことを［預言者は］予告していたのである．（筒井賢治訳）

R プルタルコス*「神罰が遅れて下されることについて」§9：『モラリア』554A-B →24

39 復活のイエスの顕現

マルコ 16, 1-20／マタイ 28, 1-20／ルカ 24, 1-53／ヨハネ 20, 1-23

いずれもイエスの復活についての証言である．ただしマルコ 16, 9-20 は後代の付加であり，この福音書はイエスが埋葬された墓が空虚になっていたことの報告で終わっていたと思われる．一方，その他の福音書の箇所はすべて，復活したイエス自身が顕現したことを物語る．ヘレニズム世界にも，別の場所にいるか，すでに死んだはずの人間が突然人々の前に顕現する話がいくつか見出される．特に下記の事例 A では，皇帝ドミティアヌスの面前で弁明するためにまだローマにいるはずのアポロニオスが，遠く離れた場所の洞窟に隠れている弟子のダミスとデメートリオスに突然顕現している．しかも，自分が幽霊ではないことを，彼らが手で触って確かめるように命じている．ルカ 24, 36-39 およびヨハネ 20,27 とのモチーフ上の並行が著しい．また，同じ作品『テュアナのアポロニオス伝』の結びの XXXI 章では，アポロニオスは死後も郷里のテュアナで，魂の不死を信じない少年に夢で顕現して教えを垂れている．B は風刺家ルキアノス*が，ペレグリーノスの死後の顕現を信じる大衆の信じやすさを皮肉るもの．C はローマの建設の祖ロムルスが昇天して神となる前に，ローマ市民に顕現する話．D はアウグストゥス時代（前 63-後 14 年）の墓碑銘と言われるが，すでに一定の文学化を経ているものかもしれない．夭折した M・ルッケイウス（Lucceius）を叔父オヌサニウス（Onussanius）が悼んでいると，死者が顕現するという内容である．

マルコ 16, 1-20

1安息日が終わると，マグダラのマリア，ヤコブの母マリア，サロメは，イエ
スに油を塗りに行くために香料を買った．2そして，週の初めの日の朝ごく早く，
日が出るとすぐ墓に行った．3彼女たちは，「だれが墓の入り口からあの石を転が
してくれるでしょうか」と話し合っていた．4ところが，目を上げて見ると，石
は既にわきへ転がしてあった．石は非常に大きかったのである．
5墓の中に入ると，白い長い衣を着た若者が右手に座っているのが見えたので，
婦人たちはひどく驚いた．6若者は言った．「驚くことはない．あなたがたは十字
架につけられたナザレのイエスを捜しているが，あの方は復活なさって，ここに
はおられない．御覧なさい．お納めした場所である．7さあ，行って，弟子たち

とペトロに告げなさい.『あの方は，あなたがたより先にガリラヤへ行かれる.
かねて言われたとおり，そこでお目にかかれる』と.」8婦人たちは墓を出て逃げ
去った．震え上がり，正気を失っていた．そして，だれにも何も言わなかった.
恐ろしかったからである.
〔9イエスは週の初めの日の朝早く，復活して，まずマグダラのマリアに御自身
を現された．このマリアは，以前イエスに七つの悪霊を追い出していただいた婦
人である．10マリアは，イエスと一緒にいた人々が泣き悲しんでいるところへ行
って，このことを知らせた．11しかし彼らは，イエスが生きておられること，そ
してマリアがそのイエスを見たことを聞いても，信じなかった．12その後，彼ら
のうちの二人が田舎の方へ歩いて行く途中，イエスが別の姿で御自身を現された.
13この二人も行って残りの人たちに知らせたが，彼らは二人の言うことも信じな
かった．14その後，十一人が食事をしているとき，イエスが現れ，その不信仰と
かたくなな心をおとがめになった．復活されたイエスを見た人々の言うことを,
信じなかったからである．15それから，イエスは言われた.「全世界に行って,
すべての造られたものに福音を宣べ伝えなさい．16信じて洗礼を受ける者は救わ
れるが，信じない者は滅びの宣告を受ける．17信じる者には次のようなしるしが
伴う．彼らはわたしの名によって悪霊を追い出し，新しい言葉を語る．18手で蛇
をつかみ，また，毒を飲んでも決して害を受けず，病人に手を置けば治る.」
19主イエスは，弟子たちに話した後，天に上げられ，神の右の座に着かれた.
20一方，弟子たちは出かけて行って，至るところで宣教した．主は彼らと共に働
き，彼らの語る言葉が真実であることを，それに伴うしるしによってはっきりと
お示しになった.〕

A　フィロストラトス*『テュアナのアポロニオス伝』VIII, 12

ダミスは再び新たな悲しみに襲われ，何か「ああ，神々よ，私たちは私たちのあの美しく高貴な同伴者［アポロニオス］に再びまみえることができるでしょうか」というようなことをつぶやいた．すると，アポロニオスがそれを耳にした．というのは，当然のことながら，そのニュンフたちの洞窟にやってきて，その中に立っていたからである．そのアポロニオスが答えて言った,「あなたたちは彼に会えるでしょう．いや，もう会っているではないですか」．それに答えて，デメートリオスが言った,「あなたは生きているのですか？　もし死んでいるのでしたら，私たちはあなたのために嘆くことを決してやめないでし

ょう.」それを聞いたアポロニオスは自分の手を伸ばして,「私に触ってごらん.もし私があなたの手をすり抜けるようならば,私はペルセフォネーの国からあなたのところへやってきた幽霊に他ならない.それはちょうど,悲嘆にくれる者たちに冥界の神々が姿を現すことがあるのと同じことである.しかし,もし私が私に触ろうとするあなたの手に逆らうようならば,あなたは私が生きていること,そして身体を捨て去ってはいないことを,ぜひダミスにも信じさせてもらいたい.」すると,デメートリオスとダミスの二人は信じないわけにはいかず,すぐに立ち上がって,アポロニオスに飛びつき,接吻した.そして[皇帝ドミティアヌスの前で行われたはずの]弁明について訊ねた.その際,デメートリオスはアポロニオスがまだ弁明を終えてはいないという考えだった.なぜなら,彼はアポロニオスが何の悪いことも犯してはいないのに,無実のまま処刑されるにちがいないと思っていたからである.他方ダミスは,アポロニオスの弁明は思ったよりも早くすでに終わってしまったのだと思っていた.ただし,まさかこのことが起きたのと同じ日に終わったばかりだとは思っていなかった.ところが当のアポロニオスはこう言った,「君たち,私の弁明はもう終わっているよ.われわれは一緒に勝利を収めようではないか.しかし,弁明そのものは今日のこの日,ほんの少し前の正午までにはもう終わっていたよ.」そこでデメートリオスが言った,「ではあなたは同じ今日の日のほんの僅かな時の間に,どうやってかくも遠い距離をやって来たのですか.」アポロニオスは答えて言った,「それは君の想像に任せるよ.ただし,[君がそれを魔術の]雄羊や粘土づくりの翼の所為ではなくて,神が贈ってくださったわざの所為にする限りのことだがね.」(大貫隆訳)

B　ルキアノス*『ペレグリーノスの最期』40

それから私が[オリュンピアでの]祝祭の会場へ赴く途中で,髪の毛は灰色,髭を蓄え,その他の点でも——そう,神かけて——品の良い風貌で,信頼に値する顔つきをした一人の男が,プロテウス[ペレグリーノスの自称]のことをいろいろ物語っているのに出くわした.その話の一つによると,その男はプロテウスが焼身自殺を遂げた直後,白い着物を身につけたプロテウスを見たばかりのところだった.そして[オリュンピアの]「七つのこだまの柱廊」を,機嫌よく野生のオリーブの枝で編んだ王冠を頭に載せながら，闊歩している彼を後に残してきたばかりだ，とのことであった．その男はすべて話し終わった後に，あの禿鷹のことも付け加えた．すなわち，彼はその禿鷹が火刑の炎の間から飛び立つのを本当に目撃したのだと言って，神明に誓い始めたのである．もちろん，その禿鷹というのは，この私［ルキアノス］が理性なき愚昧な民衆を馬鹿にするために，その直前に放っておいたものに他ならない．（大貫隆訳）

C　プルタルコス*『英雄伝』：「ロムルス」§28

そうこうしているうちに，ユリウス・プロクルスという，アルバから移ってきて貴族に列せられた人で，血筋も一流，人柄もひときわすぐれ，しかも，ほかならぬロムルスの信任を得て親しい間柄だった人が，折しもフォルムへ来て，神聖な社にかけて誓いを立てたうえで，居合わせたすべての人々に向かってこんな話をした．ここへ来る道すがら，行く手からロムルス様が現れたのだが，そのお姿は，これまでになく美しく，身の丈も大きく，燦然と燃え立つように輝く甲冑で身を飾っておいでであった．それを見てこの貴族は愕然として，現れいでたロムルスに言った，「王よ，御身に何事があったとて，ないしは何をお考えあそばして，私どもをお見捨てになったのでございましょう．私どもは不正にも，邪悪な非難を浴びておるのでございますぞ．また，都全体を，さながらみなし子のごとく，尽きることない嘆きの中に打ち捨てなさいましたな．」すると王のお答えはこうであった，「プロクルスよ，余は神々のご意向により，これまでの時の間，人間とともに生き，町を作って，それに最高の名誉をば付与したが，このたび，かつて出て参った天へと戻ることと相成った．よって，さらばじゃ．ローマ人に伝えてくれ．勇気をもって健全なる精神を培うならば，人間が手にしうる最大の権力をもつに至るであろう，とな．余はクィリヌスという神となって，諸君に恵みを施すであろう．」この話は，語り手の人柄からも，彼が立てた誓いからも，信頼してもいい話だとローマ人には思えた．しかしそれにしても，何か神のお力添えでもあったような，あるいは神が乗り移られたような気持ちがはたらいたのであろう．この話にはだれも異議を唱えず，疑いも咎め立ても捨てて，一同打ち揃ってクィリヌスに祈りを捧げて讃えまつった(1)．

(1) リウィウス*『ローマ建国以来の歴史』I, 16 にも類似の伝承がある.

D 『ラテン語碑文集成』*VI, pars 3 p. 2244 Nr. 21521（ラテン語本文は Pieter Burman の補正によるもの）

私は早すぎる死によって私のもとから奪われた甥のことを悼み，［運命を司る］パルカの神々の糸のもろさを嘆いていた．悲しい巡り合わせによって潰えたその若さを惜しんで，ため息をついていた．新たな痛みが次々と湧き上がって，私の内臓を苛んでいた．私は自分が寂しく残されて，奪われた身であることを嘆いていたのである．あふれる涙は岩をも動かすほどだった．もはや夜は終わり，明けの明星がその光を蒔き散らし始め，朝露に濡れながら，空を飛ぶ馬にのって訪れた．まさにそのとき，私は天から一人の人が降りてくるのを見た．その姿はまるで星のように輝いていた．その姿は［死人たちの］あの静けさではなく，本当の血色と声を備えていた．ただ，その体だけは，通常知られた体の外見よりも大きかった．その両の目の瞳は炎のように燃えて，肩は光り輝いていた．その人がバラ色の唇を通して，こう語った．「敬愛する叔父さん，なぜ私が天の星々のもとへ移されたことを嘆かれるのですか．神のことを泣くのはおやめください［私は神なのです］．たとえ親族を思う敬虔の思いも，天の住まいへ移された者のことを，無知ゆえに悲しんではなりません．悲しむことで，神々（ヌーメン）を傷つけてはなりません．私はタルタロスの激流へも，悲しんだままでは行かないでしょう．アケロンの浅瀬［冥界の入り口］も，影となっては渡らないでしょう．私は暗い小舟の櫓は漕がないでしょう．渡し守のカロンよ，お前のおそろしい顔つきにも，怯えはしないだろう．年老いたミノス［死者の王国の支配者］も，私に裁きを下しはしないだろう．暗闇の場所をうろつくことも，水の流れに閉じ込められることもないでしょう．むしろ，叔父さん，立ち上がって，私の母に伝えてください．お母さんも私のことを，イテュスのことを嘆くアッティカの母(1) のように，いつまでも夜昼となく泣いていてはいけないのです．なぜなら，聖なるウェヌスは，私に口なしの死者たちの場所を知るようにお命じになったのではなく，天上の輝く神殿に私を移してくれたのですから」．（以下省略）（大貫隆訳）

(1) ギリシア神話によれば，母プロクネーはアッティカの王家の娘で，トラキア王テレウスの妻．テレウスとの間に一子イテュスをもうけるが，テレウスによって陵辱された妹とともに，その復讐のためにイテュスを殺害する．

マタイによる福音書

40 処女降誕

マタイ 1, 18-25／ルカ 1, 26-38; 2, 6-7

いわゆる「処女降誕」の物語である．ヘレニズム世界で最も顕著な類例はプルタルコス*『英雄伝』が伝えるアレクサンドロス大王の誕生の経緯であろう（A)．断章Bは，新約聖書以後の初期キリスト教会で，聖母マリアの処女性の証明がどのようなレベルで議論されたかを知る上で興味深い．なお，164（ヘブライ人への手紙 7, 3）も参照.

マタイ 1, 18-25

18イエス・キリストの誕生の次第は次のようであった．母マリアはヨセフと婚
約していたが，二人が一緒になる前に，聖霊によって身ごもっていることが明ら
かになった．19夫ヨセフは正しい人であったので，マリアのことを表ざたにする
のを望まず，ひそかに縁を切ろうと決心した．20このように考えていると，主の
天使が夢に現れて言った．「ダビデの子ヨセフ，恐れず妻マリアを迎え入れなさ
い．マリアの胎の子は聖霊によって宿ったのである．21マリアは男の子を産む．
その子をイエスと名付けなさい．この子は自分の民を罪から救うからである.」
22このすべてのことが起こったのは，主が預言者を通して言われていたことが実
現するためであった．23「見よ，おとめが身ごもって男の子を産む．その名はイ
ンマヌエルと呼ばれる.」この名は，「神は我々と共におられる」という意味であ
る．24ヨセフは眠りから覚めると，主の天使が命じたとおり，妻を迎え入れ，
25男の子が生まれるまでマリアと関係することはなかった．そして，その子をイ
エスと名付けた.

A　プルタルコス*『英雄伝』:「アレクサンドロス伝」§2

伝えられているところでは［アレクサンドロスの］父フィリッポスはサモトラケで母オリュンピアスとともに密儀に入信し，彼はまだ若年で，この娘は両親がなかったが，これを恋してその兄アリュッバスを説得してすぐに婚約した．ところでこの花嫁は彼らが婚礼を執り行う前の晩に夢を見たが，それは雷が鳴って自分の腹の上に落ち，そこから大層な火が燃え上がり，炎となって一面に燃え広がってから消えたというのである．一方フィリッポスは結婚後しばらくしてから自分が妻の腹に封印しているという夢を見たが，その封印の彫刻は獅子の像だったと思った．他の予言者たちは，この夢はフィリッポスが結婚生活に最も厳しく用心しなければならないことではないかと言ったが，テルメッソスのアリスタンドロスは，からのものに封印することはないのだから，オリュンピアスが妊娠していて，そのお腹の子は獅子のように勇ましい性質なのであると言った．またある時，フィリッポスはオリュンピアスが寝ているかたわらに蛇が長くなっているのを見た．このことが特にフィリッポスの愛情と好感とを褪せさせて，彼女が自分に何か魔術かまじないをかけるのを恐れたためか，または人間以上のものと彼女が交わっていると考えて共寝を避けたためか，もはやたびたび彼女のそばに行くことはなかったと伝えられている．

B　『ヤコブ原福音書』*19-20

彼女［産婆］は言った．「ところでほら穴の中で子を生む女は誰ですか．」それでわたし［ヨセフ］は言った．「わたしのいいなずけです．」すると彼女はわたしに言った．「あなたの妻ではないのですね」．そこでわたしは彼女に言った．「マリアといって，主の神殿で育てられ，わたしは彼女を妻にするくじを引き当てたのですが，わたしの妻ではありません．けれども聖霊によって身ごもっているのです．」すると産婆はヨセフに言った．「それは本当ですか」．そこでヨセフは，「来て見てください」と言い，産婆は彼と共に行った．

（中略＝出産場面）

そして産婆がほら穴から出ると，サロメが彼女に行き会った．そこで彼女は言った．「サロメ，サロメ，あなたにお話しすべきかつてない光景があります．処女が，自然では理解できない子を出産したのです．」するとサロメが言った．

「主なるわたしの神は生きておられます．もしわたしの指を入れて彼女の様子を調べてみないなら，処女が出産したことなど決して信じません．」

そこで産婆は入ってきてマリアに言った．「身をととのえてください．あなたにとって小さからぬ争いが起こったのです．」そしてサロメは彼女の中に指を入れ，叫びをあげて言った．「禍いなるかな，わたしの罪と不信仰は．わたしは生ける神を試みてしまった．」

41 嬰児イエス →63

マタイ 2, 1-12／ルカ 1, 32-33; 2, 8-14

古代ギリシア・ローマにおいても，子供の誕生は祝うべきことであった．ましてやその子供が偉大な人物へと育った場合には，事後的に，その誕生について，神々の好意的な介入や尋常ならざる出来事など，特別なモチーフを盛り込んだ物語が創作されることがあった．

そうした伝統に連なるのが A である．古代ローマ最大の詩人ウェルギリウス*はある子供の誕生を祝い，その子供の成長とともに，遥か古の黄金時代が戻ってくるという予言を歌っている．ただしウェルギリウスがどの子供のことを考えていたのかは，諸説あるが，不明である．いずれにせよ，詩人にとっての過去の人物を念頭において事後予言という形でこの詩を作ったのではなく，誰かに子供ができたという機会を利用して，もっぱら自らの夢を語ったのがこの詩であろう．B は同じ詩人による後の作品からの引用である．ここでは現実の皇帝となっているアウグストゥスについて，物語構成上の工夫を介して，その生まれる前の時点における予言として皇帝の業績を語っている．ここでも黄金時代の再来が語られ，覇権伸張による全世界の平和，いわゆる「ローマの平和」が予言されている．

マタイ福音書およびルカ福音書におけるイエスの生誕物語は，この二例に代表される重要人物の誕生賛歌という類型に属する．また，A の「子供」は 4 世紀ごろからイエスだという解釈が始まり，ウェルギリウスはイエスの誕生を予言した詩人だという特別な評価がなされ，その作品は，異教の神々の世界を背景にしているにもかかわらず，キリスト教徒が読むことをあまり妨げられなかった．Bの言葉とあわせ，イエスの誕生が全世界に「黄金時代」「平和」をもたらすものだという宣教師的思想の受け皿が，偶然にも，ウェルギリウスの作品を通して準備されていたとみることもできる．なお洗礼者ヨハネのケースは→63.

マタイ 2, 1-12

1イエスは，ヘロデ王の時代にユダヤのベツレヘムでお生まれになった．そのとき，占星術の学者たちが東の方からエルサレムに来て，2言った．「ユダヤ人の王としてお生まれになった方は，どこにおられますか．わたしたちは東方でその方の星を見たので，拝みに来たのです.」3これを聞いて，ヘロデ王は不安を抱いた．エルサレムの人々も皆，同様であった．4王は民の祭司長たちや律法学者たちを皆集めて，メシアはどこに生まれることになっているのかと問いただした．5彼らは言った．「ユダヤのベツレヘムです．預言者がこう書いています．6『ユダの地，ベツレヘムよ，お前はユダの指導者たちの中で，決していちばん小さいものではない．お前から指導者が現れ，わたしの民イスラエルの牧者となるからである.』」

7そこで，ヘロデは占星術の学者たちをひそかに呼び寄せ，星の現れた時期を確かめた．8そして，「行って，その子のことを詳しく調べ，見つかったら知らせてくれ．わたしも行って拝もう」と言ってベツレヘムへ送り出した．9彼らが王の言葉を聞いて出かけると，東方で見た星が先立って進み，ついに幼子のいる場所の上に止まった．10学者たちはその星を見て喜びにあふれた．11家に入ってみると，幼子は母マリアと共におられた．彼らはひれ伏して幼子を拝み，宝の箱を開けて，黄金，乳香，没薬を贈り物として献げた．12ところが，「ヘロデのところへ帰るな」と夢でお告げがあったので，別の道を通って自分たちの国へ帰って行った．

A　ウェルギリウス*『牧歌』4

今やクマエの予言が告げる，最後の時代がやってきた．
偉大なる世紀の連なりが，新たに生まれつつある．
今や乙女なる女神も帰りきて，サトゥルヌスの王国はもどってくる．
今や新たな血統が，高い天より降りてくる．
さあ清らかなルキナよ，生まれ出る子供を見守りたまえ．

この子とともに，ついに鉄の種族は絶え，黄金の種族が
全世界に立ち現れよう．今や，あなたの兄アポロの世が始まる．(3-10)
(中略)
さあ，幼な子よ，まず母を認めて微笑みなさい．
母は十月の長い間，不快な気分に耐えたのです．
さあ，幼な子よ．母に微笑みかけない子は
神も食卓に，女神も臥所に誘ってはくださらない．(60-63)

B　ウェルギリウス*『アエネイス』6, 791-797

この勇士，こちらにいるのが，おまえも何度か約束を聞いていよう，
アウグストゥス・カエサルだ．神の子にして，築き上げるは黄金に輝く
世紀の復活，これをラティウムに，かつてサトゥルヌスが統治した
田野に取り戻す．また，ガラマンテス族やインド人の領地を越えて
覇権を伸張する．国土は星座宮の向こうに及ぶ．
太陽が一年で巡る道の向こう，天を支えるアトラスが
燃え立つ星々をちりばめた天球を肩の上で回しているところだ．

42　東方の占星術師が来訪

マタイ 2, 1-12

アルメニア王ティリダテス1世（生没年不詳）が後66年に皇帝ネロによってローマに招待され，戴冠の儀式を受けたという話は，以下に挙げた他にも，ディオ・カシウス*『ローマ史』63, 1-7 に記述がある．それぞれ詳細が異なることは，単層的な情報源への還元ができないことを示しており，この出来事が当時のローマ人にとって相当に印象的であり，その後も語り草となるほどであったことが分かる．なおこの出来事の政治的な意味については，ローマとパルティアの関係についての専門文献を参照．

注目すべきは，このティリダテスが「魔術師」(A) とされていることで

ある．魔術という言葉は古代においては多義的であるが，ギリシア・ローマ世界の住民は，東の方角には自分たちより古い文明（今でいうチグリス・ユーフラテス文明）の国々があり，自分たちの知らない知識の宝庫であるという感覚をもっていた．

マタイ福音書2章における東方からの来訪物語においても，来訪者は「魔術師」（*μάγοι*/magoi）と呼ばれている．実際には，文脈から，バビロニアを先進地域とする占星術の博士という意味であろう．一説には，彼らのモデルになったのがティリダテスだという．いずれにせよ，ローマ帝国の支配（ネロ）ないし救い主の誕生（マタイ福音書）に東方の智者が介入し，いわばグローバルなお墨付きを与えるという構図は一致している．

マタイ 2,1-12　→41

A　大プリニウス*『自然誌』30,16-17

［その当時］魔術師ティリダテスがネロのもとへやってきていた．そのことで自らアルメニアに対する勝利をネロにもたらしていたのである．しかし，そのためにいくつかの属州には禍をもたらすことになった．すなわち，彼は船旅を好まなかった．というのも，［魔術師たちは］海に唾を吐いたり，その他死すべき人間の必要から自然を汚すことも赦されないことだと見なすからである．（大貫隆訳）

B　スエトニウス*『ローマ皇帝伝』VI：「ネロ伝」13

ネロの催した見世物の中に，ティリダテスのローマ来訪の出来事を加えても，私はあながち不当とは思わないだろう．このアルメニア王を，将来への大きな約束で誘い寄せ，告示で予定していた当日，国民に見せるつもりでいたところ，天気が悪くて先へのばし，一番好都合な日を択んで，国民の前に連れ出した．

中央広場の神殿の廻りに武装した護衛隊兵が整列し，ネロは凱旋将軍服を着て演台に上り，軍旗や予備隊旗に囲まれた高官椅子に坐る．最初に王が階段をのぼって近づき，ネロの前にひざまずくと，ネロは右手をとって立ち上がらせて接吻した．ついで王が懇願すると，ネロは巻頭巾（ティアラ）を取り払い王冠（ディアデマ）を頭の上におく．嘆願者の言葉は，法務官級のある人が通訳して，これを群集に伝えた．

そこから王は劇場に案内され，再び服従を誓ったのち，ネロのすぐ右側に坐る．

C　タキトゥス*『年代記』15, 29

ついで二人は話し合い，ティリダテスは王位の標章を，ネロの手を経て再びつけるまで，一応カエサルの像の前に置いておく，ということに決まる．こうして会見は接吻をもって終わる．

数日の後，両軍は華麗な晴れ姿で会見した．一方の側には，祖国の旗の下に隊伍を整えたパルティアの騎兵．別の側には，燦然ときらめく軍旗と鷲旗と，まるで神殿の内にいるかのように神像を捧持して，軍団兵が整列する．両軍の間には指揮壇があり，その上に大官椅子をおき，椅子にネロの像が据えられる．慣例に従って生贄が捧げられる．ティリダテスは像の前に歩み寄り，頭から王帯を脱ぎ，像の足元に置く．居合わせたすべての人に，感慨無量な光景であった．ローマ軍が虐殺され包囲された面影が，まだ心眼に焼きついていただけに，一段と感動は深かった．「今や局面は一変したのだ．ティリダテスが見世物になるため，ローマに行くのだ．捕虜も同然ではなかろうか．」

43　ナゾラ人イエス

マタイ 2, 23 他

新共同訳の新約聖書には「ナザレのイエス」が合計 17 回現れる．しかし，岩波版の新約聖書では，その内の 11 回（マタイ 2, 23；26, 71／ルカ 18, 37／ヨハネ 18, 5-7；19, 19／使徒言行録 2, 22；3, 6；4, 10；6, 14；22, 8；26, 9）を「ナゾラ人イエス」と訳出している．使徒言行録 24, 5 では原始キリスト教団が「ナゾラ人たちの分派」と訳されている．ただし，それ以外の箇所（マルコ 1, 24；10, 47；14, 67；16, 6／ルカ 4, 34；24, 19）では，「ナザレのイエス」とされている．岩波版の訳し分けは，原語のギリシア語の形容詞の違いを再現しようとしているのである（*Ναζαρηνός*/Nazarēnos→「ナザレの」，*Ναζωραῖος*/Nazōraios→「ナゾラの」）．その二つの形容詞がどちらもイエスの郷里であったナザレの地名からの異なる派生語なのか，それとも「ナゾラのイエス」および「ナゾラ派」については，それとは別の由来を想定するべきなのか．原始キリスト教とほぼ同じ時代のヨルダン川流域にまで期限がさかのぼると言われるマンダ教徒たちも，自分たちのことを「ナゾラ派」と呼んでいることは，後者の想定を強く指示する．ここでは，その想定に関連してくる証言を紹介する．研究上の詳しい議論については，大貫隆「原典と翻訳」，鶴岡賀雄編『言語と身体　聖なるものの場と媒体』（岩波講座 宗教5），岩波書店，2004年，53-78（特に54-68）頁を参照．

マタイ 2, 23

23（ヨセフ，マリア，そして生まれたばかりのイエスは）ナザレという町に行って住んだ．「彼はナザレの人と呼ばれる」と，預言者たちを通して言われていたことが実現するためであった．

A　マンダ教文書『ギンザー』*Lidzbarski 26, 1-3

わたし，すなわち，第一の使者が汝ら，すなわち，今生きており，また，これから生まれて来るナゾラ人［マンダ教徒の自称］のすべてに，教えて告げる．彼ら［偽預言者］の言うことに耳を貸してはならない．命の道から外れてはならない．わたしの選ばれた者たちよ．

B　マンダ教文書『ギンザー』*Lidzbarski 187, 16-19

すると，キリスト［まやかしのメシア］が魂たちにこう言った，「お前たちは誰の名の下に着物を着，覆うもので覆い，贖いをなし，喜捨を行い，祝福を与えているのか．」そこで魂たちがキリストに答えた，「上なる存在，下なる存在の御名によって，そしてイエス・キリストの御名によって，聖霊の御名によって，ナゾラ人［キリスト教徒を指す］の神の御名によって，父［なる神の娘である］処女の御名によって．」するとキリストが魂たちに言う，「上なる存在とは天のこと，下なる存在とは地のこと，イエス・キリストとは俺のこと，聖霊はここにある．」

C　エピファニオス*『薬籠』18, 1, 1-2

次にわたしはナサラ派（*Νασαραῖοι*/Nasaraioi）と呼ばれる分派について語ろう．彼らはユダヤ人であって，元々はガラアディティス，バサニティス，そしてトランス・ヨルダンから来ているそうである．しかし，イスラエルの系統である．彼らはあらゆる面でユダヤ教を生きており，私がすでに論じてきたユダヤ教の分派の信条を超えるものは何もない．彼らは割礼も受け容れ，同じように安息日を守り，祭りも同じものを遵守しているが，宿命論あるいは占星術は受け入れていない．（大貫隆訳）

D　エピファニオス*『薬籠』29, 1, 2

この分派は自分たちのことを，キリストあるいはイエス自身の名前で呼ばず，むしろ「ナゾラ派」（*Ναζωραῖοι*/Nazōraioi）と呼んできた．ただし，キリスト教徒はすべて，同じようにナゾラ派と呼ばれていたのである．彼らは，イエスの弟子たちがアンティオキアで「キリスト教徒」と呼ばれるようになる以前は，しばらくの間，「イェッサイ派」（*Ἰεσσαῖοι*/Iessaioi）とも呼ばれるようになった．（大貫隆訳）

44　箕と脱穀

マタイ 3, 12／ルカ 3, 17

洗礼者ヨハネによる説教の結びである．来るべき神の審判が，脱穀した麦の籾殻と実を箕で振り分けることに喩えられている．後代のユダヤ教ラビ文献の中にも類似の比喩がある．

マタイ 3, 12

12「そして，手に箕を持って，脱穀場を隅々まできれいにし，麦を集めて倉に入れ，殻を消えることのない火で焼き払われる．」

ユダヤ教ラビ文献：ミドラッシュ*雅歌 7, 3

ラビ・ネヘミヤ（370年頃）がラビ・アビン（2世，370年頃）の名において語った．一つの譬え．ある時，藁，籾殻，切り株が互いに言い争い，だれもが「畑に種が蒔かれたのはわたしのためだ」と言い張った．そこで麦がこう言った．「君たちが脱穀場に行くまで待ちなさい．君たちのだれが正しいかは，そこでわかるだろう.」彼らが脱穀場に運ばれると，主人がやって来て，箕を風に向けて揺すって，実と殻を分けた．籾殻は風に飛ばされ，藁は地面に投げられたが，麦は掬い上げられた．そしてそれを見た者は麦に口づけした（詩2, 12)．世界の諸国民が相争うのもそれと同じである．どの国民もこう言い張る．「われわれがイスラエルだ．われわれのために世界は作られたのだ.」しかし，イスラエル人たちが彼らにこう言う．「神がお定めになった日がくるのを待つがよい．だれのために世界が造られたのか，その日に分かるだろう.」

45 木の根元に置かれた斧

マタイ 3, 10／ルカ 3, 9

洗礼者ヨハネは，イスラエルに迫っている神の裁きをこのように表現している．それは神の審判の容赦なさを象徴している．なぜなら，根を残して伐採すれば，孫生（ひこばえ）が出て木は再生するが，根元からの伐採ではそれが不可能だからである．そのため，古代の地中海世界の都市国家間での戦争では，攻撃する側は町の城壁の外の果樹を根元からではなく，幹の途中から切り倒し，攻略後の自分たちの食料確保に備えた．そのことを描いた図版を掲出する．

マタイ 3, 10

10「斧は既に木の根元に置かれている．良い実を結ばない木はみな，切り倒されて火に投げ込まれる.」

果樹の幹を切り倒す人びと（Petra von Gemünden, *Vegetationsmetaphorik im Neuen Testament und seiner Umwelt*, Freiburg（Schweiz）/Göttinger 1993, S. 125）

46 跪拝 →37

マタイ 4,9／ルカ 4,7

ギリシア語で *προσκυνέω*/proskyneō と書かれる動詞は，全身で神を礼拝することを意味していた．具体的な動作としては，身を地面に投げ出す（「平伏する」）ことから，跪いて身をかがめる（「跪拝する」）ことまで，バリエーションがあったと考えられ，また地面ないし崇拝対象の下部（足，裾など）に口づけする動作を含むこともあった．ただし個々のケースにおける詳細は必ずしも明確でない．

オリエントやギリシアでは，支配者を神格化することが普通に行われていたため，Aのように臣下が君主に対してこの動作を行って恭順の意を示すことがあった．他方ローマには元来そうした習慣がなかったが，自らを神と自認する皇帝がこの動作を家臣に求めることがあり（B，また175のCも参照），周囲の，また後世の人間の眼には傲慢かつ滑稽なものと映り，そうした皇帝には愚帝の烙印が押された．愚弄の表現としては37も参照。

「荒野の誘惑」においてサタンがイエスに跪拝ないし平伏を要求してイエスが拒否したという記事は，単にユダヤ教的な一神崇拝の伝統のみならず，帝政ローマ時代のこうした事情をも背景としている．

マタイ 4,9

9(サタンは)「もし，ひれ伏してわたしを拝むなら，これをみんな与えよう」と言った.

A　クセノフォン*『キュロスの教育』IV, 4, 13; V, 3, 18

「しかし，お前らが従おうと思っているのに，従おうとしない者らがいるなら，この者らがお前らを支配するのではなく，お前らがこの者らを支配するように，わしらをこの者らの所へ連れて行け.」彼はこのように言った．彼らは彼に敬意を表し，彼の言ったことを実行する，と約束した．(IV, 4, 13)

以上のことをし終わると，宦官は，ただちに内部を整備してキュロスを出迎え，慣習通りに跪いて，「お喜びください，キュロス殿下」と言った．(V, 3, 18)

B　スエトニウス*『ローマ皇帝伝』VII :「ウィテリウス伝」2, 5

ところがこのルキウス［ウィテリウスの父親］はまた，ごまをすることにかけては驚くべき天才で，カリグラを神と崇めることに決めたのも，彼が最初であった．というのもシュリアから帰国して以来，カリグラの前に出るときはいつも，自ら進んで頭をヴェールで隠し，ぐるりと体を廻して，次いで平伏していたのである.

47　「誓ってはならない」

マタイ 5, 33-37

いわゆる「山上の垂訓」の一部で，誓うことを一切禁じたイエスの言葉である．そしてその理由は，人間は自分の「髪の毛一本すら，白くも黒くもできないから」だと言われる．人間にできる発言は「然りを然り，否を否」と言うことに尽きるのであって，それを超えることはサタンから来るとされる．次の断章では，ピュタゴラスも神々に誓うことを禁じているが，その理由は逆で，人間は自分自身にこそ信頼をおくべきだからと言われる．

マタイ 5, 33-37

33「また，あなたがたも聞いているとおり，昔の人は，『偽りの誓いを立てるな．
主に対して誓ったことは，必ず果たせ』と命じられている．
34しかし，わたしは
言っておく．一切誓いを立ててはならない．天にかけて誓ってはならない．そこ
は神の玉座である．
35地にかけて誓ってはならない．そこは神の足台である．エ
ルサレムにかけて誓ってはならない．そこは大王の都である．
36また，あなたの
頭にかけて誓ってはならない．髪の毛一本すら，あなたは白くも黒くもできない
からである．
37あなたがたは，『然り，然り』『否，否』と言いなさい．それ以上
のことは，悪い者から出るのである．」

ディオゲネス・ラエルティオス*『ギリシア哲学者列伝』VIII, 22

彼［ピュタゴラス］は弟子たちに対して，そのときどきで，次のようなことを忠告していたと言われている．（中略）神々に誓いを立てないこと．なぜなら，自分自身を信頼に値する者にすることこそ，人の努めるべきことなのだからと．

48 「敵を愛しなさい」

マタイ 5, 43-44

プルタルコス*『モラリア』の一篇「スパルタ人の箴言」の中に，アリストンによる似た発言がある．

マタイ 5, 43-44

43「あなたがたも聞いているとおり，『隣人を愛し，敵を憎め』と命じられてい
る．
44しかし，わたしは言っておく．敵を愛し，自分を迫害する者のために祈り
なさい．」

プルタルコス*「スパルタ人の箴言・アリストン」§1：『モラリア』218A

善王は何を為すべきかと問われた時に，クレオメネスは「友人たちには善を為し，敵どもには悪を行うことです」と有益な答えをした．このことをある人が報告したとき，それを聞いたアリストンはこう答えた．「友よ，友人たちには善を行い，敵どもを友人にする方がはるかによいことではないかね．」（大貫隆訳）

49 主の祈り

マタイ 6, 9-15

「主の祈り」と後9世紀以降のユダヤ教に確認される「カディッシュの祈り」*との類似性はよく知られている．カディッシュの祈りの歴史的な発端は後1世紀までさかのぼるとする説がある．

マタイ 6, 9-15

9「だから，こう祈りなさい．『天におられるわたしたちの父よ，御名が崇められますように．10御国が来ますように．御心が行われますように，天におけるように地の上にも．11わたしたちに必要な糧を今日与えてください．12わたしたちの負い目を赦してください，わたしたちも自分に負い目のある人を赦しましたように．13わたしたちを誘惑に遭わせず，悪い者から救ってください．』14もし人の過ちを赦すなら，あなたがたの天の父もあなたがたの過ちをお赦しになる．15しかし，もし人を赦さないなら，あなたがたの父もあなたがたの過ちをお赦しにならない．」

カディッシュの祈り*

主がその御心によってお造りになったこの世界で，大いなる御名が讃えられ，聖なるものとされますように．あなたがたが生きている間，あなたがたの日々，イスラエルの全家が永らえるかぎり，主が王として支配されますように，今直ぐに，そして間近に．大いなる御名が永遠から永遠まで崇められますように．

50 からだのともし火は目
マタイ 6, 22-23

この言葉には格言のような趣があり，目が全身の中にある光と等値とされている．プルタルコス*『モラリア』にも類比的な文言がある．

マタイ 6, 22-23
22「体のともし火は目である．目が澄んでいれば，あなたの全身が明るいが，
23濁っていれば，全身が暗い．だから，あなたの中にある光が消えれば，その
暗さはどれほどであろう．」

プルタルコス*「ローマ人の習慣について」§72：『モラリア』281B
提灯は魂を包む身体に似ている．なぜなら，魂はその中にある光だから．（大貫隆訳）

51 神と富
マタイ 6, 24

イエスのこの発言には，後2世紀末にギリシア語で編集された『セクストゥスの金言』*（キリスト教の影響の有無については争われている）の中に内容的に並行する文言がある．

マタイ 6, 24
24「だれも，二人の主人に仕えることはできない．一方を憎んで他方を愛する

か，一方に親しんで他方を軽んじるか，どちらかである．あなたがたは，神と富とに仕えることはできない．」

『セクストゥスの金言』＊110

同じ一人の人間が快楽と体と神を愛することはできない．なぜなら，快楽を愛する者は体も愛する．体を愛する者は金も愛する．金を愛する者は避けがたく正義に反する．正義に反する者は神に対しては聖性を損ない，人間に対しては法を損なうからだ．（大貫隆訳）

52 「明日のことまで思い悩むな」
マタイ 6, 34

よく似た文言が，後代のユダヤ教ラビ文献の中にもある．

マタイ 6, 34

34「だから，明日のことまで思い悩むな．明日のことは明日自らが思い悩む．その日の苦労は，その日だけで十分である．」

ユダヤ教ラビ文献：バビロニア・タルムード＊Sanhderin 100b

明日の心配まで思い悩むな．明日の日がどうなるかは，お前には分からない．明日，お前はもういないかもしれない．だとすれば，お前はもう自分のものではない世界のために思い煩ったことになる．

53 自分の秤で量り返される

マタイ 7, 2／ルカ 6, 37-38

おそらく同時代の格言の一つであったと思われる．事実，創世記 38, 25-26 に対するエルサレム・タルグーム*（後 1〜3 世紀）に並行例がある．

マタイ 7, 2

2「あなたがたは，自分の裁く裁きで裁かれ，自分の量る秤で量り与えられる．」

エルサレム・タルグーム*創世記 38, 25-26

［族長ユダの言葉］人はだれでも，善い秤であれ，悪い秤であれ，自分が量った秤で量られる．そして自分のしたことを告白する者はだれでも祝福される．なぜなら，わたしは兄弟ヨセフの着物を奪って，山羊の血に浸し，それをわたしの父の前において，「これがあなたの息子［ヨセフ］の血かどうか，言ってみてください」と言ったことがあるからだ［創 37, 31-32 参照］．そのように，秤は秤で，決まりは決まりで報われる．わたしには，この世で恥をかく方が来るべき世で恥をかくよりましだ．いつかは消える火で焼かれる方が，火を飲み込むような火で焼かれるよりもましだ．

54 黄金律

マタイ 7, 12／ルカ 6, 31

「黄金律」と呼ばれて世に知られているこの言葉は，全体を否定形のもの（「人にしてもらいたくないことは，あなたがたも人にするな」）もふくめて，古今東西に類似の金言が数多く見つかる．ここでは，その内のいくつかを紹介する．

マタイ 7, 12

12「だから，人にしてもらいたいと思うことは何でも，あなたがたも人にしなさい．これこそ律法と預言者である．」

A　イソクラテス*『デモニコスに与う』 I, 21

過ちを犯した者に怒りを向けようとするときは，自分が過ちを犯した場合ならば人からどのような態度を期待するかを思え．

B　『トビト書』*4, 15

自分のいやがることをだれにしてもならない．

C　『ベン・シラの知恵』 34, 15

隣席の人の気持ちを自分（の気持ち）をもって推し量り，なにごとにつけても思いやり深くあれ．

D　『アリステアスの手紙』*§ 207

王［プトレマイオス２世］は次の者を見て，「知恵の教えは何か」と，問われました．次の者は，「ちょうど，陛下がご自分に不幸がふりかかることを願わず，あらゆる幸福に与ることを願うように，その臣下と犯罪者とにたいしても同じ心情をもって行為し，人間の善美をおだやかに諭すことです．なぜなら，神はすべての人を寛容をもって導かれるからです」と答えました．

E　ディオゲネス・ラエルティオス*『ギリシア哲学者列伝』 I, 36

［タレスは］どうしたらわれわれは最も善くて最も正しい人生を送ることができるかという問いには，「他人に対して批難するようなことを，われわれ自身は行わないならば」と答えた．

F　ディオゲネス・ラエルティオス*『ギリシア哲学者列伝』 V, 21

［アリストテレスは］友人にはどのように振舞えばよいかと訊ねられたときには，「彼らがわれわれに対して振舞ってほしいと願うようにだ」と答えた．

55 遠隔治癒の奇跡

マタイ 8, 5-13／ルカ 7, 1-10／ヨハネ 4, 46-54

イエスがカファルナウムでローマ軍の百人隊長の僕を病気（中風）から癒す物語である．百人隊長の求めに応じてイエスが僕のもとへ急ごうとすると，百人隊長がそれを押しとどめて，イエスの「一言」だけを求める．イエスはその信頼ぶりに感嘆する．百人隊長が僕のところへ戻ってみると，すでに僕は元気になっていたという．これはギリシア・ローマ文化圏とユダヤ教文化圏の別を問わず，民衆の間に広範囲に流布していた癒しの奇跡物語の一定型であって，研究上「遠隔治癒の奇跡」と呼ばれる．ヨハネ 4, 46-54 とマルコ 7, 24-30／マタイ 15, 21-28（→20）もこの類型に入る．後出の 70 に挙げたエピダウロス碑文も同様である．

マタイ 8, 5-13

5さて，イエスがカファルナウムに入られると，一人の百人隊長が近づいて来
て懇願し，6「主よ，わたしの僕が中風で家に寝込んで，ひどく苦しんでいます」
と言った．7そこでイエスは，「わたしが行って，いやしてあげよう」と言われた．
8すると，百人隊長は答えた．「主よ，わたしはあなたを自分の屋根の下にお迎え
できるような者ではありません．ただ，ひと言おっしゃってください．そうすれ
ば，わたしの僕はいやされます．9わたしも権威の下にある者ですが，わたしの
下には兵隊がおり，一人に『行け』と言えば行きますし，他の一人に『来い』と
言えば来ます．また，部下に『これをしろ』と言えば，そのとおりにします．」
10イエスはこれを聞いて感心し，従っていた人々に言われた．「はっきり言って
おく．イスラエルの中でさえ，わたしはこれほどの信仰を見たことがない．11言
っておくが，いつか，東や西から大勢の人が来て，天の国でアブラハム，イサク，
ヤコブと共に宴会の席に着く．12だが，御国の子らは，外の暗闇に追い出される．
そこで泣きわめいて歯ぎしりするだろう．」13そして，百人隊長に言われた．「帰
りなさい．あなたが信じたとおりになるように．」ちょうどそのとき，僕の病気
はいやされた．

A　アエリウス・アリスティデス*「聖なる話」II：『講話』48, 30-35

ペルガモンの［アスクレピオス神殿の］宮守には，もう一人フィラデルフォ

スという名前の男がいた．この男と私に，ある同じ夜のこと，少し違うだけの夢が現れた．私がフィラデルフォスから後で聞いたことを今思い出せる限りで言うと，彼が見たのはこうである．

神殿付属の聖なる劇場に，大勢の人々が神にお参りするために白装束で集まっていた．「その時，私もその群衆の間に立って，彼らの面前で声を出して神に讃美をささげていた．また，私はその他にもいろいろなことを喋って，どうかアスクレピオス神がいろいろな局面で私に襲ってくる運命を遠ざけてくれるようにとお願いした．その後すぐに，神はヨモギ酒がそこにあるのを目に留めると，それを飲むときには酢に浸けてから飲むようにと指示された．そうすれば私の気分はもう滅入ることはないとのことだった．さらに私の記憶では，神は一つの神域とご自分がそこに臨在されること，また，いくつかのおどろくべき奇跡とをお示しになった．」以上がフィラデルフォスの見たものである．

他方，この私自身に起きたことはこうである．私は神殿の山門（参道）の前に立っているようだった．そこには他にも多くの人々が集まっていて，今にも清めの儀式が始まらんばかりの様子だった．彼らは皆白い装束をしていて，その他の点でも見栄えがよい出で立ちだった．その場所で私は［人々とは］別の声を挙げて，神に向かって「運命を司る方」と呼びかけていた．というのも，アスクレピオスは人間たちにそれぞれの運命を分配される神だからである．それから私は，自分にかかわることをいろいろと急いで語った．その後で，ヨモギ酒を飲むことになった．それは一定のやり方で漉して明るく［透明に］したものだった．というのは，それはできるだけ明るくすることで，その他無数の明るいものと同じように，神の臨在を招くものだったからである．すると，まるでアスクレピオス神ご自身がそこに来てくださって，まるで手で触って感じ取ることができるほどだった．そのとき私は寝ているのか，あるいは覚めているのか，その中間の状態だった．しかし，これから起きることを見逃さないように目を凝らし，耳を澄まして聞こうとしていた．夢のようでもあり，現実のようでもあった．髪の毛は直立し，喜びに涙が溢れ，［心には］山のような思いが絶え間なく溢れ続けた．人間たる者の誰が，その有様を言葉で表現することができようか．神秘に参入することを赦された者たちの一人ならば，あるいは理解して知ることもできることだろう．

以上が私に夢で現れたことである．翌朝になって，私は医者のテオドトスを呼んだ．彼がやってきたので，私は自分が見た夢のことを話して聞かせた．彼はびっくりして，まるで私がダイモーン（神霊）にでも憑かれたかのように考えたものの，どう処置すればよいか困ってしまった．時は冬であったし，彼は［私の？］身体の虚弱のことをひどく心配したのだと思う．というのも，私はそれまで数ヶ月もの間，屋内で横臥していたからである．そこでわれわれ二人は，アスクレピオスの神域に人を遣わして，そこの宮守の男を来させるのが良策だと思いついた．当時私はその男の家に一緒に住んでいて，夢を見るたびにその内容を彼に話して聞かせる習慣だったからである．

さて，その宮守がやってきた．われわれ二人［私と医者テオドトス］が事の次第を説明し始めるや否や，彼の方も話を始めた．そして言うには，「私は仲間のところ──私が言うのはフィラデルフォスのことだが──からやってきました．そのフィラデルフォスがこの私を呼びつけたことがあります．その話では，彼は夜おどろくべき夢を見たのだそうです．それはあなたの見た夢とは少しだけ違っています．こう言ってから，アスクレピオス神殿の宮守はフィラデルフォスが見たというその夢のことを物語った．それからわれわれはフィラデルフォス自身を呼びつけた．彼はやってきて自分でも話してくれた．

さて，われわれはそれぞれの夢の中で起きたように，薬剤のヨモギ酒を飲んだ．私もそれまで誰も飲んだことがないほど大量にそれを飲んだものである．その翌日も，アスクレピオス神の同じ指示に従って，そのようにした．それを飲んだ後の気分の軽やかさ，その効き目がどれほどであったことか．誰がそれを表現できようか．（大貫隆訳）

B　エピダウロス碑文* (IG IV^2 I, 121-123)：石碑BのXXI　→70

C　ユダヤ教ラビ文献：バビロニア・タルムード*Berakhoth 34b

（ハニナ・ベン・ドサの癒しの奇跡）

われわれの先達たちが次のことを伝えてくれている．

ある時，ラビ・ガマリエールの息子が病気になった．そこでガマリエールは自分のもとで律法を学んでいた二人の弟子をラビ・ハニナ・ベン・ドサのところへ遣わした．それはハニナ・ベン・ドサに，病気の息子のために神の憐れみを祈ってもらうためであった．ハニナ・ベン・ドサはその二人を見たとき，自宅の二階に上り，その息子のために［神に］憐れみを請うた．その後，階下に降りてくると，彼は彼ら二人に言った．「行きなさい．もう熱はその子から退いているから．」そこで彼らは彼に言った．「あなたは預言者なのですか．」彼は彼らに言った．「私は預言者ではありません．預言者の息子でもありません．私はただこの言い伝えがあるだけです．もし私が祈る時，その祈りが私の口から滑らかに出るならば，私の祈りは聞き届けられたと分かります．しかし，もしそうでなければ，私の祈りは退けられたのです．」それを聞いた二人はびっくりして，大きな声を上げ，このことが起きた時刻をしっかり記憶に留めた．

それから彼らはラビ・ガマリエールのところへ戻った．彼らが帰ってきたとき，ガマリエールは彼らに言った．「神殿に誓って．お前たち［が言っている時刻？］は遅過ぎも早過ぎもしない．ちょうどその時刻に息子から熱が退いて，息子は水が飲みたいと言った．」

56 「人の子には枕するところもない」

マタイ 8, 20／ルカ 9, 58

この言葉は，生前のイエスが「神の国」を告知するために遍歴の生活に身を投じたことを示す典型的な箇所の一つである．それは同時代のヘレニズム文化圏に見られた犬儒派やストア派の生活理念と態度に形式的には非常に似ている（→16）．

マタイ 8, 20

20イエスは言われた．「狐には穴があり，空の鳥には巣がある．だが，人の子には枕する所もない．」

エピクテトス*『人生談義』III 22, 45-48

しかしどうして無一物の者，つまり裸で家もなく炉もなく，不潔で奴隷もなく属するポリスもない者が，ゆとりのある生活をすることができますか．見るがいい，神はできるということを行為で示す人を諸君に送り給うた．「私を見るがいい，私は家もなければポリスもなく，財産もなければ奴隷もない．私は地上に眠る．私は妻も子もなく小さな邸もなくて，ただ地と空とそれから一枚の外套があるだけだ．しかし私に何が欠けているか．私は悩みがないではないか．私は恐怖がないではないか．私は自由ではないか．」

57 「弟子は師にまさらない」
マタイ 10, 24-25

エピクテトス*の文言がこれに似ている．

マタイ 10, 24-25

24「弟子は師にまさるものではなく，僕は主人にまさるものではない．25弟子は師のように，僕は主人のようになれば，それで十分である．家の主人がベルゼブルと言われるのなら，その家族の者はもっとひどく言われることだろう．」

エピクテトス*『人生談義』II 23, 16

「ではどうですか，」誰かがいう，「もし事情がその通りであれば，仕えるものが，仕えられるものよりもすぐれているということができますか．馬が騎手よりも，犬が猟師よりも，楽器が弾き手よりも，或いは臣どもが王様よりもすぐれているということができますか．」

58 「風にそよぐ葦」

マタイ 11, 7-8／ルカ 7, 24-26

この言葉によって，イエスは自分のかつての師である洗礼者ヨハネを預言者以上に偉大な者として評価している．ヨハネはヨルダン沿岸の荒れ野で活動した（マルコ 1, 9）．当然，川岸には葦も生えている．他方，ヨハネを斬首刑に処したのはガリラヤ領主ヘロデ・アンティパスであった（マルコ 6, 27,→17）．そのヘロデ・アンティパスは，後 19 年に自領の首都としてティベリアスを建立した時，わずかだが記念の硬貨を鋳造した．彼は偶像を刻むことを忌むユダヤ教の建前に従って，その硬貨に自分の像ではなく，葦を刻印させたのである．この時代史上の事実を背景において読むと，「風にそよぐ葦」は「しなやかな服」を着て「王宮にいる」人，すなわちヘロデ・アンティパスを指す暗喩となる．一見しただけでは謎と見えるイエスの言葉は，実は時代史とのきわめて緊密なつながりを含んでいるのである．このつながりをはじめて解明したのは，G. Theißen, *Lokalkolorit und Zeitgeschichte in den Evangelien*, Freiburg（Schweiz）/Göttingen, 1989 である．紹介する硬貨の写真はその 30 頁による．

マタイ 11, 7-8

7ヨハネの弟子たちが帰ると，イエスは群衆にヨハネについて話し始められた．
「あなたがたは，何を見に荒れ野へ行ったのか．風にそよぐ葦か．8では，何を見
に行ったのか．しなやかな服を着た人か．しなやかな服を着た人なら王宮にいる．」

ガリラヤ領主ヘロデ・アンティパスが後19年に首都ティベリアスを建立した時の記念貨（G. Theißen, *Lokalkolorit und Zeitgeschichte in den Evangelien*, Freiburg（Schweiz）/Göttingen, 1989, S.30）

59　汚れた霊　→26

マタイ 12, 43-45／ルカ 11, 24-26

60　迷い出た羊の譬え　→88

マタイ 18, 10-14

61　めん鳥と雛

マタイ 23, 37／ルカ 13, 34

「めん鳥が雛を羽の下に集めるように」と完全に並行する文言が，後1世紀のユダヤ教文書である第5エズラ書*に見つかる．

マタイ 23, 37

37「エルサレム，エルサレム，預言者たちを殺し，自分に遣わされた人々を石で打ち殺す者よ，めん鳥が雛を羽の下に集めるように，わたしはお前の子らを何度集めようとしたことか．だが，お前たちは応じようとしなかった．」

『第5エズラ書』*1, 28-30

全能の主がこう言われる．父が息子たちに，母が娘たちに，乳母が乳児たちにするように，わたしはあなたがたに願わなかったであろうか．あなたがたがわたしの民となり，わたしがあなたがたの神となり，あなたがたが息子たち，わたしが父となるようにと．そのためにわたしはあなたがたを集めたのだ．雌鳥が羽の下に雛を集めるように．しかし今や，わたしはあなたがたにどうすればよいのか．わたしはあなたがたをわたしの眼前から捨て去ろう．

62 イエスの遺体の盗難

マタイ 27, 64; 28, 13

イエスが死人の間から復活したと，弟子たちが言い始めるのを阻止するために，ユダヤ教の指導者たちが「弟子たちがイエスの死体を盗み出した」と言いふらすことにしたという．後1-2世紀にアフロディシアスのカリトーン*が著した小説『カイレアスとカッリロエ』にも，遺体が盗み出されて墓が空であることが発見される場面がある．夫カイレアスに足蹴にされて死んだと思われた妻カッリロエが墓に納められるが，墓荒らしの盗賊たちが来て，彼女が生きているのを発見して墓から連れ出し，奴隷に売り飛ばす．以下の抜粋は，それに続く部分である．

マタイ 27, 64; 28, 13

27, 64（ファリサイ派の人々がピラトに願って）「ですから，三日目まで墓を見張るように命令してください．そうでないと，弟子たちが来て死体を盗み出し，

『イエスは死者の中から復活した』などと民衆に言いふらすかもしれません．そうなると，人々は前よりもひどく惑わされることになります．」

28,13 (祭司長たちが見張り番に依頼して)「弟子たちが夜中にやって来て，我々の寝ている間に死体を盗んで行った」と言いなさい．

アフロディシアスのカリトーン*『カイレアスとカッリロエ』III 3,1-7

夜が明けるやいなや，カイレアスは墓へと足を運んだ．表向きは花冠を供え灌奠を執り行うためということだったが，実際のところは後追い自殺をしようと思ってのことだった．カッリロエと死に別れたことに堪えられず，あとを追って死ぬことだけがその悲しみを癒すものと考えたからである．墓へやって来てみると，石組みが動かされ入り口が開いたままになっているのが見つかった．

彼はこれを見て驚き，この事態にたいそう困惑した．いち早く噂が立って，この異常事態はシラクサの人々の知るところとなった．みなは墓場へ駆けつけたものの，ヘルモクラテスが命令するまではだれひとりなかへ入ってみようとする者はいなかった．なかへ送り込まれた男が内部のことをすっかり報告した．信じられないことに，遺体がないと言う．そこでカイレアス自らが，たとえ遺体であれもう一度カッリロエの姿を見たいという思いに駆られて，飛び込んだ．あちこちと墓の中を捜してみたが，なにひとつ見つけることはできなかった．

彼に続いて多くの人たちが信じられぬままになかへ入って来た．みなは戸惑いの色を隠せなかった．ひとりがこう言った．「埋葬品が失くなっている．墓荒らしの仕業だ．でも遺体はどこに行ったのだろう．」みなはああでもないこうでもないと言い合った．

カイレアスは天を見上げ，両手を差し延べて言った．「どなたか神さまがわたしの恋仇となってカッリロエを運び去ってしまわれたのか．そしていま，嫌がる彼女をもっと強い運命の力で取り抑えて，その手許に置いておられるのだろうか．そうだ．だからこそ彼女は病の床に伏すこともなくとつぜん死んだのだ．こういう具合に，ディオニュソスもテセウスからアリアドネを奪い，ゼウスもセメレを奪ったのだ．わたしはそれと知らずして女神さまを，われわれの許に住むには立派すぎる方を妻としていたのだ．だがそれにしても彼女がこんなに早々と，こんな理由で人間界から立ち去って行ってよいはずがない．テティスは女神だった．でもペレウスの許に留まったから，ペレウスは彼女によって息子をもうけた．ところがわたしの場合は，愛の盛りの折に相手がいなくなったのだ.」

ルカによる福音書

63　ザカリアの預言　→41

ルカ 1, 68-79

洗礼者ヨハネの誕生の直後に，その将来について，父親のザカリアが語る預言であるが，1, 69「(主なる神は）我らのために救いの角を，僕ダビデの家から起こされた」は嬰児イエスの誕生（ルカ 2, 1 以下→41）を指している．ヨハネはその道を先立って整える預言者である（1, 76).

64　十二歳の神童イエス

ルカ 2, 41-52

十二歳のイエスが両親とともにエルサレム神殿に上った時に，律法学者たちに混じって議論して，いわゆる「神童」ぶりを発揮する話である．宗教的・哲学的偉人が満十二歳をもって大きな転機を迎えることは，古代地中海世界に幅広く定着した文学的定型の一つである．

ルカ 2, 41-52

41さて，両親は過越祭には毎年エルサレムへ旅をした．42イエスが十二歳になったときも両親は祭りの慣習に従って都に上った．43祭りの期間が終わって帰路についたとき，少年イエスはエルサレムに残っておられたが，両親はそれに気づかなかった．[44]イエスが道連れの中にいるものと思い，一日分の道のりを行ってしまい，それから，親類や知人の間を捜し回ったが，[45]見つからなかったので，捜しながらエルサレムに引き返した．[46]三日の後，イエスが神殿の境内で学者たちの真ん中に座り，話を聞いたり質問したりしておられるのを見つけた．[47]聞いている人は皆，イエスの賢い受け答えに驚いていた．[48]両親はイエスを見て驚き，母が言った．「なぜこんなことをしてくれたのです．御覧なさい．お父さんもわたしも心配して捜していたのです．」[49]すると，イエスは言われた．「どうしてわたしを捜したのですか．わたしが自分の父の家にいるのは当たり前だということを，知らなかったのですか．」[50]しかし，両親にはイエスの言葉の意味が分からなかった．[51]それから，イエスは一緒に下って行き，ナザレに帰り，両親に仕えてお暮らしになった．母はこれらのことをすべて心に納めていた．[52]イエスは知恵が増し，背丈も伸び，神と人とに愛された．

A 『トマスによるイエスの幼時物語』*14-15

さてイエスは言った．「あなたがもし本当に先生なら，そして文字をよく知っているなら，ぼくにアルファの意味を言ってみてください．そしたらぼくもあなたにベータの意味を言いましょう．」すると先生は怒ってその頭を打った．すると少年は痛がって彼を呪ったので，先生は忽ち気を失って顔を地面に打ちつけて倒れた．

（中略）

そして元気で学校にはいり，書見台の上に本がのっているのをみてそれを取り，その中の文字は読まず，口を開いて聖霊によって語り，周囲に立って聞いている人たちに律法を教えた．すると集まって来たたくさんの群衆はかたわらに立って聞いていたが，その教えの優雅なこととその言葉のうまさに驚いた．なぜなら幼いのにそういう風に話したからだった．

B ヨセフス*『ユダヤ古代誌』V, 348

サムエルが預言者として活動しはじめたのは満十二歳のときである．ある夜彼が眠っていると，神が彼の名を呼ばれた．彼は大祭司に呼ばれたと思い，エリのもとへ行った．しかし，エリは彼を呼ばなかったと答えた．神が三度呼びかけを繰り返すと，エリもそれを悟って彼に言った．「いや，サムエルよ．わしは今までどおり何も言わなかった．おまえを呼ばれたのは神だ．さあ，ここにいます，と答えなさい．」

C　ディオゲネス・ラエルティオス*『ギリシア哲学者列伝』X, 14

さて，アリストンは『エピクロスの生涯』の中で，（中略）サモス島でプラトン学派のパンピロスからも学んだのだとしている．さらに，彼は十二歳のときに哲学の勉強を始め，三十二歳のときに自分の学校を開いて指導したのだと記している．

D　イブン・アン・ナディーム*『フィフリスト（学術書目録）』：「マニ教徒の教説」

その後，彼［マニ］の父は別のある場所へ連れて行った．そこには彼の親戚でもあり，信仰上の仲間でもある者たちがいた．マニはまだ子供であったが，賢い言葉を話した．そして満十二歳になったとき，彼自身の言によれば，光の楽園の王――それは再び彼自身の表現に従えば，いと高き神のことである――から天啓を受けた．彼にその天啓をもたらした天使は，ナバテヤ語では「アト・タウム」，すなわち「同伴者」という名前であった．その天使が彼にこう言った．「お前はこの信者たちの集団から離れよ．お前は彼らの同信の仲間ではない．お前の使命は清い生活を営み，欲望を抑圧することである．しかし，今はまだお前は幼いから，公に世に出る時ではない．」しかし，マニが満二十四歳になったとき，天使アト・タウムが再びやってきて，彼にこう言った．「今こそお前が公に世に出て，お前自身の教えを告知する時だ．」（G. Flügel, *Mani, seine Lehre und seine Schriften*, Leipzig 1862 から重訳，以下同様）

65　ユダヤ総督ポンティオ・ピラト

ルカ 3, 1

ルカ 3, 1 は，洗礼者ヨハネが公の活動を開始した時期を当時の世界政治の中に位置づけるに当たり，「皇帝ティベリウスの治世の第15年，ポンティオ・ピラトがユダヤ総督（であったとき)」と書き始めている．しかし，その「総督」に当たるギリシア語からラテン語の正確な役職名を推定することは困難であった．しかし，1961年にカイサリアで82×68 cm，厚さ20 cmの石板の碑文が発見された．元々，ピラトが皇帝ティベリウスに奉献するためにカイサリアに建てた建物（ティベリエウム）におかれていたものと推定されている．その碑文はラテン語で記され，ピラトは自分の官職を「プロクラトール」（Procrator 管理官）ではなく，「プラエフェクトゥス」（Praefectus 長官）と表記している．刻まれているラテン語は次の通り．1行目：［Caesarien］s（ibus）Tiberieum，2行目：［Pon］tius Pilatus，3行目：［Praef］-ectus Iuda［ea］e，4行目：［d］e［dit.］．「ユダヤ州長官ポンティウス・ピラトゥスは〔カエサレアの住民たちに〕（この）ティベリエウムを贈呈した.」（以上，『旧約新約聖書大事典』旧約新約聖書大事典編集委員会，教文館，1989年，997頁による.）

ルカ 3, 1

1皇帝ティベリウスの治世の第十五年，ポンティオ・ピラトがユダヤの長官，
ヘロデがガリラヤの領主，その兄弟フィリポがイトラヤとトラコン地方の領主，
リサニアがアビレネの領主であったとき……（以下略)

カイサリアのピラト碑文（『旧約新約聖書大事典』旧約新約聖書大事典編集委員会，教文館，1989 年，997 頁）

66　預言者は故郷で敬われない　→79

ルカ 4, 24／ヨハネ 4, 44

預言者が郷里で受け入れられないことについて，テュアナのアポロニオスの手紙の一つに，これと類比的な文言が見つかる．

ルカ 4, 24

24そして（イエスは）言われた．「はっきり言っておく．預言者は，自分の故郷では歓迎されないものだ．」

『テュアナのアポロニオス*の手紙』 44（弟子のヘスティアイウスへ）

他の人々は私のことを神々に等しい者，さらに何人かは神とも見なしているが，私の故国だけは，今この時に至るまで，私のことを無視している．他でもないわが故国にこそ私は卓抜した者でありたいと願ってきたにもかかわらず．（大貫隆訳）

67　死人の甦り
ルカ 7, 11–17

この蘇生物語と細部にわたって非常によく似た話がフィロストラトス*の『テュアナのアポロニオス伝』の中に伝えられている（断章 A）．断章 B は，場面の設定は二つの話と似ているが，死人の甦りというよりは，医者の専門知をめぐる話である．断章 A の後半に付されたフィロストラトス自身のコメントも，部分的に医学的な合理主義に傾いている．

ルカ 7, 11–17

11それから間もなく，イエスはナインという町に行かれた．弟子たちや大勢の
群衆も一緒であった．12イエスが町の門に近づかれると，ちょうど，ある母親の
一人息子が死んで，棺が担ぎ出されるところだった．その母親はやもめであって，
町の人が大勢そばに付き添っていた．13主はこの母親を見て，憐れに思い，「も
う泣かなくともよい」と言われた．14そして，近づいて棺に手を触れられると，
担いでいる人たちは立ち止まった．イエスは，「若者よ，あなたに言う．起きな
さい」と言われた．15すると，死人は起き上がってものを言い始めた．イエスは
息子をその母親にお返しになった．16人々は皆恐れを抱き，神を賛美して，「大
預言者が我々の間に現れた」と言い，また，「神はその民を心にかけてくださっ
た」と言った．17イエスについてのこの話は，ユダヤの全土と周りの地方一帯に
広まった．

A　フィロストラトス*『テュアナのアポロニオス伝』IV 45

アポロニオスが行った奇跡には次のようなものもある．ある娘が自分の結婚式の最中に急死してしまった．当然ながら，花婿は結婚式がもはや成就し得な

いことを嘆き悲しみつつ，花嫁を担架に載せて，それを担いだ．亡くなった娘は執政官の家の娘だったので，ローマ中の人々が花婿に向かって哀悼の意を表した．

たまたま担架の一行を見たアポロニオスは，「担架を下ろしなさい．この娘のためにあなたがたが流している涙を私が乾かしてあげよう．」それからアポロニオスはその花嫁の名前をたずねた．その時群衆は，よくあるように，この人も葬儀の悲しみをわざと掻き立てるために，哀悼の説教をはじめるのだろうと考えた．しかし，アポロニオスはその種のことは一切行わず，ただわずかに花嫁に触って，密かに彼女に向かって呪文を唱えただけであった．すると，突然，死んでいたはずの娘が生き返って，大きな声を上げたのである．それから娘は自分の父の家に帰って行った．その様子はまるで，アルケスティスがヘラクレスによって生き返らされた話(1)そのものだった．

そして娘の親戚の者たちはアポロニオスに総額15万セステルティウスの金を贈りたいと思ったが，アポロニオスはそれを拒んで，その金を娘の結婚の持参金にするように，と言った．

さて，この事件の場合，その娘の世話をしていた者たちには気がつかなかったものの，アポロニオスにはその娘の中にまだ息の根が残っているのが分かったのか——というのは，伝聞では，その時は雨だったが，娘の顔からはわずかに湯気のようなものが出ていたそうであるから——，あるいは，命はたしかに絶えていたが，アポロニオスが手で触り，その温かさで命を呼び戻したのか．これは秘義に属する問題であって，私［＝『テュアナのアポロニオス伝』の著者フィロストラトス］もその場に居合わせた人々と同じように何とも言いかねるのである．（大貫隆訳）

(1) ギリシア神話の一つ．テッサリアの王アドメートスはアルケスティスとの結婚式の前に，女神アルテミスに供犠を捧げるのを忘れてしまった．アルケスティスと一緒に初夜の床へ入ろうと部屋の戸を開けると，部屋中がヘビで一杯だった．それは不吉の予告だった．一計を案じたアドメートスは，運命を司る神を酒で酔わせて，彼の運命を変更してくれるように説得する．運命の神の回答は，そのためには誰かがアドメートスの身代わりに死なねばならないと言う．妻アルケスティスがそれを引き受けて死に，陰府に下る．そこでヘラクレスが介入して，彼女を連れ戻してくるという話．

B　アプレイウス*『講談集』19, 2-8

さて，彼［有名な医者のアスクレピアデス］がローマの町へ戻ろうと，町外れにある自分の土地に帰ってきた時，町の境界壁のところに巨大な墓がしつらえられているのを見た．その周りには遺体の埋葬に訪れた者たちで大変な人だかりができていた．彼らは全員が喪服を着てひどく嘆き悲しんでいた．そこへ彼は，誰しもそうであろうが，近づいて行った．なぜなら，一体誰の埋葬なのかと訊ねた彼に誰一人答えなかったので，それを知るためだったのか，あるいは彼自身が自分の専門知のために何かを調べようと思ったのか，そのいずれなのかは分からない．ともかくその結果，彼はすでに横たえられて，ほとんど埋葬されたに等しかった男に，運命［の転換］をもたらすこととなった．彼が見ると，すでに哀れな男の体のすべての四肢には香料が振りかけられ，その顔にも良い香りの油が塗られ，体全体にも油が塗られて，準備は万端整っていた．しかし，彼はまさにその時に，注意深くも，ある徴に気づいたのである．そこで彼は男の体を隅々まで手で触ってみた．そしてまだ命が隠れて残っていることに気づいたのである．そこで彼は直ぐに，「この人はまだ生きている」と叫んだ．人々は松明を投げ捨て，火も遠ざけ，火葬用の薪の山も取り崩し，精進落としの食事も墓の盛土から食卓へ引き下ろした．その間にも，大騒ぎとなり，医者の言うことには従うべきだと言う者あり，医術などは笑止千万だという者ありであった．最後にアスクレピアデスは，男の親類たちの意志には反して，──というわけは，彼らはすでに遺産を相続していたからなのか，あるいはまた，アスクレピアデスの言うことを未だに信用していなかったからなのかはともかくとして──大変な苦労と困難を乗り越えて，死者のためにしばらくの猶予を獲得したのであった．そこで彼は男を葬儀屋たちの手から解くと，まるで冥界から送り返すかのように，家に送り返した．そして間髪を入れず男の気息を甦らせると，また間髪を入れず，何かの医薬を使って，体のどこかに隠れていた魂を呼び戻したのである．（大貫隆訳）

68 サタンの墜落 →174

ルカ 10, 18

69 善いサマリア人

ルカ 10, 25-37

この「善いサマリア人」の譬えは普く知られているが，おそらく新プラトン主義者イアンブリコス*（後 245 頃-325 頃）もそれを知っていた．その著『ピュタゴラス伝』の中には，その向こうを張るかのような譬え話が含まれている．イエスの譬え話では，隣人とはそのときその場で出会う人間のことであり，あらかじめ理論的に定義できるものではない．それは予期せぬ出来事だからである．しかし，イアンブリコスが描くピュタゴラス教徒にとっては，自分にとっての隣人は共同体の仲間であり，たとえ未知の間柄でも，あらかじめ定められた徴によって互いを認識することができる．

ルカ 10, 25-37

25すると，ある律法の専門家が立ち上がり，イエスを試そうとして言った．
「先生，何をしたら，永遠の命を受け継ぐことができるでしょうか.」26イエスが，
「律法には何と書いてあるか．あなたはそれをどう読んでいるか」と言われると，
27彼は答えた．「『心を尽くし，精神を尽くし，力を尽くし，思いを尽くして，あ
なたの神である主を愛しなさい，また，隣人を自分のように愛しなさい』とあり
ます.」28イエスは言われた．「正しい答えだ．それを実行しなさい．そうすれば
命が得られる.」29しかし，彼は自分を正当化しようとして，「では，わたしの隣
人とはだれですか」と言った．30イエスはお答えになった．「ある人がエルサレ
ムからエリコへ下って行く途中，追いはぎに襲われた．追いはぎはその人の服を
はぎ取り，殴りつけ，半殺しにしたまま立ち去った．31ある祭司がたまたまその
道を下って来たが，その人を見ると，道の向こう側を通って行った．32同じよう
に，レビ人もその場所にやって来たが，その人を見ると，道の向こう側を通って

行った．[33]ところが，旅をしていたあるサマリア人は，そばに来ると，その人を見て憐れに思い，[34]近寄って傷に油とぶどう酒を注ぎ，包帯をして，自分のろばに乗せ，宿屋に連れて行って介抱した．[35]そして，翌日になると，デナリオン銀貨二枚を取り出し，宿屋の主人に渡して言った．『この人を介抱してください．費用がもっとかかったら，帰りがけに払います．』[36]さて，あなたはこの三人の中で，だれが追いはぎに襲われた人の隣人になったと思うか．」[37]律法の専門家は言った．「その人を助けた人です．」そこで，イエスは言われた．「行って，あなたも同じようにしなさい．」

イアンブリコス*『ピュタゴラス伝』§237-238

ある一人のピュタゴラス教徒が長旅の後，疲れ切って宿屋にたどり着いた．彼は疲労のあまり，そのまま重い病気にかかり，床に伏す身となってしまった．時の経過とともに所持金が底をついたが，宿の主人はその旅人を可哀想と思ったか，あるいはその人柄に心打たれたのか，あらゆる労苦と代価を惜しまずに必要な物を与え，措置を講じた．その甲斐もなく死が迫った時，その旅人は臨終の床で，一枚の木の板を求め，それにある印を彫りつけると，もし自分に来るべきものが来たら，その板を表の道に向いた壁に掛けてくれるようにと言って，主人に託した．そして，だれかその印を見て理解して立ち止まる通行人がいないかどうか気をつけていてもらいたい．もしそういう者がいたら，その人はきっと，主人が彼のために払ってくださったすべての労苦と代価に報いるだろう，と言うのであった．そう言って，旅人が死んだ後，宿の主人はその遺体を手厚く埋葬した．そして払った代価の報いを得たいとも思わず，さらにはやがてその板の意味を分かる者が来て，その者から何か善い思いをすることになろうなどとも，つゆ考えなかった．しかし主人は，何とも不思議な遺言もあるものだと感じ入っていたので，機会がある度に，あの印のついた板を人の目につきやすいところに掲げていた．かなりの時が経ったある日のこと，一人のピュタゴラス教徒がそこを通りかかり，その印の前で立ち止まった．そしてだれがその印を彫ったのか，直ちに了解した．それから事の次第を訊ねて，何が起きたのかを知ると，主人が払ったすべての労苦と代価を償って余りある額の金を弁済した．（大貫隆訳）

70 水腫の癒し

ルカ 14, 1-6

この奇跡物語は，全体が安息日に病人を癒すことの是非をめぐる論争物語に仕上げられているために，病気の症状や癒しの手順についても，ほとんど何も語られない．しかし，水腫という病気は，福音書に伝わるイエスの癒しの奇跡物語の中で，この場面が唯一の事例である．次に挙げるエピダウロス碑文では，明らかに水頭症が問題であり，全体が遠隔治癒（→55）の類型の奇跡物語となっている．

ルカ 14, 1-6

1安息日のことだった．イエスは食事のためにファリサイ派のある議員の家に
お入りになったが，人々はイエスの様子をうかがっていた．2そのとき，イエス
の前に水腫を患っている人がいた．3そこで，イエスは律法の専門家たちやファ
リサイ派の人々に言われた．「安息日に病気を治すことは律法で許されているか，
いないか．」4彼らは黙っていた．すると，イエスは病人の手を取り，病気をいや
してお帰しになった．5そして，言われた．「あなたたちの中に，自分の息子か牛
が井戸に落ちたら，安息日だからといって，すぐに引き上げてやらない者がいる
だろうか．」6彼らは，これに対して答えることができなかった．

エピダウロス碑文* (IG IV^2 I, 121-123)：石碑 B の XXI

ラカイナ出身で水腫症のアラタ［女］の話．スパルタにいた彼女のために，彼女の母親が［この神殿で］一夜を眠る間に夢を見た．その夢の中では，［ここの］神がその娘の頭を切断した後，胴体を首が下になるように吊るすのが見えた．そして水分を十分出し切った後で，胴体の位置を元に戻すと，再び首の上に頭を置くのであった．その母親はこの夢を見た後，スパルタへやってきた．そして娘が治って健常になっていること，また，自分と同じ夢を娘も見ていたことを知った．（大貫隆訳）

71　見失った羊の譬え　→88

ルカ 15, 3-7

72　金持ちとラザロの譬え

ルカ 16, 19-31

生前における貧者と金持ち．死後にその境遇が逆転することは，ルキアノス*の『死者の対話集』（A）にあますところなく描かれている．冥府では，犬儒派のディオゲネスのように生前無一物で生きた貧乏人が心おきなく笑い，生前金持ちや権力者であった者は，悲嘆の声ばかりを上げることになる．断章Bの出典である長大な民話は，ヘレニズム期のエジプトのものである．しかし，民話それ自体の中では，ラムセス2世の治世（前1290-1224年）に時代設定されている．王の息子であるセトム・カエムウェーゼは待望の一子を授かり，シ・オシレ（オシリスの子）と命名する．その子は実はその名の通り，オシリス神の息子のホロス神に他ならないことが話の末尾で明らかにされる．長大な民話の主要部分は，シ・オシレとして生まれたホロス神が隣国エチオピアの魔術師の挑戦を受けて困惑するエジプトの王家の危機を救う物語である．以下の引用は，そのシ・オシレの誕生から神童ぶりを発揮する少年期までの部分からの抜粋である．シ・オシレは父セトムに，死者の国での裁きを垣間見させる．そして「あなたが死者の国に行ったら，そこでこの貧乏人が置かれるのと同じ境遇になりますように！　あなたがやがて死者の国に行ったら，そこでこの金持ちが置かれるのと同じ境遇にはなりませんように！」と繰り返し説いて聞かせる．

ルカ 16, 19-31

19ある金持ちがいた．いつも紫の衣や柔らかい麻布を着て，毎日ぜいたくに遊
び暮らしていた．20この金持ちの門前に，ラザロというできものだらけの貧しい
人が横たわり，21その食卓から落ちる物で腹を満たしたいものだと思っていた．

犬もやって来ては，そのできものをなめた．22やがて，この貧しい人は死んで，
天使たちによって宴席にいるアブラハムのすぐそばに連れて行かれた．金持ちも
死んで葬られた．23そして，金持ちは陰府でさいなまれながら目を上げると，宴
席でアブラハムとそのすぐそばにいるラザロとが，はるかかなたに見えた．24そ
こで，大声で言った．「父アブラハムよ，わたしを憐れんでください．ラザロを
よこして，指先を水に浸し，わたしの舌を冷やさせてください．わたしはこの炎
の中でもだえ苦しんでいます.」25しかし，アブラハムは言った．「子よ，思い出
してみるがよい．お前は生きている間に良いものをもらっていたが，ラザロは反
対に悪いものをもらっていた．今は，ここで彼は慰められ，お前はもだえ苦しむ
のだ．26そればかりか，わたしたちとお前たちの間には大きな淵があって，ここ
からお前たちの方へ渡ろうとしてもできないし，そこからわたしたちの方に越え
て来ることもできない.」27金持ちは言った．「父よ，ではお願いです．わたしの
父親の家にラザロを遣わしてください．28わたしには兄弟が五人います．あの者
たちまで，こんな苦しい場所に来ることのないように，よく言い聞かせてくださ
い.」29しかし，アブラハムは言った．「お前の兄弟たちにはモーセと預言者がい
る．彼らに耳を傾けるがよい.」30金持ちは言った．「いいえ，父アブラハムよ，
もし，死んだ者の中からだれかが兄弟のところに行ってやれば，悔い改めるでし
ょう.」31アブラハムは言った．「もし，モーセと預言者に耳を傾けないのなら，
たとえ死者の中から生き返る者があっても，その言うことを聞き入れはしないだ
ろう.」

A　ルキアノス*『死者の対話集』§1：ディオゲネスとポリュデウケス

ディオゲネス　ポリュデウケスよ，地上へ戻り次第，お主にしてもらいたいことがある．明日は確かお前が生き返る番だったからこう頼むのだが，どこかで犬［犬儒］のメニッポスを見かけたら――コリントスのクラネイオンにいるか，リュケイオンで論争しあう哲学者たちを笑っているかしていると思うが――，彼にこういってほしい．「ディオゲネスがお前に，メニッポスよ，地上のことを十分に笑ったら，こちらへやって来て，もっといっぱい笑うがよいと勧めている．そちらでは，お前の笑いはまだ疑いの目で見られ，死後のことをだれがよりよく知り得ようという問いが幅をきかしているが，こちらでは，今わしがしているように，心おきなく笑い続けていられるのだ．とくに，金持ち

や総督や僭主がこれほどに卑しい身になり，他から区別できる点といえばその悲嘆の声ばかりといったことを見たり，地上の栄華を偲ぶ彼らが意気阻喪して卑屈な様子でいるのを目にしたりするとね.」彼にこう話してほしいのだ. なおまた，来るときには，頭陀袋をはうちわ豆［貧民または家畜の糧］で満たし，他にも，ヘカテ［冥界の女神］への供え物や，お祓い用の卵といったものを三叉路で見つけたら詰め込んでおくように，とな.

ポリュデウケス　ではそう伝えましょう，ディオゲネスよ. ただ，彼がどんな見かけの男なのか，よくわかるようにしてもらわないと.

ディオゲネス　老人で，はげ頭. 身につけているのは入口［穴］のいっぱいなぼろ服で，どんな軽い風にも翻り，肌をのぞかすやぶれ箇所でまだら模様，といった調子. つねに笑い，山師の哲学者どもを頻繁にからかっている.

ポリュデウケス　これなら見つけやすいですね.

ディオゲネス　その哲学者どもへのことづけもちょっと頼んでいいか.

ポリュデウケス　言ってください. それもおやすい御用ですから.

ディオゲネス　たわごとは総じて止めよ，宇宙のことで論争したり，互いの頭に角を生やさせたり，ワニの問題を作ったり，類似の難問を吹っかけることを人に教えたりするのを止めろ――こう言いつけてくれ.

ポリュデウケス　しかし，彼らの知恵を批判したら，お前は無知無学だと言われてしまいますよ.

ディオゲネス　それに対しては，わしの言葉として，くたばれと言ってやればよい.

ポリュデウケス　その通りに伝えましょう，ディオゲネスよ.

ディオゲネス　また金持ちどもにはこう伝言を頼む，ポリュデウケス君，「なぜ，愚か者たちよ，黄金を守ろうとするのか. なぜ利息を数えたり，何タラントンもの金貨に金貨を重ねたりして自分を苦しめるのか. そのうちお前たちは，一オボロス［三途の渡し賃］を所持金にしてこちらへ来ねばならないのだ」と.

ポリュデウケス　彼らにもそのように言ってやりましょう.

ディオゲネス　そうだ，そして美少年や力自慢の者たちにも話してやってくれ. コリントスのメギッロスとかレスラーのダモクセネスといった手合いにね，

「われわれの許には，金髪や，青や黒の瞳や，紅色のかんばせといったものはもはやなく，張り詰めた筋肉や逞しい肩といったものもない，俗にいうところの，すべてはただ埃というありさまで，美の骸骨しかないのだ」と．

ポリュデウケス　美少年と力自慢たちへのその伝言もたやすい用です．

ディオゲネス　また貧乏人たち――自分の境遇を悲しみ，貧乏を嘆いているものたちが多いのだが――，ここではみな平等で，そちらで富んでいる者も自分らと少しも変わらない姿を目にするだろうと説明して，泣いたり嘆いたりしないように，と言ってやってくれ．また，お主の国ラケダイモンの人間にも，もしよければ，たるんでしまっておるぞ，とわしからの言葉として叱ってほしいのだが．

ポリュデウケス　ラケダイモン人については，ディオゲネスよ，なにも言わないでください．我慢できそうにないですから．でも，他の者へのことづては引き受けます．

ディオゲネス　その意向なら，そちらは止めておこう．先に述べた者たちへは，よろしく伝言を頼む．

B　古代エジプトの民話：セトム・カエムウェーゼが息子シ・オシレと陰府に下る話

ある夜のこと，セトム・カエムウェーゼの妻のメー・ウゼシェトは夢を見た．その夢の中で，こう語られるのを聞いた．「お前はセトム・カエムウェーゼの連れ合いか．彼は今［神殿の中で］横になって，［神の手から］祝福を受けるのを待っている．［明日の朝］，お前は夫が入っている風呂場に行くがよい．そこにメロンが枝を張っているのを見出すだろう．［その枝の一つを折って］その実と一緒におろすがよい．そしてそれを妙薬として水に溶き，飲むがよい．そうすれば，お前はその夜のうちに夫から子供を授かるだろう．」

メー・ウゼシェトは夢でこのことを見たあとで目覚めると，夢の中で命じられたことをすべてそのとおり実行した．そして夫セトムの横に寝て，その子種を宿した．

彼女の浄めの時期が来たとき，女が妊娠したときの徴があった．セトムはそのことを直ちにファラオ［ラムセス２世］に報告した．なぜなら，彼の心は喜びに踊っていたからである．彼は彼女にお守りをかけてから，その上にまじないの言葉を読み上げた．

ある夜のこと，セトムは寝ている間に夢を見た．その中で，こう語られるのを聞いた．「お前の妻のメー・ウゼシェトは，あの夜，お前の子種を宿した．生まれてくる子の名前は，シ・オシレ（オシリスの子）としなさい．その子は数多くの奇跡をエジプトのために行うだろう．」セトムはこのことを夢で見た後，大喜びで目覚めた．

メー・ウゼシェトは，子供がお腹にいる間中，その子が驚くべき性質の子であることの兆を感じていた．いよいよ出産となったとき，彼女は男の子を産み落とした．そのことがセトムに伝えられると，彼はその子にシ・オシレという名前をつけた．それは夢でのお告げの通りであった．それから彼はその子を抱き上げた．その子の体重を測った後，授乳させた．

シ・オシレが一歳になったとき，人々は彼について，「あの子は二歳だ」と言った．シ・オシレが二歳になったとき，人々は彼について，「あの子は三歳だ」と言った．セトムは少年シ・オシレを見ないでは，片時も過ごさなかった．それほどに彼の我が子に対する愛は度を超して大きかった．

少年は成長して体力も充分つき，学校に送られた．するとほんのしばらくの時が経っただけなのに，彼はすべてのことについて，彼に教えることを命じられていた先生よりも，もっとよく知っているようになった．少年シ・オシレは，プター神の神殿の中にある「命の家」の書記たちと一緒に，聖なる文書を暗誦し始めた．それを耳にした者は誰でも，少年をエジプトの奇跡だと見なした．セトムの最大の願いは，少年シ・オシレを祭りのときに，ファラオに紹介して，国中の智者たちに引き合わせることだった．

さて，ある日のこと，セトムは家の習慣に従って，祭りの準備のために体を清めていた．少年シ・オシレもその祭りに一緒に行くために，連れてこられた．

また別の日のこと，セトムは死者を追悼する甲高い声を耳にした．彼が自宅の出窓から下を眺めると，一人の金持ちが亡くなって，人々の甲高い追悼の声の中を，砂漠にある墓場へ運ばれてゆく光景が目に留まった．死者に示された栄誉と副葬品は贅を尽くしたものだった．

また別のとき，セトムが下を見ていると，一人の貧しい男がメンフィスの街から砂漠へ運ばれてゆくのが目に留まった．その遺体はただ一枚の莚にくるまれただけで，付き添う者はだれもいなかった．

そのときセトムはこう言った．「［大いなる神］プターにかけて，甲高い追悼の叫びと贅を尽くした副葬品と一緒に葬られる［金持ちたちの方が］，［だれ一人供の者もなく，何もなく］砂漠へ運ばれてゆくだけの貧乏人［よりも，どれほど幸いなことか！］」ところが少年シ・オシレは父親に向かって，こう言った．「あなたが死者の国に行ったら，そこでこの貧乏人が置かれるのと同じ境遇になりますように！　あなたがやがて死者の国に行ったら，そこでこの金持ちが置かれるのと同じ境遇にはなりませんように！」

セトムは少年シ・オシレがこう言うのを聞いたとき，ひどく心が沈んで，「今私が聞いているのは，本当に我が子の声なのか」と言った．少年シ・オシレは答えて言った．「もしあなたがお望みならば，僕が見せてあげますよ．今しがた副葬品も供の者もなしに砂漠へ運ばれて行った貧乏人と，甲高い追悼の声と大いなる栄誉をもって埋葬された金持ち［の死者の国での姿］を．」セトムは聞き返した．「どうしてお前にそんなことができるのか．」

すると少年シ・オシレは父親の手を引いて，［メンフィスの街の西の砂漠にある］場所へ連れて行った．それはセトムの知らない場所だった．そこで二人は一つの巨大な建物を見つけた．それには七つの大きな広間があって，そのどれもが一杯の人間たちであふれていた．［中略：二人はその一つ一つの広間に入って，中にいる人間たちの境遇を目にしてゆく．］

二人は七番目の広間に入って行った．するとセトムには大いなる神オシリスの姿が見えた．それは純金製の玉座に座していて，頭には王冠を戴いていた．その左には，アヌビス大神が，その右手には，トート大神が立っていた．死者の国の住人たちを裁く神々がオシリスの左右に立っていたのである．二柱の神の中央には，悪行と善行を測り比べるための秤が置かれていた．トート大神は手に帳面を持っていて記帳し，仲間のアヌビス大神が［各人の結果を］読み上げる役であった．

悪行が善行よりも多かった者は，死者の国の主に仕える「大食い女」に引き渡される．そして彼の魂は肉体とともに滅ぼされ，もう二度と息をすることができない．反対に，善行が悪行よりも多かった者は，死者の国の主に仕える審判の神々の下へ移される．そして彼の魂は高貴な栄光ある者たちとともに天へ昇って行く．もし善行と悪行が釣り合った場合には，その者はソカリス・オシリス神に仕える至福の霊たちの下へ移される．

さて，そのときセトムは一人の高貴な姿の男が王の着る亜麻布の着物に身を包んで，オシリス神の近くにいるのを見た．その男が与えられている地位はきわめて高かったのである．セトムは死者の国で目にするものすべてに，いたく驚いていた．

するとシ・オシレがセトムのまえに来て，こう言った．「我が父，セトムよ，あの高貴な男を見ましたか．王が着る亜麻布の着物に身を包んで，オシリス神のすぐ側にいる男のことです．あれこそ，あなたが以前，だれ一人供の者もなく，ただ莚一枚に包まれてメンフィスの街から運び出されてゆくのを御覧になった男です．彼は地下の世界へ連れて行かれ，そこで悪行を善行と測り比べられました．すると善行の方が悪行の数より多かったのです．彼が生まれたときにトート神が文書でもって彼に割り当てた生涯の年数を計算に入れ，また，彼が生前地上で受けた幸福も計算に入れた上でそうだったのです．そこでオシリス神の御前でおふれが出されたのです．あなたが以前メンフィスの街から多くの人々の嘆きの声に送られて運び出されて行くのを御覧になったあの金持ちが埋葬のために受けていた身支度を，そっくりそのまま他でもない，あのかつての貧乏人に与えるようにと．そして，あの貧乏人が高貴な栄光ある者たちの間へ移されて，神の人として，オシリス神のおそば近くで，ソカリス・オシリス神にお仕えするようにと．

しかし反対に，あなたが以前御覧になった金持ちは，やはり地下の世界へ連れて行かれましたが，そこで悪行が善行と測り比べられた結果，悪行の方が，彼が地上で行った善行よりも数が多かったのです．そこで彼を死者の国へ連れ去って，処罰するように命じられたのです．彼こそは，あなたがさきほど［この広間へ入ってくるときに］，死者の国の戸の蝶番が右の目に突き刺って，目を押さえながら身もだえ，大口を開けて甲高い声でわめいているのを御覧になった男に他なりません．死者の国の主であるオシリス大神にかけて申しますが，私があなたに地上でこうお話ししておいたとおりです．「あなたが死者の国に行ったら，そこでこの貧乏人が置かれるのと同じ境遇になりますように！　あなたがやがて死者の国に行ったら，そこでこの金持ちが置かれるのと同じ境遇にはなりませんように！」

そこでセトムが言った．「我が子，シ・オシレよ．私は死者の国で数多くの奇跡を目にした．しかし，今私が知りたいと思うのは，綱をグルグル回しているが，その後ろではロバたちがその綱を食い物にしているあの人々の境遇のことだ．それと，食べ物，水，パンがその頭上からつり下げられているのに，それを手にしようと何度も飛びつくのだが，その度に他の者たちが彼らの足下に穴を掘っては，彼らの手が上にある獲物に届かないようにされている者たち．彼らは一体どうしたのか．」

するとシ・オシレが答えた．「我が父セトムよ．まことに，綱を回しているその後ろでロバたちがそれを食い物にしているのをあなたが御覧になった者たちは，地上で神の呪いの下にある者たちの姿です．彼らは昼夜を分かたず生活の糧を得ようと労苦しますが，彼らの妻たちが彼らの背後からすべてを持ち去るために，自分たちにはパンの一つもないありさまです．彼らも死者の国にやってきました．しかし，彼らの悪行の方が善行よりも多かったのです．その結果，地上で彼らに割り当てられていたことが死者の国でも割り当てられることになったのです．あの別の者たちについても，まったくそれと同じです．あなたが御覧になった通り，彼らは上から吊るされている食べ物，水，パンを手で引き下ろそうと，飛びつくのですが，その度ごとに他の人々が彼らの足下に穴を掘って，手が届かないようにしていました．彼らは，地上で生活の糧を目の前に持っていながら，神が彼らの足下に穴を掘るので，それを手に入れることができない者たちの姿です．彼らも死者の国にやって来ました．そして地上で彼らに割り当てられていたことが死者の国でも割り当てられることになったのです．彼らの魂は地下の世界へ連れて行かれ，そこに入れられることでしょう．

我が父セトムよ．心にこう銘じてください．地上で善良な者は死者の国でもよき境遇に置かれ，地上で悪しき者は，死者の国でも悪しき境遇に置かれるのです．事は現にそのように決められており，今後も永遠にそうでしょう．あなたがメンフィスの地下の世界で御覧になったことは，オシリス大神に仕える神々が裁きのために座している42の地方でもまったく同じように起きるでしょう．」

73　死体と禿鷹

ルカ 17, 37

イエスのこの言葉は，研究上も謎の言葉であり，ユダヤ教とヘレニズム文化圏の両方を通じて，並行ないし類似する文言が見つからない．わずかにプルタルコス*の『モラリア』の中に次のような文章がある．

ルカ 17, 37

37イエスは言われた．「死体のある所には，はげ鷹も集まるものだ．」

プルタルコス*「いかに敵から利益を得るか」§3：『モラリア』87C-D

わけても敵は過ちをとらえて追跡します．あたかもハゲワシが腐った肉の匂いには引き寄せられるけれど清らかで健康なものについては感覚をもたないように，生活の病んでいる部分，劣悪な部分，苦しんでいる部分が敵を動かし，憎しみをもつ人々はそれら目がけて飛びつき，鷲づかみ，ばらばらに引きちぎるのです．

74　「敵が周りに堡塁を築き……」　→35

ルカ 19, 41-43

75　民の上に権力を振るう守護者

ルカ 22, 25

並行記事であるマルコ 10, 42／マタイ 20, 25 と異なり，ルカのみ，権力者は「*εὐεργέται*/euergetai と呼ばれている」という趣旨の言葉がある．この単語は，クセノフォンからの断章の末尾で「恩恵を施す者」と訳されている単語と同一である．ヘレニズム時代になると，この単語が，現実の王や支配者にも冠せられるようになる．支配の確立によって平和をもたらし，経済や技術や文芸等の発展を可能にした，という広い意味で人類に「恩恵」をもたらしたという名目である．しかし実質的には，支配者に付けられる単なる尊称と化し，「守護者」程度の意味内容しかもたないことにもなる．あえてこの単語を使ったルカが，「恩恵者」「守護者」どちらの意味内容を考えていたのかは判断しがたいが，いずれにしても，特にルカがこうしたヘレニズム的な政治用語の影響下にあったことは確かである．

ルカ 22, 25

25そこで，イエスは言われた．「異邦人の間では，王が民を支配し，民の上に権力を振るう者が守護者（もしくは「恩恵を施す者」）と呼ばれている．」

クセノフォン*『キュロスの教育』 VIII, 2, 1. 9

まず，彼は自分を憎んでいると思う者たちを愛するのも，自分に悪意を持っている者たちに好意的であるのも容易でないように，愛を抱き好意を持っているのを相手に認識されている者たちは，愛されていると信じている相手によって憎まれることはありえないと確信していたから，常に自分の心にある親切心をできるだけよく示した．（VIII, 2, 1）

征服して王国を築き，死んだ時に被支配者から父と呼ばれた者は，キュロス以外にいない．この呼び名は略奪者のものであるより，恩恵を施す者のものであるのは，明らかだ．（VIII, 2, 9）

ヨハネによる福音書

76 序文（救済者の到来と自己啓示）
ヨハネ 1, 1-18

ヨハネ福音書序文の背後には，おそらく原始キリスト教の礼拝の場で用いられた詩的な交読文が前提されている．そこでは，イエス・キリストは万物に先立って父なる神と共にいた「言」（ロゴス）と表現される．彼は世界の創造に参与した後，やがて「受肉」して人間となり，神とのあるべき関係が失われていた人間世界に神を啓示して，信じる者たちに「神の子」となる資格を与えた後，再び神のふところへ戻っている．神的存在が地上へ下降して自らを人間に啓示し，信じる者たちを呼び集めるという構図は，すでに旧約聖書の箴言8章（A）と旧約外典のエチオピア語エノク書*42章（B）で，「知恵」にあてはめられている．その「知恵」は女性的な神的存在として擬人化されている．後2世紀のキリスト教グノーシス主義文書である『ヨハネのアポクリュフォン』*§80（C）では，「プロノイア」（先慮）がその場所を占めている．そこではヨハネ福音書の序文が意識されている可能性がある．

ヨハネ 1, 1-18

1初めに言（ことば）があった．言は神と共にあった．言は神であった．2この
言は，初めに神と共にあった．3万物は言によって成った．成ったもので，言に
よらずに成ったものは何一つなかった．4言の内に命があった．命は人間を照ら
す光であった．5光は暗闇の中で輝いている．暗闇は光を理解しなかった．
6神から遣わされた一人の人がいた．その名はヨハネである．7彼は証しをする
ために来た．光について証しをするため，また，すべての人が彼によって信じる

ようになるためである．8彼は光ではなく，光について証しをするために来た．
9その光は，まことの光で，世に来てすべての人を照らすのである．10言は世に
あった．世は言によって成ったが，世は言を認めなかった．11言は，自分の民の
ところへ来たが，民は受け入れなかった．12しかし，言は，自分を受け入れた人，
その名を信じる人々には神の子となる資格を与えた．13この人々は，血によって
ではなく，肉の欲によってではなく，人の欲によってでもなく，神によって生ま
れたのである．
14言は肉となって，わたしたちの間に宿られた．わたしたちはその栄光を見た．
それは父の独り子としての栄光であって，恵みと真理とに満ちていた．15ヨハネ
は，この方について証しをし，声を張り上げて言った．「『わたしの後から来られ
る方は，わたしより優れている．わたしよりも先におられたからである』とわた
しが言ったのは，この方のことである．」16わたしたちは皆，この方の満ちあふ
れる豊かさの中から，恵みの上に，更に恵みを受けた．17律法はモーセを通して
与えられたが，恵みと真理はイエス・キリストを通して現れたからである．18い
まだかつて，神を見た者はいない．父のふところにいる独り子である神，この方
が神を示されたのである．

A　箴言 8, 22-36

主は，その道の初めにわたし（知恵）を造られた．いにしえの御業になお，先立って．永遠の昔，わたしは祝別されていた．太初，大地に先立って．わたしは生み出されていた／深淵も水のみなぎる源も，まだ存在しないとき．山々の基も据えられてはおらず，丘もなかったが／わたしは生み出されていた．大地も野も，地上の最初の塵も／まだ造られていなかった．わたしはそこにいた／主が天をその位置に備え／深淵の面に輪を描いて境界とされたとき／主が上から雲に力をもたせ／深淵の源に勢いを与えられたとき／この原始の海に境界を定め／水が岸を越えないようにし／大地の基を定められたとき．御もとにあって，わたしは巧みな者となり／日々，主を楽しませる者となって／絶えず主の御前で楽を奏し／主の造られたこの地上の人々と共に楽を奏し／人の子らと共に楽しむ．

さて，子らよ，わたしに聞き従え．わたしの道を守る者は，いかに幸いなことか．諭しに聞き従って知恵を得よ．なおざりにしてはならない．わたしに聞

き従う者，日々，わたしの扉をうかがい／戸口の柱を見守る者は，いかに幸いなことか．わたしを見いだす者は命を見いだし／主に喜び迎えていただくことができる．わたしを見失う者は魂を損なう．わたしを憎む者は死を愛する者．

B 『エチオピア語エノク書』*42 章

知恵はその住むべき場所を見いだせなかったが，［のちに］天にその住まいができた．知恵は，人の子らの間に住もうとしてやって来たが，住居が見いだせず，自分の場所へもどって，み使いたちの間に居を定めた．暴逆がその倉から出てき［てはびこってい］た．それ（知恵）は，自分が求めなかったものを見いだした．それ（暴逆）は彼ら（人間）の間に砂漠の雨のように，乾いた土地におく露のように住みついた．

C 『ヨハネのアポクリュフォン』*§80

さて今や私が，すなわち，万物の完全なるプロノイアが私の子孫たちの間に姿を変えた．なぜなら，私は太初に存在し，すべての行く道を行ったのだから．なぜなら，私は光の豊満であるから．私はプレーローマの想起である．しかし，私は大いなる暗闇の中を歩んだ．私は［それに］耐えて，牢獄の中央まで進んだ．すると，混沌の底が揺れ動いた．そして，私は彼らの邪悪のゆえに，彼らから身を隠した．彼らは私に気がつかなかった．

再び私は二度目に内側へ向きを変えた．私は道を進み，光の領域から歩み出た．すなわち，プロノイアの想起であるこの私が．私は暗闇の真ん中へ，陰府の内側へ入って行った．私の定めを尋ね求めて．すると，混沌の底が揺れ動き，混沌の中にいる者たちの上に今にも落ちかかって，彼らを滅ぼさんばかりになった．そこで私はもう一度私の光の根元へと駆け昇った．彼らの時の満ちる前に滅ぼされることがないように．

なおも三度目に私は道を進んだ．光の中に在る光であるこの私が．プロノイアの想起であるこの私が．それは暗闇の真ん中へ，陰府の内側へやって来るためであった．私は自分の顔を彼らのアイオーンの完成の光で満たした．そして，私は彼らの牢獄——とはすなわち，肉体という牢獄のことである——の真ん中へ入って行った．そして言った，「聞く者よ，深き眠りから起き上がれ！」すると，彼は泣いた．そして重い涙を流した．彼はそれ（涙）を拭い去って，言った，「わが名を呼ぶのは誰か．また，この希望は一体どこからやってきたのか．私は牢獄の鎖に繋がれているというのに．」そこで私は言った，「私は純粋なる光のプロノイアである．私は処女なる霊の思考である．この方［処女なる霊］は君を栄光の場所へ立て直す者である．起き上がれ，そして想い起こせ．なぜなら，君はすでに聞いた者なのだから．そして君の根っこ——とはすなわち，この私，憐れみに富む者のことである——に立ち戻れ．貧困の天使と混沌の悪霊たち，また，すべて君にまとわりつく者たちから身を守れ．そして，深い眠りと陰府の内側の覆いに気をつけていなさい．」それから私は彼を立ち上がらせ，水の光の中，五つの封印で封印した［洗礼を指す］．それは死がこの時より後，彼の上に支配することがないためであった．

77 カナの結婚式での奇跡

ヨハネ 2, 1-11

次に引く断章は，パウサニアス*がギリシア各地で行われていたディオニュソス神の祭りについて報告するものである．酒神ディオニュソス（バッカス）にふさわしく，ぶどう酒が奇跡的に，かつ，ふんだんに授けられる話である．ただし，ヨハネ福音書の場合にように，水がぶどう酒に変えられるわけではない．

ヨハネ 2, 1-11

1三日目に，ガリラヤのカナで婚礼があって，イエスの母がそこにいた．2イエ
スも，その弟子たちも婚礼に招かれた．3ぶどう酒が足りなくなったので，母が
イエスに，「ぶどう酒がなくなりました」と言った．4イエスは母に言われた．
「婦人よ，わたしとどんなかかわりがあるのです．わたしの時はまだ来ていませ
ん．」5しかし，母は召し使いたちに，「この人が何か言いつけたら，そのとおり
にしてください」と言った．6そこには，ユダヤ人が清めに用いる石の水がめが

六つ置いてあった．いずれも二ないし三メトレテス入りのものである．7イエスが，「水がめに水をいっぱい入れなさい」と言われると，召し使いたちは，かめの縁まで水を満たした．8イエスは，「さあ，それをくんで宴会の世話役のところへ持って行きなさい」と言われた．召し使いたちは運んで行った．9世話役はぶどう酒に変わった水の味見をした．このぶどう酒がどこから来たのか，水をくんだ召し使いたちは知っていたが，世話役は知らなかったので，花婿を呼んで
10言った．「だれでも初めに良いぶどう酒を出し，酔いがまわったころに劣ったものを出すものですが，あなたは良いぶどう酒を今まで取って置かれました．」
11イエスは，この最初のしるしをガリラヤのカナで行って，その栄光を現された．それで，弟子たちはイエスを信じた．

パウサニアス*『ギリシア案内記』VI, 26, 1-2

エーレイオイ［ペロポネソス半島の西側地域］の人々は神々の中でディオニュソスを最も畏敬している．彼らの言うところでは，この神はテュイアイ［酒神バッカスの巫女たち］の祭りに彼らのもとへやってくるのだそうである．その時，祭司たちは三つの水盤を屋内に運び込んで，その町の住民や他所からきている客たちが居合わせるところで，空のまま部屋の床に置く．そうしてから，祭司たちは――もし希望すれば，祭司以外の者たちも一緒に――その部屋の入り口を封印する．翌日，封印の徴はそのままであるが，部屋の中に入ってみると，水盤はぶどう酒で一杯になっているのである．

この話は，本当にその通りだと，エーレイオイでも最も高貴な人々，また彼らに加えて他所からの客たちも，神明に誓ったことである．というのは，私自身がその地に着いたときは，祭りの時期ではなかったからである．また，アンドリオイの人々もこう言っている．すなわち，毎年彼らの土地でも，ディオニュソス神の祭りが行われるが，その時にはぶどう酒がひとりでに神殿から流れ出てくるのだと．

もしギリシア人たちのこれらの話を信じるのであれば，シュエーネー（現アスワン）の町をさらに越えたところにあるエチオピア人たちが太陽の食卓について語ること［ヘロドトス『歴史』3, 18 参照］も信じるべきであろう．（大貫隆訳）

78 サマリア人の終末論
ヨハネ 4, 25

ヨハネ 4, 7-26 は，イエスがサマリアのシカルという町の「ヤコブの井戸」で，一人の女と「永遠の命に至る水」をめぐって交わす問答である．ヨハネ福音書の著者はわざわざ途中の 10 節に一種の傍注を挿入して，「ユダヤ人はサマリア人とは交際しない」と断っている．事実，サマリアは前 722 年にアッシリア帝国によって滅ぼされた後に異民族が入植させられて以降（王下 17 章参照），ユダヤ教徒からは「異邦人」の土地と見なされていた（マタイ 10, 5）．その宗教も独自化の道を進み，やがて「サマリア教」が成立する．モーセの五書以外には，独自の聖文書が編纂された．中でも『マルカーの教え』*（Memar Marqah）が重要とされる．そこに含まれた終末論では，ユダヤ教のメシアに相当する存在は「ターヘーブ」と呼ばれ，やがてかつてエジプトで権勢をふるった族長ヨセフの栄光を再現する王国を築くことが待望された．イエスとの問答の最後にサマリアの女が「わたしは，キリストと呼ばれるメシアが来られることは知っています」と言うが，その背後には，そのようなサマリア人独特の終末論が潜んでいる．

ヨハネ 4, 25

25女が言った．「わたしは，キリストと呼ばれるメシアが来られることは知っています．その方が来られるとき，わたしたちに一切のことを知らせてくださいます．」

サマリア文書『マルカーの教え』*IV, 12

［神がイスラエルのために復讐する終わりの日には］ターヘーブ［おそらく「回復する人」，「帰還する人」の意］が平和の内にやって来て，神がお選びになった土地を押収し，それを善人たちに与えるであろう．［エジプトにおける族長ヨセフの支配のような王国が再建されるだろう．］（中略）その日には，ターヘーブが平和の内にやって来て，完全なる者たちのための場所を押収し，真理を明らかにするだろう．（中略）ターヘーブが立ち上がり，主（神）は憐れみを示されるだろう．

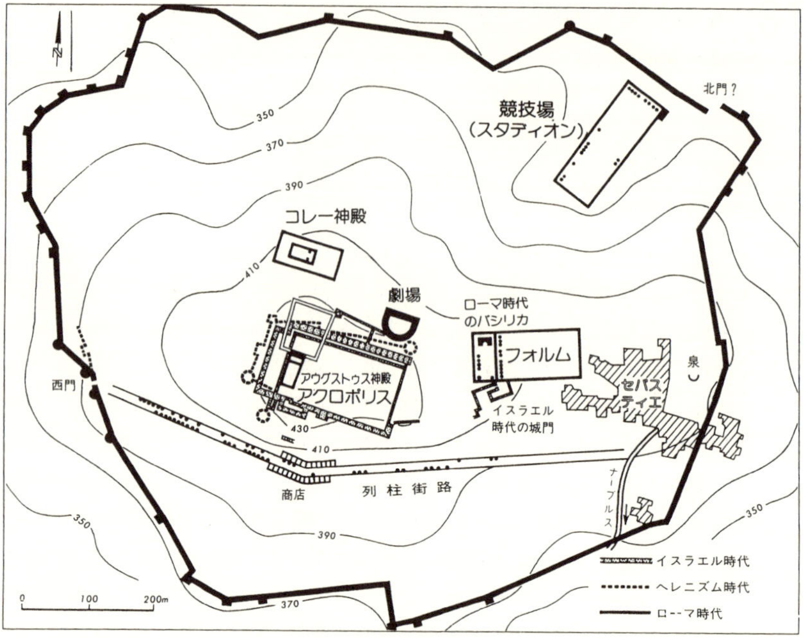

ローマ時代のサマリア（『旧約新約聖書大事典』旧約新約聖書大事典編集委員会，教文館，1989年，516頁）

79 「預言者は自分の故郷では敬われないものだ」 →66

ヨハネ 4, 44

80 「カファルナウムの役人の子の癒し」 →55

ヨハネ 4, 46–54

81 ベトザタでの癒し →6

ヨハネ 5, 1–9

82　五千人の給食　→18, 22

ヨハネ 6, 1-14

83　救済者の自己啓示の定式表現「わたしは〜である」

ヨハネ 6, 35; 8, 12; 10, 7-10; 11, 25; 14, 6; 15, 1

ヨハネ福音書のイエスは，自分を世に向かって顕すに当たり，繰り返し「わたしは〜である」という定型的な表現を使っている（6, 35; 8, 12; 10, 7-10; 11, 25; 14, 6; 15, 1 参照）．これは他の福音書には見られず，ヨハネ福音書に独特な特徴である．しかし，ヘレニズム世界に目を転じると，魔術文書，ヘルメス文書，グノーシス文書を横断して，おびただしい並行例が発見される．いずれにおいても，人間であれ，神的存在であれ，広い意味での救済者が自己を啓示する際の定式表現となっていることが分かる．明らかにヨハネ福音書の著者は，周辺世界におけるそのような共通言語を知っていて，それを使っているのである．

ヨハネ 6, 35; 8, 12; 10, 7-10; 11, 25; 14, 6; 15, 1

6,35イエスは言われた．「わたしが命のパンである．わたしのもとに来る者は決して飢えることがなく，わたしを信じる者は決して渇くことがない．」

8,12イエスは再び言われた．「わたしは世の光である．わたしに従う者は暗闇の中を歩かず，命の光を持つ．」

10,7イエスはまた言われた．「はっきり言っておく．わたしは羊の門である．
8わたしより前に来た者は皆，盗人であり，強盗である．しかし，羊は彼らの言
うことを聞かなかった．9わたしは門である．わたしを通って入る者は救われる．
その人は，門を出入りして牧草を見つける．10盗人が来るのは，盗んだり，屠ったり，滅ぼしたりするためにほかならない．わたしが来たのは，羊が命を受けるため，しかも豊かに受けるためである．」

11,25イエスは言われた．「わたしは復活であり，命である．わたしを信じる者は，死んでも生きる．」

14,6イエスは言われた.「わたしは道であり，真理であり，命である．わたしを通らなければ，だれも父のもとに行くことができない.」
15,1「わたしはまことのぶどうの木，わたしの父は農夫である.」

A 『ギリシア語魔術パピルス』* (すべて大貫隆訳)

A-1 PGM IV, 125-130 (恋愛成就の魔術)

なぜなら，わたしはトーの息子のトーであるから．わたしは大いなる者の息子で大いなる者である．わたしはアヌビスである．彼はレーの栄光の冠を戴き，それを王オシリス，王オシリス・オンノフリスの頭上に据える.［途中本文欠落］全世界の興奮，それはお前が（誰それ）の娘の（誰それ）の心を興奮させ，わたしが今日，（誰それ）の息子のこのわたしのことを彼女が心の中で思っていることを知ることができるため.

A-2 PGM IV, 384-405 (恋愛成就の魔術)

もしおまえ［魔術師によって呼び出されている死者の霊］がわたしの言ったことを実行すれば，わたしはお前を直ぐにも楽にしてやろう．なぜなら，わたしはバルバル・アドーナイ，すなわち星々を隠す者，天に輝く支配者，世界の主，すなわちアトウイーン・イャトゥイーン・セルビウオート・アオート・サルバティウート・イャッティエラト・アドーナイ・イヤ・ルーラ・ビア・ビ・ビオテー・アトート・サバオート・エーア・ニアファ・アマラクティ・サタマ・ザウアッティヤエー・セルフォー・ヤラダ・ヤラエー・スベーシ・ヤッタ・マラドゥタ・アキルッテエ・コオーオー・オエー・エーアコー・カンサオサ・アルクムーリ・トユール・タオーオス・シエケーだからである．わたしはトート・オソーマイである．彼女（そのつど該当する女の名前を入れるべし）を縛ってここに連れてこい．そしてこのわたし（そのつど該当する男の名前を入れるべし）を愛して，惚れて，欲しがるようにさせろ．なぜなら，死霊よ，お前にわたしは，恐ろしくて大いなるイャエオー・バフレエムーン・オティ・ラリクリフィア・エウエアイ・フィルキラリトン・ウオメン・エル・ファボーエアイに誓って命じるが，彼女をここに連れてこい．そしてわたしと頭と頭を合わせ，唇と唇を重ね，からだとからだを合体し，太腿と太腿を近づけ，黒いところを黒いところに結合して，愛欲の営みをなさしめよ．永久までも．

A-3　PGM IV, 1071-1080（白日夢の魔術）

お前［魔術師］が全身を守るために身につけているべき防具について．どこかの神殿に祭られたハルポクラテースの絵がついた亜麻布を手に入れて，その上に没薬で次のように記せ．「わたしはホーロス・アルキブ・ハルサモーシス・イャオー・アイ・ダゲンヌート・ララカライ・アブライアオート，すなわちイシス・アッタ・バッタそしてオシリス・オソロノーフリスの息子であるから．どうか，このわたしを霊どもから傷つけられず，撃たれないように守って，生涯の間，健やかで恐れることがないように保ってください．（以下省略）」

A-4　PGM V, 145-159（悪霊祓いの魔術）

わたしは頭部がない霊である．その代わりに，足に目がついている．わたしは強い者で，死ぬことがない火を持っている．わたしは真理である．わたしが憎むのは，世界で不正が行われることである．わたしは稲光り，雷鳴を轟かす者である．わたしは汗が雨となり，地に落ちて，地を肥やす者．わたしは口で万物を燃え上がらせる者．わたしは生み出し，かつ滅ぼす者．わたしはアイオーンの美，わたしの名前は蛇が周りに巻き付いている心臓である．

A-5　PGM V, 245-254（過去，現在，未来の予言の魔術）

太陽への祈りの文言．「わたしはトーユト，すなわち治療薬と文字の発明者かつ創始者である．汝，地下にいる大いなる霊フヌーンよ，わたしのところへ愛を示しに寄ってこい．わたしはヘーローン，著名なる者，イビスの卵，鷹の卵，空中をとぶフェニックスの卵である．（以下省略）」

A-6　PGM V, 476-486（呪文）

なぜなら，わたしはシルタコーウーク・ライラム・ブラサルオート・イヤオー・イエオー・ネブート・サビオート・アルボート・アルバテイアオー・イヤオート・サバオート・パトウルーエー・ザグーレー・バルーク・アドーナイ・エローアイ・アブラアム・バルバルアウオーであり，志高き者，永遠に生きる者，全世界の王冠を戴く者だからである．

A-7 PGM VIII, 36-52（恋愛成就の魔術）

なぜなら，君はわたし，わたしは君だからである．君の名前はわたしの名前，わたしの名前は君の名前だからである．なぜなら，わたしは君の模像だからである．もし今年，今月，あるいは今日または今この時間にわたしに何かが起きるとしたら，同じことが，その名が聖なる舟の前側に記された大いなる神アッケメン・エストロフにも起きるだろう．君の本当の名前は，君が生まれたヘルムポリスにある神殿の聖なる柱に記されている．君の本当の名前はオセルガイリアックス・ノマフィである．この君の名前は15文字である．それは月が満ちていく日数である．しかし，二番目の名前は7文字である．これは宇宙を支配している者たちの数に従っている．数字の合計は1年の日数に準じる365である．すなわち，真実にはアブラサックスと言う．ヘルメスよ，わたしは君を知っている．そして君もわたしを知っている．わたしは君で，君はわたしである．だから，すべてのことをわたしのために為せ．そして善なる運命の女神と善なる霊を伴って，直ぐにやってこい，今直ぐに．

B 『デモティック語魔術パピルス』*

わたしは王の子，アヌビスの最初の大いなる子である．わたしの母はセヒメト［？］・イシス．彼女はわたしの後を追ってシリアの地，無数の死人たちの地の丘，人間を食らう者たちの土地へやってきた．そしてこう言った，「急げ，急げ，走れ，走れ，わが子，王の子よ．大いなるアヌビスの最初の大いなる子よ．立ち上がって，エジプトへ戻りなさい．なぜなら，お前の父オシリスはエジプトの王［ファラオ］であり，全国を治める大いなる者だから．エジプトのすべての神々が，彼の手から王冠を頂くために集まっている．（以下省略）」

C 『ヘルメス文書』*I, 2

私は言う，「でも，あなたはどなたなのですか」．彼が言う，「私はポイマンドレース，絶対の叡智である．私はお前の思い計りを知り，何処にあってもお前と共に居るのだ．」

D　マンダ教文書

D-1　『ヨハネの書』*Lidzbarski 44, 27-45, 5　→88のB

D-2　『ギンザー』*Lidzbarski 58, 17-23　→86

わたしは光の使者である．大いなる方がわたしをこの世に送った．／わたしは真実な使者である．わたしには偽りがない．／偽りがない真実な者，彼には欠乏も誤りもない．／わたしは光の使者である．その香りを嗅ぐ者は命を得る．

D-3　『ギンザー』*Lidzbarski 157, 9-13

彼(1)は顔を挙げることもなく，こう言った，「わたしの名を明かし，わたしの徴を理解したこの人間は何者か．」わたしはそれに答えて言った，「わたしはヒビル(2)である．命がわたしを遣わしたのだ．だからわたしはお前のところへやってきた．千年の千倍，はてしなき無数の世代，幾星霜にわたって，わたしはお前のもとへやってきたのだ．」

(1) 地上世界に造られた最初の人間で，「大いなる肉の山」と呼ばれる．
(2) 旧約聖書のアベル（創世記 4, 2 以下）のこと．

D-4　『ギンザー』*Lidzbarski 206, 32-38

そのとき，聖なる霊のエワト［闇の世界の支配者ルーハーの配下の「聖なる霊」の一人］がわたしディナーヌークト［高慢な聖書学者］の住居にやって来て，こう言った，「ディナーヌークトよ，お前はなぜ寝たままなのか．なぜ眠ることがそれほど好きなのか．わたしは初めから命である．わたしははるかの太初からクシュター（「真理」）である．わたしは栄光の輝きである．わたしは光である．わたしは死である．わたしは命である．わたしは闇である．わたしは光である．わたしは誤りである．わたしは真理である．わたしは破壊である．わたしは建設である．わたしは打撃である．わたしは癒しである．」

D-5　『ギンザー』*Lidzbarski 327, 31-328, 7

わたしはウトラたち(1)の芳香である．わたしは出て行き，すべての誠実な心の中に宿った．その中にわたしが宿った心は輝いた．そしてわたしは限りなく照らした．わたしは限りなく輝いて，照らし，幸福をもたらして，その中に住まわせた．わたしは七人（惑星たち）が身体の中にもたらしたため息を取り去った．七人はそれを身体の中にもたらして，暗い心の中に住まわせた．輝きに照らされる者は誰でも，光の場所へ立て上げられるだろう．輝きに照らされない者は誰でも，光の場所から切り取られるだろう．

(1) 超越的な光の場所に充満している神的存在の総称．ギリシア語のグノーシス神話の「アイオーン」に相当．

D-6 『ギンザー』*Lidzbarski 454, 12-17

わたしは大いなる命のマーナー(1)である．わたしは力強き命のマーナーである．／わたしは大いなる命のマーナーである．誰がそのわたしをティビル（地上世界を指す）に住まわせたのか．／ティビルにわたしを住まわせて，身体の泥沼に投げ込んだのは誰なのか．

(1) マンダ語の原義は「容器」だが，「霊」の意味に転じている．

D-7 『ギンザー』*Lidzbarski 557, 25-34

わたしは大いなるマーナーである．わたしは大いなるマーナーであり，力強き命の子である．／わたしは大いなるマーナーであり，大海の中に住んでいた．／わたしは大海の中に住んでいた．わたしに翼が生えるまで．／わたしに翼が生えるまで，わたしが翼有る者となるまで，／わたしが翼有る者となり，わたしの翼が光の場所に向かって飛び立つまで．

E 『トゥルファン・マニ教文書』*

E-1 M. liturg.（F. W. K. Müller, Berlin 1904, S. 29.108）

これは〈マニ〉自身による讃歌の一節．わたしは人間，光の芽生え，活ける，そして輝ける［テキスト欠落］．［わたしは］最初の異邦人，ザルヴァーン神の子，統治者の子である．［テキスト欠落］しかし，大いなる栄光から転じて異邦人となった．

E-2　M. 7 (F. W. K. Müller, Berlin 1904, S. 108)

わたし［マニ］は光と神々からの者である．しかし，わたしは彼らにとっては異邦人となった．敵たちがわたしに襲いかかり，わたしは死人のもとへ連れて行かれた．

E-3　M. 4 (F. W. K. Müller, Berlin 1904, S. 51)

わたしは祝福された聴き手［？］である．なぜなら，バベルの地で生まれた者であるから．わたしはバベルの地で生まれ，真理の門に置かれた．わたしはバベルの地で生まれた歌い手，聴き手［？］である．わたしはその地を行きめぐった．わたしはバベルの地から出て，世界の中で呼びかけた．汝ら，すべての神々にわたしは請い求める．どうか憐れみをもって，わたしの罪をゆるしてくださるように．

F　古代キリスト教文書が証言するグノーシス文書

F-1　『ペテロ行伝』*34 章

このわたし(1)は，明日，神なき，また敬神の念なきあなたたち（ローマ市民）のことを去り，神のもとに昇ることにする．（あなたたちの目には）衰えた（ように見えた）としても，わたしは神の大能なのだ．あなたたちが倒れ伏している者とすれば，見よ，わたしは「立っている者」なのだ．わたしは父のもとに昇りゆき，あのおかたに（こう）言おう，「彼らはあなたの子，立っている者であるこのわたしをも倒そうとしたのです．しかしわたしは彼らに同意せず，わたし自身のもとに駆け戻ってきました」と．

(1) 使徒言行録 8, 9-24 で言及されるシモンのこと．後 2 世紀以降のグノーシス教派の一つ「シモン派」では教祖と見なされた．

F-2　『ヨハネ行伝』*95, 24-27

わたしはきみの光である，きみが私をみつめるとき．アーメン．／わたしはきみの鏡である，きみがわたしを知るとき．アーメン．／わたしはきみの門である，きみがわたしを叩くとき．アーメン．／わたしは道である，旅人たる君の．アーメン．

F-3 『トマス行伝』*32章

蛇が彼［使徒トマス］に言った,「わたしは爬行動物の種類に属する爬行動物で，害獣の中の害獣である．（中略）わたしは，王座に座って天の下を支配している者の子である．わたしは，借りている人々から自分のものをとり返す者の子である．わたしは天球を行きめぐる者の子である．わたしは，大海の外にいてその尾が自分の口の中にある者［ウロボロス］の縁者である．わたしは，柵を通ってパラダイスに入り，エバと，わたしの父が彼女と語るように命じたことを語った者である．わたしは，カインをたきつけ燃えたたせて，自分の兄弟を殺すようにさせた者である．」

F-4 『ソロモンの頌歌』*17, 10-11

何ひとつとして閉じられた物はわたしには見えなかった．なぜなら，わたしこそあらゆる物の［開かれた］入り口であったからである．わたしはすべての囚われの身にある者たちのもとへ，彼らを解き放つために歩んで行った．それは唯一人をもつながれたままに，あるいは，つなぐ者のままに置き去りにしないためであった．

F-5 『ソロモンの頌歌』*33, 10-12

わたしに耳をかたむけよ．そして救われなさい．わたしはあなたがたに神の恵みを語っているのだから．／あなたがたはわたしによって救い出されて幸いになるだろう．わたしはあなたがたの裁き人である．／わたしを着る者たちは虐げられることなく，新しい世で不死を得るだろう．

F-6 ヒッポリュトス*『全異端反駁』V, 14, 1

われわれは彼ら［詳細不詳のグノーシス主義教派］によって重用されている書物の一つを見てみよう．そこには次のようなことが書かれている．「わたしは夜の世界に響く覚醒の声である．今からわたしは，カオスから生じてくる力の正体を暴露することに取りかかろう．冥界の丸天井の力は，過ぎ去らず，測りがたく，二重に湿ったものの塊を持ち上げている．地震を引き起こす力は水の色をして常に動いている．それは恒常的なものを担い，震えるものをまとめ,

来るべきものを解き放ち，恒常的なものを軽くし，増殖するものを取り除く．(以下省略)」(大貫隆訳)

F-7　ヒッポリュトス*『全異端反駁』VI, 14, 7

シモン(1)は，神はいかにして人間を生成させるのか，と問う．楽園（パラダイス）で，というのが彼の答えである．その楽園とは子宮のことでなければならないと言う．そして，事実その通りであることは，聖書が教えているのだそうである．すなわち，それはこう言っている．「お前を母親の胎内に形づくったのは，このわたしである」(イザヤ 44, 2) と．つまり，シモンによれば，そう書かれているそうである．その言葉を信ずるとすれば，モーセは母親の子宮のことを指して寓喩的に「楽園」と言ったのだというわけである．（大貫隆訳）

(1) 前掲 F-1 の補注を参照．

F-8　エピファニオス*『薬籠』XXVI, 3, 1（ボルボル派のグノーシス）

彼らは馬鹿げた幻と証言についての自分たちの教説を，彼らが「福音書」と呼ぶものに根拠づけている．彼らが行っている謬説は次のようなものである．「わたしは高い山の上に立っていた．すると，一人の背の高い男ともう一人小柄な男が見えた．そして，わたしは雷のような音を聞いたので，耳を澄ませた．その男はわたしに向かってこう言った．『わたしはあなたであり，あなたはわたしである．あなたがいるところにはどこでも，わたしもそこにいる．わたしはあらゆるものの中に蒔かれている．あなたはどこからでもわたしを集める．しかし，わたしを集めるとき，あなたはあなた自身を集めるのである．』」(大貫隆訳)

G『ナグ・ハマディ文書』*

G-1『ヨハネのアポクリュフォン』*§80

さて今やわたしが，すなわち，万物の完全なるプロノイアがわたしの子孫たちの間に姿を変えた．なぜなら，わたしは太初に存在し，すべての行く道を行ったのだから．なぜなら，わたしは光の豊満であるから．わたしはプレーローマの想起である．

G-2 『トマスによる福音書』*語録 77

イエスが言った，「わたしは彼らすべての上にある光である．わたしはすべてである．すべてはわたしから出た．そしてすべてはわたしに達した．木を割りなさい．わたしはそこにいる．石を持ち上げなさい．そうすればあなたがたは，わたしをそこに見いだすであろう．」

G-3 『この世の起源について』*§75

このゆえに，彼女について人々は言うのである，彼女はこう語ったと．「わたしは母の一部．わたしは母．わたしは女．わたしは処女．わたしは妊婦．わたしは助産婦．わたしは産みの苦しみを和らげる者．わたしの夫がわたしを産んだ．わたしは彼の母であり，彼はわたしの父，わたしの主．（以下省略）」

G-4 『ヤコブの黙示録二』*§4; 5; 13

わたしは不滅のプレーローマ出自の啓示を受けた者である．わたしは大いなる者によって最初に召され，［主に］従った者である．（§4）

［わたしは］不滅性［テキスト欠落］最初の者．わたしは生まれでた最初の［子］．彼（子）は彼らすべての支配を解体するであろう．わたしは愛子，わたしは義人，わたしは［父］の子，わたしは［父から］聞いた通りに語る．（§5）

語る者（ヤコブ）を見なさい．そして，沈黙する者（イエス）を認識しなさい．そして，［そこから］出て行った者を理解しなさい．わたしは義人である．しかし，わたしは裁く〈ことはしない〉．わたしは主人である．しかし，わたしは助け手である．（§13）

G-5 『雷・全きヌース』*§4

わたしは最初の者にして最後の者．わたしは尊敬される者にして軽蔑される者．わたしは娼婦にして崇敬される者．わたしは妻にして処女．わたしは〈母〉にして娘．わたしは母の一部．わたしは不妊にして多産．わたしは婚縁数多くして非婚．わたしは助産婦にして産み出さない者．わたしはわたしの産みの苦しみを和らげる者．わたしは花嫁にして花婿．そして，わたしを産んだのは父の夫．わたしはわたしの父の母にして私の夫の姉妹．そして，彼はわたしの子孫．わたしはわたしを備えた者の奴隷．わたしはわたしの子孫の支配者．しかし，彼はわたしを〈臨月の〉時の前に早産で［生んだ］者．そして，彼は［臨月の］時［に生まれた］わたしの子孫．そして，わたしの力は彼の出自．わたしは彼の若き日の力の支え，そして，彼はわたしの老いの日の杖．そして，彼が望むこと，それは何にしてもわたしに起こる．わたしは把握し得ない沈黙にして，思考重なるエピノイア．わたしは声重なる言述にして，かたち重なるロゴス．わたしはわたしの名の言表．

G-6 『雷・全きヌース』*§6; 8

わたしは知識にして無知．わたしは控えめにして大胆．わたしは恥知らずにして恥を知る．わたしは強力にして，恐れ．わたしは戦争にして，平和．（§6）

わたしはギリシア人の知恵にして，非ギリシア人の知識．わたしはギリシア人と非ギリシア人の裁き．［わたしは］エジプトでその像多き者にして，非ギリシア人の中で像無き者．わたしはあらゆる場所で憎まれた者にして，あらゆる場所で愛された者．わたしは「命」と呼ばれた者にして，あなたたちは（わたしを）「死」と呼んだ．わたしは「法」と呼ばれた者にして，あなたたちはわたしを「無法」と呼んだ．わたしはあなたたちが追いかけた者にして，あなたたちが捉えた者．わたしはあなたたちが散らした者にして，あなたたちが集めた者．わたしはあなたたちが恥じた者にして，あなたたちが恥じなかった者．わたしはあなたたちが何の祭儀もしなかった者にして，その祭儀数多い者．わたしはといえば，わたしは神無き者にして，神多き者．わたしはあなたたちが思い入れた者にして，あなたたちが軽視した者．わたしは無学な者にして，人々がわたしから学んだ者．わたしはあなたたちが軽蔑した者にして，あなたたちが思い入れた者．わたしはあなたたちがそれ（わたし）から隠れた者にして，あたたたちがそれ（わたし）に現れた者．（§8）

G-7 『雷・全きヌース』*§10; 12; 14

わたしは［全き］ヌース（叡智）そして［テキスト欠落］の安息［テキスト

欠落］．わたしはわたしの探求の知識にして，わたしを求める者たちの発見にして，わたしに尋ねる者たちの命令にして，わたしの知識の内なる諸力の力，わたしの言葉によって遣わされた御使いたちの力，そして，わたしの計らいによる諸々の季節の中なる神々の力，そして，わたしと共にあるすべての男の霊の力，わたしの内に住まう諸々の女の力．わたしは敬われ，讃えられる者にして，軽蔑され，疎まれる者．わたしは平和にして，わたしゆえに戦争が起こる者．そして，わたしは外国人にして市民．わたしは本質にして，本質を有しない者．（中略）わたしは抑える者にして，抑えない者．わたしは結合にして解消．わたしは滞在にして解消．わたしは下りにして，人々がわたしに上る．わたしは有罪判決にして，無罪放免．わたしはといえば，わたしは罪なき者にして，罪の根の出自．わたしは外見欲望にして，心の節制わが内に．わたしはすべての人に達する聴力にして，捉え得ない言葉．わたしは話し得ない啞者にして，わたしの多弁は大いなるもの．（§10）

わたしは叫ぶ者にして，大地に投げ出される者．わたしはパンと（中略）ヌース（叡智）を備える者．わたしはわたしの名の認識．わたしは叫ぶ者にして，聴く者．（中略）わたしは「真理」と呼ばれる者にして［私の名は］暴力．（§12）

わたしはあらゆるものに達する聴力．わたしは捉え得ない言葉．わたしは声の名前にして，名前の声．わたしは文字の徴にして，分離の顕示．（§14）

G-8 『第八と第九のものに関する講話』*§20

タト「〈沈黙しながら〉どうやって賛美を献げることができるのですか．」ヘルメス「お前は今や，もう何も口で教える必要がない者なのだ．」タト「おお，わが父よ．それではわたしは沈黙します．わたしは沈黙しながらあなたに賛美を献げます．」ヘルメス「それがよい．さあ，歌いなさい．わたしは叡智である．」

G-9 『シェームの釈義』*§8; 18; 22

わたしが現れた．わたしは汚れなき無窮の光の御子である．わたしは［あの生まれざる］霊の姿で現れた．なぜなら，わたしは遍き光からの光線であるから．（§8）

わたしがデルデケアス，不朽で無窮の光の御子．無窮の霊の光が病んだピュシスのもとへ降り，ピュシスのあらゆる不浄が消し去られるまで，しばらくの間とどまった．それはピュシスの闇が辱められるためであった．わたしはわたしの衣を着た．それは大いなる方の光の衣，すなわち，わたしのことである．(§18)

さて，大いなる方の御心によって，わたしと等価の別の力が現れてきた．それはその力に属するものが明らかになるためであった．あなたがたこそは存在するようになった大いなる力．わたしこそは完全なる光．わたしは霊と闇を超える者，汚れた愛撫の性交のゆえに闇を恥じ入らせる〈者〉．(§22)

G-10 『大いなるセツの第二の教え』*§50

わたしはキリスト，人の子，あなたがたから出て，あなたがたの内にある者である．あなたがたのためにわたしは侮られている．それによって，あなたがた自身移ろいゆくものを忘れるために．女になってはならない．悪と［その］兄弟たちを産まないために．妬み，分裂，怒り，憤怒，恐れ，二心，［真に］存在しない虚しい欲望を，しかしわたしは，あなたがたにとって，言い表すことができない秘義である．

G-11 『三体のプローテンノイア』*§1（その他随所）

わたしはプロー［テンノイア，父の］中に［存］在［する］思考である．［わたしは万物］に存在する運動であり，万物はわたしの中［にあって］成り立っており，［成った］ものの中の［最初に］生まれた者，［万］物よりも先［に存在］し，三つの名前で呼ばれているが，ひとり［全き］者として存在する．わたしは見えざる者の思考の［中に］ある見えざる［者］，わたしは測り得ざる者，言い得ざる者の中に顕れてはいるが．わたしは達し得ざる者，達し得ざる者の中に存在［し］，あらゆる被造物の中で動いている．わたしはわたしのエピノイアの命であり，あらゆる力とあらゆる永遠の運動の中に［存］在する――，見えざる諸々の光の中に（も），アルコーンたちや御使いたちや悪霊どもの中にも，［陰府］に存在するあらゆる心魂の中にも，物質的心魂にも．その際わたしは，成ったものの中に存在し，あらゆるものの中で動き，万物を穿つが，真っ直に歩み，眠れる者を呼び［醒す］．そしてわたしは眠りにある者どもの視力である．わたしは万物の内なる見えざる者である．わたしは隠されているものを配慮する者，わたしはその中に存在する万物を知っているゆえに．わたしは誰からも教えられざる者である．わたしは言い表し難く，測り難い者である．しかし，わたしが欲［すれ］ば，わたし自身を顕す［であろう］．わたしは万物［の頭である］．なぜならわたしは［万物］よりも先に存在するがゆえに．［そしてわたし］は万物である．なぜならわたしは［あら］ゆるもの［の中に存］在するがゆえに．

84 人の子の肉を食べ，血を飲む
ヨハネ 6, 53-58

キリスト教の聖餐式で用いられるパンとぶどう酒が，ここではそれぞれ「人の子」イエスの「肉」と「血」と呼ばれ，聖餐式はそれを「食べ」「飲む」こととされている．その延長線上で，後 2 世紀初めにシリアのアンティオキアの司教であったイグナティオス*では，聖餐式（のパン）が「不死の薬」と呼ばれるようになる．やがて，キリスト教がギリシアおよびローマ地域に伝播すると，キリスト教の聖餐式は周囲の異教徒にとっては，「嬰児（人の子）殺し」，「人肉嗜食」，「乱交」を連想させるものとなっていった．ここでは，その例としてアテナイのアテナゴラス*とテルトゥリアヌス*の護教的弁明の一節を紹介する．そのような連想と結びつけられた背景には，ギリシア・ローマの社会の側での文化史的・宗教史的な条件も働いていたと思われる．ここではその例として，前 1 世紀半ばから後 1 世紀初めに生きたローマの歴史家リウィウス*が前 187 年にローマ市内で起きた「バッカナリア祭」（ディオニュソス祭）の摘発事件について行っている詳細な報告の冒頭部分を紹介する．

ヨハネ 6, 53-58

53イエスは言われた．「はっきり言っておく．人の子の肉を食べ，その血を飲

まなければ，あなたたちの内に命はない．[54]わたしの肉を食べ，わたしの血を飲
む者は，永遠の命を得，わたしはその人を終わりの日に復活させる．[55]わたしの
肉はまことの食べ物，わたしの血はまことの飲み物だからである．[56]わたしの肉
を食べ，わたしの血を飲む者は，いつもわたしの内におり，わたしもまたいつも
その人の内にいる．[57]生きておられる父がわたしをお遣わしになり，またわたし
が父によって生きるように，わたしを食べる者もわたしによって生きる．[58]これ
は天から降って来たパンである．先祖が食べたのに死んでしまったようなものと
は違う．このパンを食べる者は永遠に生きる．」

A　イグナティオス*「エフェソのキリスト者へ」20

イエス・キリストは肉によればダビデの裔［ロマ1,3］，人の子にして神の子なのです．［あなた方が集まるのは］あなた方が心を乱さず監督と長老団に従うためで，［そこで］あなた方はひとつのパンを裂くのですが，これは不死の薬，死ぬことなくイエス・キリストにあって常に生きるための［死に対する］解毒剤なのです．

B　アテナゴラス*『キリスト教徒のための請願書』35-36

それゆえ理性によく育まれた人であれば，いったい誰が，以上で述べてきたような者であるわたしたちのことを，人殺しであるなどと主張するでしょうか．というのもわたしたちは，誰かを殺したことがないわけですから人間の肉を喰らうことなどできないからです．ですから彼らが一番目の主張で偽りを言っているのであれば，二番目の主張でも偽りを言っていることになります．それに，彼らが主張していることを誰かが実際に見たかどうか尋問されたとして，そのだれ一人としてそれを実際に見たなどと言うほど厚顔無恥な者はいないでしょう．

ところで，わたしたちに奴隷がいて，その数は多い人もいれば少ない人もいるわけですが，彼らに気付かれないでいることは［たしかに］不可能です．しかしこの者たちの場合でも，わたしたちに対してそんな大それた話［人殺しや，人肉喰らいのこと］をでっちあげた者は一人もいませんでした．というのも，人が死刑になるところはたとえそれが法に則していても見るに耐えがたい，と

いうことを彼らは知っているのに，はたして彼らのいったい誰が人殺しや人肉喰いを告発したりするでしょうか．

剣闘士の武器や獣による闘い合いを，とりわけあなたがたによって提供されたものを何より面白いと思わない人（異教徒）が誰かいるでしょうか．しかしわたしたちとしましては，人が死に行く様子を見物することは，その人を殺すも同然だと考えるので，そのような見せ物が禁止されるよう進言して参りました．わたしたちは罪と汚れを負って苦しむことがないように見物することさえしないのですから，それではいったいどうして，そのようなわたしたちが人々を死に追いやることなどできるでしょうか．

堕胎（妊娠中絶）のための処置をする女性たちのことを殺人を犯していると言い，神の前に出てその堕胎について釈明（ロゴス）を示さなければならない，と言う，そういうわたしたちがいったいどんな釈明理由（ロゴス）に基づいて殺人を犯したりするでしょうか．というのも，一方で，その胎児が胎の中で生きているがゆえに神の［配慮の］下にあると考えていながら，他方で，その胎児がこの世での生（ビオス）へと移行した後では殺してしまうというのでは，まるで辻褄が合わないからです．

あるいはまた，一方で，赤子を路傍に捨ててはいけない，赤子を路傍に捨てる者は子殺しをする者だ，と咎めながら，他方で，乳養されて大きくなった生命を改めて破壊する，というのも同様に辻褄が合いません．

しかし，わたしたちはあらゆる点で完全に整合性があり見解を等しくしております．理性に仕える者たちであって，理性を統御する者たちではありません．

C　テルトゥリアヌス*『護教論』7, 1-2; 8, 7-8

われわれは礼拝のために嬰児を殺害し，その肉を喰らい，更に食べたあとで不貞な行為を犯した大罪人とされている．その理由は蠟燭をひっくり返す犬，すなわち不純な情欲をもえたたせる暗闇の見張りが大事にされていたというにある．しかもわれわれはいつもそう言われている．ただし，［あなた方は］こんなに長い間それを主張しながら，その真実性を探ることはしておられない．だからそう信じておられるのなら，それを探ってごらんになるか，あるいは探らないのなら，そうした疑惑を放棄されるかなさるがよい．それがあなた方の

捏造であるということは，あなた方自身が真実を探ろうとしないことからも，明らかに裏書きされている．(7, 1-2)

しかし入信を望むものは，普通最初に祭司のところにおもむき，準備すべき事項を書き記してくる習慣であるように思う．その時祭司がこう言ったとする．「必要なのはまだいとけない死を知らぬ赤ん坊である．あなたの刀の下でもほほえむ赤ん坊である．またそのしたたる血潮を集めるパンも必要だ．さらに燭台とあかり（油）と何匹かの犬と，犬にあかりをひっくりかえさせるために投げてやる餌が要る．とくにお前の母親と姉妹をつれて来なければいけない」と．もしそれに同意せず，あるいは母や姉妹がいなかったらどうなるのか．身内の全然いないキリスト教徒は結局どうしたらよいのか．だれかの兄弟あるいは息子でなければ，正規のキリスト教徒とはなれないということになるであろう．(8, 7-8)

D　リウィウス*『ローマ建国以来の歴史』XXXIX, 8, 3-8

一人の庶民の出のギリシア人がエトルリアにやってきた．エトルリア［イタリア北・中部］の土地は，あらゆる点で最高に教養ある民族で，われわれ［ローマ市民］に精神と肉体の陶冶に役立つものを数多くもたらしてきた．しかし，その男はそのようなものは何一つ持っておらず，一介の隠れ祭司で予言者だった．もっとも，宗教的儀式を演じて生業とし，自分の教説を誇示することで人々の心を迷信で満たすようなタイプの男ではなく，むしろ夜間に極秘で儀礼行為をする祭司だった．それは最初，ごく僅かな者たちだけに提供される密儀であったが，次第に多くの男と女たちの間に知られるところとなった．その宗教にやってくるのは，飲食好きの者たちで，彼らがさらに多くの者たちを引き寄せるのだった．酒が出て，夜になり，おまけに男が女と，若い女たちが年長者と入り混じり，羞恥心がまったくなくなったところで，いよいよあらゆる種類の破廉恥行為が始まった．なぜなら，誰もが本能が命じるままのことを存分に遂げることが造作なくできたからである．何かある特定の犯罪行為，あるいは自由身分の者たちや女たちとの無差別な淫蕩だけでは終わらなかった．同じ場所からは，虚偽の証人，印章，遺言と発言も生まれた．さらに，毒殺や暗殺も行われた．しかも，葬るべき遺体さえ後に残らないということがしばしばだった．実に多くのことが極秘の内に，暴力的に行われたのである．その暴力は隠されたままだった．というのは，周りで打ち鳴らされるタンバリンやシンバルの騒音があまりにひどいために，どのような暴力行為や殺害が行われても，助けを求める被害者の叫びが聞こえなかったからである．（大貫隆訳）

85 隠されたメシア →25

ヨハネ 7, 27

文脈は，イエスが「メシア」であるかどうかをめぐる議論である．ユダヤ教の議員たちは，ヨハネ 7, 27 のように発言した上で，イエスの場合はどこの出身か知れているからメシアではない，という論理を展開する．これがユダヤ教のメシア論の「教義」であったことは，殉教者ユスティノス*『ユダヤ人トリュフォンとの対話』からも証明される．エリヤについては→25 も参照．

ヨハネ 7, 27

27「しかし，わたしたちは，この人がどこの出身かを知っている．メシアが来られるときは，どこから来られるのか，だれも知らないはずだ．」

殉教者ユスティノス*『ユダヤ人トリュフォンとの対話』8, 4

［トリュフォンの発言］しかし，キリスト（メシア）がすでにどこかに生まれて，生きているとしても，まずエリヤが来て彼に油を注ぎ，すべての者にそのことを明らかにするまでは，誰もそうとは知らず，彼自身も自分がメシアだとは思っておらず，力も持っていないのだ．お前たち［キリスト教徒］は馬鹿げた噂を聞いただけのことであって，自分勝手にメシアを造り上げたに過ぎない．（大貫隆訳）

86 「わたしは世の光である」 →83のD-2

ヨハネ 8, 12

87 ユダヤ教共同体からのキリスト信徒の追放 →94

ヨハネ 9, 22-23

使徒言行録 11, 26 によると，パウロ（サウロ）がシリアのアンティオキア教会に所属するようになった前後から，その地で「弟子たちが初めてキリスト者と呼ばれるようになった」という．しかし，原始キリスト教とユダヤ教の両方の側で，互いに相手を自分とは異なる独立の宗教として認識するのは，後 1 世紀の末のことである．そのことを最も明瞭に示すのがヨハネ福音書である．特にその 9 章では，イエスによって生まれつきの盲目を奇跡的に癒された男とその両親がファリサイ人に召喚されて尋問されるが，両親は答弁を回避する．その理由が，イエスをメシアと告白すると，「会堂から追放」されると決められていたからと説明される．これは後 1 世紀末に生きているヨハネ福音書の著者と読者が直面しているユダヤ教との関係を物語の中に投影したものと考えるべきである．他方，ほぼ同じ頃，ユダヤ教の側では，毎日唱えることになっていた十八祈禱文（シェモーネ・エズレ）の第 12 祈禱に，キリスト教徒をはじめとする「異端」に対する呪詛の文言を追加している．この追加改訂が当時のユダヤ教をどの範囲まで拘束したかは，歴史学的および文献学的に不明なところも少なくない．しかし，その後 1 世紀末のユダヤ教とキリスト教の関係の趨勢を示すものであることは間違いない．

ヨハネ 9, 22-23

22両親がこう言ったのは，ユダヤ人たちを恐れていたからである．ユダヤ人たちは既に，イエスをメシアであると公に言い表す者がいれば，会堂から追放すると決めていたのである．23両親が，「もう大人ですから，本人にお聞きください」と言ったのは，そのためである．

ユダヤ教十八祈禱文（シェモーネ・エズレ）*

1　汝の御名が崇められますように．我らの神，我らの父祖の神，アブラハムの神，イサクの神，ヤコブの神，いと高き神，天地の造り主，我らの盾，我らの父祖たちの盾なる主．汝に栄光あれ．アブラハムの盾なる主．

2　汝は勇者，強き者，永久に生きる者，死人を甦らせる者，生ける者たちをみそなわし，死ぬる者たちを活かす者．汝に栄光あれ，死者を甦らせる者．

3　汝は聖にして，その御名は恐るべきなり．汝の他に神なし．汝に栄光あれ，聖なる神．

4　我らの父よ，我らに汝の悟りを与え，汝の律法から知識の悟りを与えたまえ．知識を与えたまう方，汝に栄光あれ．

5　主よ，我らを引き戻し，悔い改めさせたまえ．我らの日々をかつてのごとくならしめたまえ．主よ，悔い改めを嘉したまう者，汝に栄光あれ．

6　父よ，我らを赦したまえ．我らは汝に向かって罪を犯しぬ．汝の目から，我らの罪を遠ざけたまえ．惜しみなく罪を赦したまう主よ，汝に栄光あれ．

7　我らの苦しみに目を留めたまえ．我らの志を果たさせ，汝の御名のために我らを救い出したまえ．汝に栄光あれ，イスラエルの救い主なる主に．

8　主，我らの神よ，我らの心の痛みを癒したまえ．我らの傷を癒したまえ．汝に栄光あれ，イスラエルの病を癒す方よ．

9　主よ，我らの神よ，この年を祝福し，地に生えるすべての作物を実らせ，我らの救いの定められた年を来らせたまえ．地には露と雨を与えたまえ．汝の慈愛の宝によってこの世を満たし，我らの手のわざに祝福を与えたまえ．年々に恵みを与えたまう主よ，汝に栄光あれ．

10　大いなるラッパを我らの解放のために吹き鳴らして進め．我ら散らされた者たちを集める旗を高く掲げよ．イスラエルの民の散らされた者たちを集めたまう主よ，汝に栄光あれ．

11　我らの上にかつてのごとくに裁き人を立て，初めのごとくに長老たちを与えたまえ．そして汝がただ一人，我らの上に王となりたまえ．正義を愛する主よ，汝に栄光あれ．

12　異端者どもにはあらゆる希望を失せさせ，不遜な支配者ども［＝ローマ帝国］を急いで汝の手で根こそぎにしたまえ．ナザレ人ら［＝キリスト教徒］と異端者どもは，瞬く間に滅び失せ，命の書から消し去られ，義人と共にその名を記されることがありませんように．不義を退けたまう主よ，汝に栄光あれ．

13 義しい改宗者たちの上に，汝の憐れみを雨と注ぎたまえ．汝の御心を行う者に大いなる報いを与えたまえ．義人の拠り所なる主よ，汝に栄光あれ．

14 主よ，我らの神よ，汝の大いなる憐れみによって，汝の民なるイスラエル，汝の大いなる都エルサレム，汝の栄光の住処たるべきシオン，汝の宮，汝の家，ダビデの家の王位，汝の義なるメシアの王位に，憐れみをかけたまえ．エルサレムを建て起こす神，ダビデの神なる主，汝に栄光あれ．

15 主よ，我らの神よ，我らの祈りの声を聞きたまえ．我らを憐れみたまえ．汝は恵みにあふれる憐れみ深い神．願いを聞き入れたまう主よ，汝に栄光あれ．

16 主よ，シオンに住みたまうことが汝のよしとするところとなり，汝の僕たる我らがエルサレムで仕えることができるようにならんことを．汝に栄光あれ，主よ，我らは恐れつつ汝に仕えん．

17 主よ，我らの神よ，我らの父祖の神よ，汝が我らと我らの父祖たちに示されたすべての良きことと愛と憐れみに感謝します．我らが足が震えると言った時，汝は我らを支えたもうた．すべて良きことを与えたまう主よ，汝に栄光と感謝があらんことを．

18 汝の平安を汝の民イスラエルと汝の都と汝の嗣業の上に注ぎたまえ．我らを常に変わらず祝福したまえ．平安を作り出す主よ，汝に栄光あれ．

88 羊飼いと羊 →60

ヨハネ 10, 11-14

ルカ 15, 3-7 の「見失った羊」の譬えでは，羊飼いは見つけた羊を肩に担いで連れ帰る（5 節）．ヨハネ 10, 11 以下では，イエスは自分を「善い羊飼い」として提示している．いずれの背後にも，羊飼いの実際の行動（後出の図版参照）とそれを政治的支配者（王）と被支配者（国民）の間の関係になぞらえる比喩の伝統がある．この比喩の伝統は古代地中海世界においては，非常に古い時代から跡づけることができる．ここでは一例として，クセノフォン*『キュロスの教育』の該当箇所（VIII, 2, 13-14）を紹介する．

ヨハネ 10, 11-14

11わたしは良い羊飼いである．良い羊飼いは羊のために命を捨てる．12羊飼いでなく，自分の羊を持たない雇い人は，狼が来るのを見ると，羊を置き去りにして逃げる．――狼は羊を奪い，また追い散らす．――13彼は雇い人で，羊のことを心にかけていないからである．14わたしは良い羊飼いである．わたしは自分の羊を知っており，羊もわたしを知っている．

A　クセノフォン*『キュロスの教育』VIII, 2, 13-14

彼が贈り物の大きさにおいてまさっていたのは，もっとも富める者であったから，不思議でない．だが，王として友人たちを尊重し，配慮している点で他に抜きんでているのは，より注目すべきことである．だから，彼が友人たちへの配慮において劣っているのをもっとも恥じたのは明白である，と言われている．よい牧者とよい王の仕事は似ている，と言っている彼の言葉も記憶されている．牧者は家畜の幸せの範囲において彼らを幸せにして彼らを利用しなければならないし，王も同じように諸都城や人間たちを幸せにして彼らを利用しなければならない，と彼は言っている．このような考えを持っているのであれば，支配下の者たちへの配慮においてすべての人間を凌駕しようと彼が競うのは，何ら不思議なことでない．

B　マンダ教文書『ヨハネの書』*Lidzbarski 44, 27-45, 5　→83 の D-1

わたしは善い羊飼いである．わたしは自分の羊を愛し，子羊にも牧草を与える．わたしは首の周りに羊を担いで運ぶ．羊たちは村から遠くに行くことがない．わたしは羊たちが水のざわめきを見て，水を怖がるようにならないために，また羊たちの喉が渇いても，水を飲むことがないように，彼らを水辺に連れて行くことはない．わたしは彼らを担いで，私の空の手から飲ませて満足させる．

わたしは彼らを良い垣根の中に入らせ，私の側で草を食ませる．

善い羊飼い（Museo Cristiano Lateranese, Roma）

89 「一人が滅びる方が国民全体が滅びるよりもよい」
ヨハネ 11, 50

ここでは，ユダヤ教の大祭司カイアファが最高法院で演説しており，イエス一人が滅びる方が，国民全体がローマによって滅ぼされるよりも好都合だと言う．ヨハネ福音書の著者がこの場面を描くよりもおそらく30年近くも前の後68年，自殺した皇帝ネロの跡目を彼の配下の将軍たちが争った．その一人であったオトーは，ウィテリウスの前に敗色濃厚となったとき，自分の軍隊の兵士たちを生き延びさせるために，自分一人を死にわたす．ディオ・カシウス*の『ローマ史』が描くその最期の演説の中に，ヨハネ 11, 50と酷似した文言が現れる．単なる偶然とは思われないものがある．

ヨハネ 11, 50

50「一人の人間が民の代わりに死に，国民全体が滅びないで済む方が，あなたがたに好都合だとは考えないのか.」

ディオ・カシウス*『ローマ史』 63, 13, 1

もう争いは十分だ．わたし［オトー］はたとえ自分が勝利を収めるにしても，市民同士の内乱を憎んでいる．わたしは，よし仮にわたしの味方ではないとしても，すべてのローマ市民を愛している．神々の思し召しであれば，ウィテリウスが勝利を収めればそれでよい．彼に従う兵士たちにも助命が行われるのがよいと思う．ただ一人の人間がすべての者の代わりに死ぬ方が，多くの者がたった一人のために亡びるよりも，はるかによいことだし，正義にもかなうことだ．ローマ国民がたった一人の男のために仲違いし，その結果，かくも膨大な数の人間が殺されることに，わたしは反対だ．（中略）それゆえ，お前たちはどうかわたしを強いて，わたしが憎んでいる者たちの一人にはしないでもらいたい．そして，わたしが賞賛する者たちの一人に倣う者となることを妨げないでもらいたい．お前たち自身は勝利者のもとに行き，彼に仕えるがよい．わたし自身について言えば，わたしは自分で自分を解き放つことにする．それはすべての者が知るためだ．お前たちが皇帝に選んだのは他でもない，自分自身の命を救うためにお前たちを捨て去るような男ではなく，むしろお前たちが生き延びるために，己れを捨てた男であったということを．（大貫隆訳）

90 なつめやしの枝

ヨハネ 12, 13-17

ヨハネ 12, 12-15 は，イエスがエルサレムに入城する場面である．どの共観福音書にも並行場面（マルコ 11, 7-11／マタイ 21, 7-11／ルカ 19, 35-38 →30）があるが，群衆が「なつめやしの枝」を持って出迎えるのは，ヨハネの場合だけである．「なつめやし」は古代地中海世界の象徴言語では，「永生」を意味した．おそらくヨハネはそれを承知で書いているのである（12, 17 に要注意）.

図版（a）～（c）は，ユダヤ教に関係する骨つぼに彫られた図柄で，それぞれの中央に「なつめやし」が置かれている．図版（d）～（f）は古代エジプトの墓に施された図柄で，（d）と（e）は葬送行列，（f）は葬送の行列が墓に到着したところで土器を割る儀礼を表現している．いずれの場合にも，「なつめやし」の枝が使われている．図版の出典など，詳細については以下を参照：Petra von Gemünden, *Die Palmenzweige in der Johanneischen Einzugsgeschichte*（*12, 13*）. *Ein Hinweis auf eine symbolische Uminterpretation im Johannesevangelium?*, in : *Picturing the New Testament*, A. Weissenrieder, F. Wendt and P. von Gemünden（ed.）, Tübingen 2005.

ヨハネ 12, 13-17

13(祭りに来ていたエルサレムの群衆が）なつめやしの枝を持って迎えに出た．そして，叫び続けた．「ホサナ．主の名によって来られる方に，祝福があるように，イスラエルの王に.」(中略) 17イエスがラザロを墓から呼び出して，死者の中からよみがえらせたとき一緒にいた群衆は，その証しをしていた.

（a）

（b）

(c)

(d)

(e)

(f)

なつめやし (Petra von Gemünden, *Die Palmenzweige in der Johanneischen Einzugsgeschichte* (*12, 13*). *Ein Hinweis auf eine symbolische Uminterpretation im Johannesevangelium?*, in : *Picturing the New Testament*, A. Weissenrieder, F. Wendt and P. von Gemünden (ed.), Tübingen 2005, S. 216, 217, 219)

91 「光の子」

ヨハネ 12, 36

イエスが公の活動から一旦身を引くに当たっての発言である.「光の子(ら)」は対語として「闇の子(ら)」を前提している. ヨハネ福音書に独特な二元論的な言語の一部である. この対句にもっとも近い並行例の一つが『死海文書』の『宗規要覧』にある.

ヨハネ 12, 36

36「光の子となるために, 光のあるうちに, 光を信じなさい.」

『死海文書』*「宗規要覧」 3, 24-4, 1

そして彼(闇の天使)に割当てられた霊どもはみな光の子らを躓かせようとする. しかしイスラエルの神とその真実の御使いはすべての光の子らの[道

に］すべての行いがあり，［テキスト欠落］彼らの道に．（それらのうちの）一つ［の霊］を神はあらゆる永遠の時にわたって愛し，そのすべての行いを常に喜び給う．［他の］一つ［の霊］については，その集まりを彼は厭い，そのすべての道を永久に憎み給う．

92 天上の住まい

ヨハネ 14, 2-3

ここでイエスが言う天上の住まいに表象上もっとも近い文言は，『エチオピア語エノク書』*に見られる．

ヨハネ 14, 2-3

2わたしの父の家には住む所がたくさんある．もしなければ，あなたがたのために場所を用意しに行くと言ったであろうか．3行ってあなたがたのために場所を用意したら，戻って来て，あなたがたをわたしのもとに迎える．こうして，わたしのいる所に，あなたがたもいることになる．

『エチオピア語エノク書』 39, 4; 41, 2

そのとき，雲と突風がわたし［エノク］を地上からさらっていき，天の果てにわたしを坐らせた．そこにわたしは別な幻，義人たちの住処と聖人たちの安住の地を見た．（39, 4）

そこにわたしは選民の住処と義人たちの住処を見た．（41, 2）

93 友のために命を捨てる →115

ヨハネ 15, 13

この言葉によってイエスは弟子たちに互いに愛し合うことを命じる．文脈からみて，この言葉は読者にもよく知られていた格言であったように思われる．事実，ヘレニズム思想史にも並行する文言が見つかる．

ヨハネ 15, 13

13「友のために自分の命を捨てること，これ以上に大きな愛はない．」

A　アリストテレス*『ニコマコス倫理学』 1169a16-22

よきひとは，これに反して，彼のなすべきところを彼はまたなすのである．けだし，知性（ヌース）はすべて自己にとっての最善なものを選ぶのであるし，よきひとは知性の命ずるところに服するのだからである．もとよりこのことは，よきひとが友のためや祖国のために多くのことをなし，必要ならばそれらのために生命をも捨てるという一面のあることを否定するものではない．事実，彼は財貨とか名誉とか総じてひとびとの奪い合うもろもろの善を放棄することを辞しない．

B　セネカ*『倫理書簡集』 I 9, 10

「では，あなたは何のために友人を作るのですか．」その人のためなら死ねる相手を得るため，その人についていくなら流刑地にも行ける相手を得るため，その人に死が迫ったとき，わが身を身代わりとして犠牲にできる相手を得るためだ．

94　ユダヤ教徒からの迫害　→87

ヨハネ 16, 1-3

使徒言行録

95 神の計画と予知

使徒言行録 2, 23

イエスの十字架刑は，神の「計画と予知」に従って起きたことだという．これはルカ文書（ルカ福音書と使徒言行録）を一貫するいわゆる「摂理史観」全体を束ねるキーワードである．イエスの生涯に限らず，世界の創造から来るべき終末まで，世界史の中で起きるすべての出来事が神の「計画と予知」に従って，「起きねばならない」（ルカ 4, 43; 13, 33; 17, 25; 21, 9; 22, 37; 24, 7. 26. 44; 使 3, 21; 19, 21; 23, 11; 27, 24 他）ことなのである．この摂理史観は明らかに，同時代のヘレニズム世界で広範囲に広まっていたストア派の摂理観を意識して，それを作り替えようとするものである．そのストア派の摂理観を証言するテキストは数多いが，ここでは二つに限って紹介する．一つはローマの学説史家キケロー（前 106-43 年）の著作の中にある間接的な報告，もう一つは自らストア哲学をもって身を処したローマ皇帝マルクス・アウレリウス*（在位後 161-180 年）が書き留めた断章である．

使徒言行録 2, 23

23このイエスを神は，お定めになった計画と予知により，あなたがたに引き渡されたのですが，あなたがたは律法を知らない者たちの手を借りて，十字架につけて殺してしまったのです．

A　キケロー*『神々の本性について』III, 92

あなたがたは，このことを迷信や老婆の小話ではなく，自然哲学のゆるぎない理論に基づいて語っていると主張する．すなわち，万物を構成し，万物を包含する事物の材料は，全体として柔軟性に富み，変化しうる性質をもつため，たとえいかに突然であれ，この材料から形成されないもの，形を変えて生み出されないものは何一つないのだ，と．また，神の「摂理」こそ宇宙全体の制作者，支配者にほかならず，それゆえ「摂理」はどこに向かおうと，何であれ己の望むことを実現できる，とあなたがたは言う．

B　マルクス・アウレリウス*『自省録』XII, 23

いかなる形の活動も，その寿命に従って停止する場合には，停止したということによってなんの害もこうむらない．またこの活動の行為者もこの活動の停止ということによってなんの損害もこうむらない．同様に，われわれのあらゆる行為の総計であるこの人生は，それがしかるべき時期に終るならば，終ったということによってなんの害もこうむらない．またこの行動の連鎖を，しかるべき時期に停止せしめた者も損害を受けない．この時期，この期限は自然が定める．それは時には或る個人の［内なる］自然である．たとえば老齢の場合のように．しかし一般には宇宙の自然であって，その自然の各部分が変化することによって全宇宙はつねに若く壮んに保たれるのである．しかるに全体にとって有益なことはつねに美しく，またつねに時にかなっている．ゆえに人生の終末も各個人にとって悪いことではないばかりではなく――なぜならばそれはわれわれの自由意志の範囲外にあり，また公益にとって害のないものである以上，その人間にとって恥ずべきことではない――更に善いことなのである．なぜならばそれは全体にとって時宜を得たものであり，有益なものであり，全体と動きをともにするものである．かように神と同じ道に従って身を運び，自己の判断により神と同じ目的に向かって身を運び行く者は，実に神に運ばれる者にほかならないのである．

96 原始エルサレム教団の財産共有制

使徒言行録 2, 44-47; 4, 32-37

この箇所によれば，最初期の原始エルサレム教団の生活は，財産を共有して神への賛美と祈りに専心する共同生活であった．明らかにそれは，史実そのものの報告ではなく，使徒言行録の著者ルカの理想化する叙述が作り出したものである．他方で，ほぼ同時代のユダヤ人であるアレクサンドリアのフィロン*と歴史家ヨセフス*は，ユダヤ教の中のエッセネ派と呼ばれる宗派がやはり財産を共有する共同生活をしていたことを報告している．また，『死海文書』の一つの「宗規要覧」には，それと部分的に合致する共同生活を証言する記述が見つかる．さらには，後3世紀から4世紀にかけて活動した新プラトン主義者イアンブリコス*も，ピュタゴラス主義者たちの共同生活について述べる著作の中で，きわめてよく似た報告を行っている．おそらくすでにルカの時代のヘレニズム文化圏では，同じ信仰によって結束した共同体生活がどうあるべきかについて，一定の理想像のようなものが流布していたのではないかと推定される．

使徒言行録 2, 44-47; 4, 32-37

2,44信者たちは皆一つになって，すべての物を共有にし，45財産や持ち物を売
り，おのおのの必要に応じて，皆がそれを分け合った．46そして，毎日ひたすら
心を一つにして神殿に参り，家ごとに集まってパンを裂き，喜びと真心をもって
一緒に食事をし，47神を賛美していたので，民衆全体から好意を寄せられた．こ
うして，主は救われる人々を日々仲間に加え一つにされたのである．

4,32信じた人々の群れは心も思いも一つにし，一人として持ち物を自分のもの
だと言う者はなく，すべてを共有していた．33使徒たちは，大いなる力をもって
主イエスの復活を証しし，皆，人々から非常に好意を持たれていた．34信者の中
には，一人も貧しい人がいなかった．土地や家を持っている人が皆，それを売っ
ては代金を持ち寄り，35使徒たちの足もとに置き，その金は必要に応じて，おの
おのに分配されたからである．36たとえば，レビ族の人で，使徒たちからバルナ
バ――「慰めの子」という意味――と呼ばれていた，キプロス島生まれのヨセ
フも，37持っていた畑を売り，その代金を持って来て使徒たちの足もとに置いた．

A　ヨセフス*『ユダヤ戦記』II, 119-122

ユダヤ人の間には三つの哲学の派があり，第一の派に属するのはパリサイ，第二はサドカイであり，第三のものは，神への献身を実践することで有名なエッセネと呼ばれる群である．彼らは生粋のユダヤ人であって，他の宗派にまさって互いに愛し合う．（中略）彼らは富を軽蔑する．彼らの間で驚嘆すべきことは財産の共同制である．一人として他の者より多くの富を持つ者はいない．この宗派に入る者はその財産を宗団全体の用途のために手渡す規定があり，その結果，彼らの中には貧困のゆえにはずかしめられる者もなく，余分の富を持つ者もない．すべての個人の所有は一つに集められ，兄弟である全員の共有財産となる．(1)

(1) ヨセフス*『ユダヤ古代誌』XVIII, 20 も参照.

B　フィロン*『正しい人はみな自由である』§85-86

まず第一に，誰の家もその人個人のものではないが，万人にとって共同のものであるというわけでもない．実際それは同じグループ（結社）の共同生活のために開放されているのみでなく，よそからやって来る同信の者たちのために開かれている．

次に，彼らは一つの金庫を全員が共有し，共同会計であり，衣類も共有，食事も共同で，一緒に集まって食べるのである．同じ屋根の下で共同の生活をし，食卓も共有しているという生き方を，これほどに徹底して行っているのは，彼ら以外には見出し得ないであろう．それも当然のこと，彼らは一日働いて手に入れる報酬を個人のものとしてしまい込むことなく，すべて［皆の］真ん中に提出し，共同のものとして，それを利用したいと望む者たちの便宜に供するのである．(1)

(1) 同じフィロンの著作では，『ヒュポテティカ』（ユダヤ教徒弁護論）と『観想的生活』がそれぞれ全編にわたって，エッセネ派の共同生活を記述している．

C　『死海文書』*「宗規要覧」I, 11-12; VI, 17-25

神の真実に対して志願する者はみな，そのすべての知識と力と持物を神の共同体にもたらし，その知識を神の定めの真実によって清め，その力を彼の道の

完全さに応じ，またその持物すべてを彼の義のはかりごとに応じて，ととのえること．(I, 11-12)

彼［入会志願者］はまた多数者の持物を共有してはならない．共同体の中で満一年たったとき，多数者は彼の諸々の事柄を律法におけるその見識と業とに従って審議し，祭司たちとその契約に属する多数の人びととの意見で，共同体の集まりに近づけるよう決定されたならば，彼の持物や仕事をもまた多数者の仕事を監督する者の手に渡し，それらは彼によって会計に書き入れられるが，彼はそれらを多数者に渡してはならない．共同体の人びとの中で第二年目を終わるまで彼は多数者の飲み物に触れてはならない．第二年目を終えたら彼（監督）はその者を多数者の意見に基づいて試験し，共同体に近づけるよう決定されたら，彼は律法のため，掟のため，潔めのためまたその者の持物の融合のため兄弟たちの間でのその者の順位を規律に書き入れる．こうしてその者の議事と判断は共同体のものとなる．

以下は諸事件に応じ，共同の調査によって彼らが下すべき罰則である．もし彼らの中に知っていて持物をいつわる者が見出されたら，彼を一年間多数者の潔めから分離し，その食物の四分の一の罰が科される．(VI, 17-25)

D　イアンブリコス*『ピュタゴラス伝』§29-30

まず彼［ピュタゴラス］は，世にあまねく知られた町クロトーンで，一度警告の演説をしたことがあった．その結果，多くの信奉者を得ることとなった．六百人ほどの人々が彼のもとに集まったと言われている．彼らはピュタゴラスが伝えた哲学に魅了されたというだけではなくて，彼が定めたいわゆる「財産共有制」にも参加したのである．そうした者たちは「哲学する者」と呼ばれた．しかし，その他の多数者は講義を聴く者たちで，「聴聞者」と呼ばれた．ピュタゴラスがイタリアにやってきて初めて行った僅か一回の講義で，二千人以上もの聴聞者が生まれたと言われる．彼らはあまりに深い感銘を受けたので，もはや自宅に戻ろうとせず，妻子も連れて「聴聞者の家」と呼ばれる巨大な家族を作り，「大ギリシア」と名付けた場所に一緒に住んだ．彼らは法と規律をピュタゴラスから与えられた．彼らはそれらをあたかも神からの掟のように考えて，そのすべてに従って生活した．彼らは心を一つにして，同信者たちすべてから成る集会に対して忠実だった．そして周囲の人々からも尊敬され，至福な者たちとして賞賛されていた．財産については，すでに触れた通り，全員に共通の富としていた．そしてそれ以後，ピュタゴラスを神々の一人に数えて，善なる神霊かつ人類の友として崇めたのである．（大貫隆訳）

E　イアンブリコス*『ピュタゴラス伝』§81

ピュタゴラスは［教団の内の］「ピュタゴラスの徒」たちには，財産の共有と不断の共同生活を命じたが，他の者たちには，私有財産を保持することを許すとともに，定期的に一定の場所に集まって共同で学習することを命じた．（大貫隆訳）

F　イアンブリコス*『ピュタゴラス伝』§168

ピュタゴラスは弟子たちの本性から私有財産への執着を完全に追放し，それに代えて，共同のものへの感覚を強めたのである．その点で彼は，実に些細な私有物に至るまで妥協しなかった．なぜなら，それらも不和と混乱を引き起こし得るからであった．すべてのものが，いささかの違いもなしに，すべての者の持ち物であった．誰一人として私的には何一つ所有しなかった．そのような共同生活を気に入った者は，共有財産をこの上なく正義に即して用いた．それが気に入らない者は，あらかじめ供出した分よりも多くのものを受け取ってから，教団を立ち去った．（大貫隆訳）

97　テウダ，ガリラヤのユダ　→31, 34のC

使徒言行録5, 36-37

ユダヤ教の最高法院による原始エルサレム教会の指導者たちに対する審問の場で，ガマリエルという名のファリサイ派のリーダーが演説し，彼らに対する慎重な取り扱いを提案している．その理由として，つい最近，ローマの支配に抵抗して発生し，瞬く間に弾圧された二つの武力反乱 —— 一つはテウダの乱，もう一つはガリラヤのユダの乱（→31）――が挙げられている．使徒言行録の著者ルカは，二つの反乱が歴史的にもこの順番で起きたと考えている．しかし，それは勘違いによるもので，実際にはガリラヤのユダの乱（後6年）が先で，テウダの乱がそれより約40年弱遅れて発生している．そのいずれについても，ヨセフスの報告がある．前掲の31，34のCに挙げた本文を参照．

使徒言行録 5, 36-37

36「以前にもテウダが，自分を何か偉い者のように言って立ち上がり，その数四百人くらいの男が彼に従ったことがあった．彼は殺され，従っていた者は皆散らされて，跡形もなくなった．37その後，住民登録の時，ガリラヤのユダが立ち上がり，民衆を率いて反乱を起こしたが，彼も滅び，つき従った者も皆，ちりぢりにさせられた．」

98 貧しい者への給食

使徒言行録 6, 1-2

貧しいメンバーに食事を配給するという慣行の背後には，すでにユダヤ教の中で培われてきた貧民救済の伝統がある．ほぼ同時代（後1世紀）の著作である『ヨブの遺訓』の中に，この伝統を窺わせる記事がある．

使徒言行録 6, 1-2

1そのころ，弟子の数が増えてきて，ギリシア語を話すユダヤ人から，ヘブライ語を話すユダヤ人に対して苦情が出た．それは，日々の分配のことで，仲間のやもめたちが軽んじられていたからである．2そこで，十二人は弟子をすべて呼び集めて言った．「わたしたちが，神の言葉をないがしろにして，食事の世話をするのは好ましくない．」

『ヨブの遺訓』*10, 1-11, 4

さらにわたしの家には，いつも外来者用専用に，30の食卓が固定してあった．また寡婦たちのためにはその他にも12の食卓が用意されていた．もしだれか見知らぬ人が物乞いにやって来たならば，その人はほどこしを受ける前に必ず食卓で供応されることになっていた．空腹のまま門から出て行くことはわたしが許さなかった．わたしは3500くびきの牛を持っており，そのうちの500くびきを選んで，畑を耕させた．牛たちはそれを受け取った者たちすべての畑で，耕作をすることができた．そしてそれら［の働き］によって得られた収穫は貧しい人々に食べさせるためにその食卓用に取っておいた．さらに貧しい人々の食卓に供するため［のパンを焼くため］のパン焼き小屋が50あった．また，わたしのこのような願いを知って，自分もこのような奉仕の業に参加したいという外来者もあった．また手もと不如意で差し出すべき財産がないという他の人は，やって来てこう言って懇願した．「どうかお願いです．わたしたちにもこの奉仕を全うすることができるでしょうか．わたしたちはなにも持っていないのですが．そこで，どうかわたしたちに憐れみをかけ，わたしたちに金を貸してください．そうすれば，遠くの町へ行って商売し，そして貧しい人々に奉仕することができるでしょう．そしてその後で［お借りしたのと］同額をお返しいたします．」

99 魔術師および「神の大能」シモン
使徒言行録 8, 10-11

フィリポによるサマリア伝道を描く文脈である．その地に，シモンという男がいて，魔術によって民衆を驚かせ，「神の大能」とも呼ばれていたが，フィリポの説教を聞いて洗礼を受けた．そこへペトロとヨハネがエルサレムからやってきて，受洗者たちが聖霊も受けるように仲介する．シモンはそれを見て，自分も同じように聖霊を授ける能力を得たいと考え，使徒たちからそれを金で買収しようと試みる（8,18-19)．その後，後2世紀の半ばになると，このシモンを教祖と仰ぐグノーシス主義グループが登場する．そのグループは，研究上「シモン派」と呼ばれる．次に挙げる二つの断章は，いずれも後2世紀の反異端論者の著作からの抜粋である．そこからは，シモン派が独特な神話を形成していたことが明瞭に読み取られる．

使徒言行録8, 10-11

10それで，小さな者から大きな者に至るまで皆，「この人こそ『大能』といわれる神の力だ」と言って注目していた．11人々が彼に注目したのは，長い間その魔術に心を奪われていたからである．

A　ユスティノス*『アントニヌスに宛てたキリスト教徒のための弁明（第一弁明）』26, 2-3

まずシモンというサマリア人で，ギッタイと呼ばれる村の出身者ですが，この者はクラウディウス・カイサルの時代にあなたがたの帝都ローマで，背後に働く悪霊の術により魔術の異能を行ったので，神と見なされ，あなたがたは立像を据えて神への栄誉を献げました．その立像はティベル河にある二つの橋の間に立っており，ローマ人の言葉で次のような碑文を有しております．SIMONI DEO SANCTO（シモン，聖なる神に）．また，ほとんどのサマリア人が，僅かながら異邦の人々もまじえて，彼を第一の神と告白し，礼拝しております．人々はその頃彼に付きまとっていたヘレネという者，以前には遊女屋に立っていた女を，彼から生まれた最初の思惟（エンノイア）であると呼んでおります．

B　エイレナイオス*『異端反駁』1, 23, 2-3

すべての異端説はサマリアのシモンにさかのぼる．そのシモンが唱えた教えの要点は次のとおりである．彼はヘレナと呼ばれる女を連れていた．彼女はフェニキアのテュロス生まれの遊女で，彼はこの女を買い取っていたのである．彼はその女を彼の霊の最初のエンノイア（思惟）と呼んだ．そして彼女は万物の母であって，彼はまず最初に内なる霊において，その彼女によって天使たちと天使長たちを造ることを決めたのだと言う．そのエンノイアは彼から外へ出た後，彼女の父［シモン］が何を望んでいるかを認識した．それから彼女は下方の領域へ降りて行った．そして天使たちと諸々の勢力を生み出した．シモンの言うところでは，この世界は彼らによって造られたのである．さて，エンノイアは彼らを生み終わったとき，今度は彼らから妬まれて捕まってしまった．なぜなら，彼らは誰か他の者の子孫だと見なされるのが嫌だったからである．すなわち，シモン自身は彼らにはまったく知られていなかったのである．そういうわけで，エンノイアは，他でもないそのエンノイアからの流出に他ならないもろもろ勢力と天使たちに捕まってしまって，彼らから実に多くの辱めをうけなければならなかった．そのために，もはや彼女は上なる父のもとへと戻って行くことができなかった．むしろ人間の身体の中へ閉じ込められ，時間の経過に沿って，まるで一つの器からまた別の器へ移るかのように，次々と他の女の身体を渡り歩いた．そしてトロヤ戦争が起きた時には，彼女は他でもないあのヘレナの中にいたというわけである．（中略）そのようにある身体から別の身体へと渡り歩く間，彼女は常に恥辱を蒙り，最後には女郎屋に住むところまで身をやつしたのである．彼女こそ，あの失われた羊［ルカ 15, 4-6］に他ならない．それゆえ今やシモン自身が降りてきて，彼女を自分の最初の伴侶とし，彼女をその軛から解放するとともに，人間たちが彼を認識することによって，救われるようにしたのだという．（大貫隆訳）

100 クラウディウス帝治下の大飢饉

使徒言行録 11, 28

皇帝クラウディウス（在位後 41-54 年）の時代に飢饉が起こったという記録は，以下のスエトニウス*が伝えるものも含め，いくつか残っている．スエトニウスのものは，タキトゥス*『年代記』12, 43 が伝える飢饉と同一だとすれば，51 年のことになる．ただし，ルカはこの飢饉をバルナバとパウロのエルサレム旅行と結びつけている（30 節）．だとすると 51 年という年はパウロが（バルナバと決別して）いわゆる第二次伝道旅行に出て，コリントにも滞在した期間のはずなので（→108），辻褄が合わない．ルカは別の飢饉のことを考えていたのか，もしくは情報が不完全だったのだろうか．

使徒言行録 11, 28

28その中の一人のアガボという者が立って，大飢饉が世界中に起こると霊によって予告したが，果たしてそれはクラウディウス帝の時に起こった．

スエトニウス*『ローマ皇帝伝』 V：「クラウディウス伝」18

しかし凶作が続き，食糧事情が逼迫してきたある日のこと，クラウディウスは中央広場のまん中で群衆に押しとめられ，罵詈雑言とともに，パン屑も浴びせられ，やっとのことで，しかも裏門を通って初めてパラティウムに難を避けることができたほどである．

101 ペトロが牢獄から奇跡的に解放される
使徒言行録 12, 6–19

ヘロデ・アグリッパ 1 世（→102 の解説）によるパレスティナのキリスト教徒迫害の際に投獄されていたペトロが，復活のキリストから遣わされた天使によって，奇跡的に解放される話である．ペトロの手を牢獄につないでいた二本の鎖が奇跡的に外れ落ちたと言われる．使徒言行録には，この他にも，使徒たちが主（キリスト）の天使によって奇跡的に牢獄から救出される話が繰り返し語られる（5, 17–26; 16, 16–34）．この背後には，ヘレニズム文化圏とユダヤ教の両方に跨がって広範に伝播していた奇跡物語の類型が前提されている．これについては，O. Weinreich, *Türöffnung im Wunder- und Prodigien- und Zauberglauben der Antike, des Judentums und Christentums*（1929）に多数の事例が蒐集されている．ここでは，その内から，フィロストラトス*『テュアナのアポロニオス伝』VII 38 だけを挙げる．テュアナのアポロニオス*は，ローマ皇帝ドミティアヌスによる尋問を受けるために牢獄に拘禁されている．しかし，実は彼は自分の足を鉄枷に自由自在に出し入れすることができる．それは彼が人間を超えた存在であることの証しである．

使徒言行録 12, 6-19

6ヘロデがペトロを引き出そうとしていた日の前夜，ペトロは二本の鎖でつな
がれ，二人の兵士の間で眠っていた．番兵たちは戸口で牢を見張っていた．7す
ると，主の天使がそばに立ち，光が牢の中を照らした．天使はペトロのわき腹を
つついて起こし，「急いで起き上がりなさい」と言った．すると，鎖が彼の手か
ら外れ落ちた．8天使が，「帯を締め，履物を履きなさい」と言ったので，ペトロ
はそのとおりにした．また天使は，「上着を着て，ついて来なさい」と言った．
9それで，ペトロは外に出てついて行ったが，天使のしていることが現実のこと
とは思われなかった．幻を見ているのだと思った．10第一，第二の衛兵所を過ぎ，
町に通じる鉄の門の所まで来ると，門がひとりでに開いたので，そこを出て，あ
る通りを進んで行くと，急に天使は離れ去った．11ペトロは我に返って言った．
「今，初めて本当のことが分かった．主が天使を遣わして，ヘロデの手から，ま
たユダヤ民衆のあらゆるもくろみから，わたしを救い出してくださったのだ．」
（中略）17ペトロは手で制して彼らを静かにさせ，主が牢から連れ出してくださ
った次第を説明し，「このことをヤコブと兄弟たちに伝えなさい」と言った．そ
して，そこを出てほかの所へ行った．

18夜が明けると，兵士たちの間で，ペトロはいったいどうなったのだろうと，
大騒ぎになった．19ヘロデはペトロを捜しても見つからないので，番兵たちを取
り調べたうえで死刑にするように命じ，ユダヤからカイサリアに下って，そこに
滞在していた．

フィロストラトス*『テュアナのアポロニオス伝』VII 38：アポロニオスが自分の鉄の足枷を解く

［ダミスという名前の従者がアポロニオスにこう訊ねる］「あなたはここから救出されることがあるとお思いでしょうか？」アポロニオスは答えた．「尋問の結果としてならば，今日中にそうなるでしょう．しかし，私自身の気持ちがどうかというならば，今すぐこの場で．」

こう言うや否や，アポロニオスは自分の足を鉄枷からスルリと抜いてしまった．そしてダミスに言った．「これがお前に見せてあげられる私の自由放免の証拠だよ．元気を出しなさい．」

ダミスが言うには，その時初めて彼はアポロニオスの本質を本当に理解した

そうである．アポロニオスは神がかかりで，人間を超えた存在であることを．なぜなら，神々に何の供犠を捧げたわけでもなく——なぜなら，彼は牢獄にいたのだから，供犠などできたわけがない——神々に祈ったわけでもなく，たった一言も喋らずに，ただもう自分の鉄枷を静かに嘲笑していたのだから．それからアポロニオスは自分の足を再び鉄枷の中に通して，それまで通りの囚人の身ぶりに戻ったそうである．（大貫隆訳）

102 ヘロデ・アグリッパ1世の急死
使徒言行録 12, 20-23

使徒言行録 12, 1-5 には，「ヘロデ王」が原始エルサレム教会に迫害の手を伸ばしたという叙述がある．この「ヘロデ王」はいわゆる「大王ヘロデ」（前 73 頃〜後 4 年，マタイ 2, 1 以下；ルカ 1, 5 以下参照）の孫にあたる人物で，正式名はアグリッパ 1 世（前 10〜後 44 年）という．ローマ皇帝ガイウス・カリグラとクラウディウスに取り入って，大王ヘロデの死後分割統治されてきたパレスティナ全域の支配を委ねられた．使徒言行録 12, 20-23 は，その突然死による最期を，自己神格化に対する神罰として描いている．ヨセフスの報告は，それとの微妙な重複とズレを示している．

使徒言行録 12, 20-23

20ヘロデ王は，ティルスとシドンの住民にひどく腹を立てていた．そこで，住民たちはそろって王を訪ね，その侍従ブラストに取り入って和解を願い出た．彼らの地方が，王の国から食糧を得ていたからである．21定められた日に，ヘロデが王の服を着けて座に着き，演説をすると，22集まった人々は，「神の声だ．人間の声ではない」と叫び続けた．23するとたちまち，主の天使がヘロデを撃ち倒した．神に栄光を帰さなかったからである．ヘロデは，蛆に食い荒らされて息絶えた．

ヨセフス*『ユダヤ古代誌』XIX, 343-350

アグリッパは，全ユダヤを王として支配するようになってから満三年の時が経過したとき，はじめてカイサレイアの町——そこはかつてストラトンの塔と呼ばれた——を訪問した．そして彼はそこでカイサルの安寧を祈願する祭りが執り行われるのを知って，カイサルの名誉のために見せ物を送ってともに祝った．この祭りのために王国の役人たちや高位の人たちが大勢集まっていたからである．

さて，見せ物の二日目のことである．アグリッパは銀糸だけで織られたすばらしい布地で裁った衣装をつけて，暁の劇場へ入場した．太陽の最初の光が銀糸に映えてまぶしく照り輝くその光景は，彼を見つめる人たちに畏怖の念を与えずにはおかなかった．すると突然，各方面から，佞人どもが——本当にそう思ってではないが——「ああ神なるお方よ」という呼びかけの声を上げ，そして言った，「陛下がわたしたちにとって吉兆でありますように．たとえこれまでは陛下を人間として恐れてきたとしても，これからは不死のお方であります．わたしたちはこのことを認めます」と．

王はこれらの者たちを叱りもしなければ，その世辞を神に対する冒瀆として斥けることもしなかった．ところがしばらくして王が視線を上方へ転ずると，頭上の綱の上に一羽のふくろうが留っているのを認めた．明らかにそれはかつての日の喜びのおとずれであり，これからの災いの前兆であった．それを悟った瞬間，彼は心臓に刺すような痛みを覚えた．しかも，その激しい痛みは全身に広がり，ついで締めつけるような痛みが胃を襲った．

そこで彼は身もだえしながら友人たちに言った．「おまえたちの目には神と映った予であるが，いまでは死を命ぜられても同然だ．おまえたちが先刻予に対して呼びかけた偽りの言葉に，運命の女神は早くも反論してきたのだ．おまえたちに不死と呼ばれた予は，今死の判決を受けている．予はこの定めを神のご意志としてお受けせねばならない．思えば予の生涯は，平凡どころか恵まれたすばらしいものだった．」

こう語っている最中，彼はさらに激しい痛みに襲われた．人々は急いで彼を宮殿へ運び込んだ．彼が危篤状態であることはたちまち人々の口から口へと伝わった．そして女，子供までを含めた一般大衆はただちに父祖伝来の律法の教えに従って荒布を着て座り込み，王のために神への祈願を行った．悲愁と哀願の声がいたる所で上がった．王は高い寝台に横たわっていた．そして，下でひれふしている人たちを見ると，思わず涙ぐまずにはおられなかった．

しかし，5日間にわたる腹部の痛みに消耗し切った王は，ついに54年間におよぶ生涯［前10〜後44年］と7年間の治世を終えた．

103 魔術師バルイエスとエリマ →109

使徒言行録13, 6-8

104 バルナバは「ゼウス」，パウロは「ヘルメス」

使徒言行録14, 11-13

小アジアのリストラで，バルナバは「ゼウス」，パウロは「ヘルメス」と呼ばれたという．オウィディウス『変身物語』は，同じ小アジアのプリュギア地方に伝わる似た伝説を伝えている．そこでも，ゼウス（ラテン語名ユピテル），ヘルメス（ラテン語名メルクリウス）が，ともに人間に姿を変えて現れる．

使徒言行録14, 11-13

11群衆はパウロの行ったことを見て声を張り上げ，リカオニアの方言で，
「神々が人間の姿をとって，わたしたちのところにお降りになった」と言った．
12そして，バルナバを「ゼウス」と呼び，またおもに話す者であることから，パ
ウロを「ヘルメス」と呼んだ．13町の外にあったゼウスの神殿の祭司が，家の門
の所まで雄牛数頭と花輪を運んで来て，群衆と一緒になって二人にいけにえを献
げようとした．

オウィディウス*『変身物語』 VIII 614-629

イクシオンの子ペイリトオスだけは，もともと神をないがしろにし，向こう見ずな気性の持ち主だっただけに，みんながこの話を信じ込んでいるのをあざ笑って，こういった．「アケロオスよ，あなたが語っているのは，つくり話だ．神々が物の姿を与えたり，奪い去ったりするというのなら，それは，神々をあまりに強力なものと思い込みすぎていることになろう」．みんなはびっくりして，そのような言葉には同意しようとはしなかった．なかでも，年からいっても分別盛りのレレクスが，つぎのようにいう．

「神々の力は広大で，かぎりを知らない．神々が望んだことは，何ごともなしとげられている．わたしの話を聞いて，疑念を捨てるがよいだろう．いいかな，プリュギアの丘に，ほどよい高さの壁に囲まれた，一本の樫の木がある．菩提樹が，そのすぐ隣に立ってもいる．わたし自身も，その場所を見たのだ．(中略) あるとき，ユピテルが，人間に姿を変えて，そこへやって来たことがある．息子のメルクリウスも，足につけた翼を外して，父親と連れ立っていた．ふたりは憩うべき宿を求めて，数多い家々を訊ねたが，すべての家々が門を閉ざしていた．」

105 死者の復活
使徒言行録 17, 22-32

使徒言行録 17 章では，パウロが地中海世界を股にかけた伝道旅行の途上，アテネに到達し，パルテノン神殿の前に広がるアレオパゴスの岩場で演説する．聴衆の中には，「エピクロス派やストア派の幾人かの哲学者」(17, 18) も混じっていたことになっている．彼らはパウロが最後に触れた「死者の復活」に躓いてしまう．事実，「死者の復活」は，その後キリスト教がギリシア・ローマ文化と本格的に向き合うことになった時，キリスト教の真理性を疑わせるものとして，最大の攻撃材料となった．後 2 世紀以降の初期護教家たちは，それに対する弁明と論駁を大々的に繰り広げ，その著作は多数残っている．しかし，ギリシア・ローマの哲学者からの批判そのものはほとんど伝存しない．ここで紹介するケルソス*は中期プラトン主義に分類される哲学者である．その著作『真理の教え』は後 178～180 年頃の成立と考えられている．原本そのものはやはり失われてしまっているが，一世代後のキリスト教哲学者オリゲネス*が著した逆反駁の書『ケルソス駁論』の中に，断片的な引用が残っている．

使徒言行録 17, 22-32

22パウロは，アレオパゴスの真ん中に立って言った．「アテネの皆さん，あら
ゆる点においてあなたがたが信仰のあつい方であることを，わたしは認めます．
23道を歩きながら，あなたがたが拝むいろいろなものを見ていると，『知られざ
る神に』と刻まれている祭壇さえ見つけたからです．それで，あなたがたが知ら
ずに拝んでいるもの，それをわたしはお知らせしましょう．24世界とその中の万
物とを造られた神が，その方です．この神は天地の主ですから，手で造った神殿
などにはお住みになりません．25また，何か足りないことでもあるかのように，
人の手によって仕えてもらう必要もありません．すべての人に命と息と，その他
すべてのものを与えてくださるのは，この神だからです．26神は，一人の人から
すべての民族を造り出して，地上の至るところに住まわせ，季節を決め，彼らの
居住地の境界をお決めになりました．27これは，人に神を求めさせるためであり，
また，彼らが探し求めさえすれば，神を見いだすことができるようにということ
なのです．実際，神はわたしたち一人一人から遠く離れてはおられません．28な
ぜならわたしたちも神の中に生き，動き，存在しているからです．皆さんのうち
のある詩人たちが，『我らはその子孫でもある』と言っているとおりです．29わ
たしたちは神の子孫なのですから，神である方を，人間の技や考えで造った金，
銀，石などの像と同じものと考えてはなりません．30さて，神はこのような無知
な時代を，大目に見てくださいましたが，今はどこにいる人でも皆悔い改めるよ
うにと，命じておられます．31それは，先にお選びになった一人の方によって，
この世を正しく裁く日をお決めになったからです．神はこの方を死者の中から復
活させて，すべての人にそのことの確証をお与えになったのです．」32死者の復
活ということを聞くと，ある者はあざ笑い，ある者は，「それについては，いず
れまた聞かせてもらうことにしよう」と言った．

ケルソス*『真理の教え』（オリゲネス*『ケルソス駁論』V, 14 による）

神がまるで料理人のように火を用いて罰する時に，他のすべての民族はことごとく焼き尽くされるが，彼ら（キリスト教徒）のみは生き残るばかりではなく，生きている者のみならず，昔に死んだ者も［生前と］同一の肉体で大地の中から浮かび上がると彼らが考えていることも愚かである．これは全く，うじ虫の希望である．というのも，いかなる人間の魂がすでに腐敗した身体をさらに望むだろうか．

この教義があなたがたのうちのある種のキリスト教徒に共有されていないという事実(1)によって，その非常な汚らわしさと忌まわしさ，そして信じ難さが同時に明らかになる．一体どのような種類の身体が，完全に朽ちてしまった後にその本来の本性，すなわち分解する前の初めの状態に戻ることができるだろうか．彼らは何ら答える術を持っていないので，神にはすべてが可能であるという最も無法な避難所に逃れるのだ．

(1) 復活をめぐるキリスト教徒の間での論争については，161 を参照．

106 「皆さんのうちのある詩人たち」
使徒言行録 17, 28

このいわゆるアレオパゴス説教の中で，「我らは神の中に生き，動き，存在する」という言葉をギリシア詩人からの直接引用とする翻訳や解釈の伝統もあるが，詩の形式を踏んでいないことからも，おそらく無理がある．これに対して「我らはまたその子孫でもある」という言葉は，前 3 世紀の詩人アラトス*の『星辰譜』からの逐語的な引用である．

アラトスはその後かなりの人気作家となり，キケローがラテン語訳を試しているほどである．キリスト教発生以前，ヘレニズム・ユダヤ教の著作家もアラトスのこの詩句を（より大幅に）引用し，論評していたことが知られている．

『使徒言行録』の著者であるルカが直接にアラトスの原文から引用したのか，あるいはユダヤ教作家からの孫引きなのか，それは不明である．しかしルカが新約聖書文書の作家の中でもとりわけてギリシア・ローマの思想的伝統を意識している人物であることは，アテナイをパウロのこの演説の舞台に設定していることを含め，この説教が明瞭に示している．

使徒言行録 17, 28

[28]なぜならわたしたちも神の中に生き，動き，存在しているからです．皆さんのうちの詩人たちが，「我らはその子孫でもある」と言っているとおりです．

アラトス*『星辰譜』1-9

ゼウスのことから説き起こそう．人の身なるわれら，この神に言い及ばざるためしかつてなし．すなわち，すべての往来にゼウスは満ち溢れ，人間の集まるところならばいずこにも，また海洋にも港にも満ち溢れているのだから．いずこにあれ，われらすべてゼウスのおかげを被る．もとよりわれらその子孫にてもあればのこと．人間に思いやりのある神は時宜にかなった予兆を下し，人々にたつきのことを思い起こさせて，なりわいへ目覚めさせる．そして，言い聞かせるは土塊が牛と鍬にもっともよい時はいつか，樹木を植えたり，あらゆる種をまいたりするに都合のよい時節はいつかといったことなど．

107 クラウディウス帝の対「ユダヤ人」政策
使徒言行録 18, 2

皇帝クラウディウスは即位直後（後 41 年）に，ローマ市域の「ユダヤ人」を対象に勅令を発している．その内容は，ディオ・カシウス『ローマ史』60, 6, 6（断章 A）によると，集会を禁じるものであったが，ローマ市域からの追放は含まれていなかった．しかし，スエトニウス『ローマ皇帝伝』V・「クラウディウス」25（断章 B）では，ローマ市在住の「ユダヤ人」の中の少なくとも不穏分子が「クレストス」に唆されて騒乱を起こしたとの廉で，ローマから追放されている．したがって，ここで「ユダヤ人」と呼ばれる者たちには，キリスト教徒も含まれていたものと考えなければならない．使徒言行録18, 2で言及されるアキラとプリスキラの夫婦は，おそらくその中でもリーダー格であったものと思われる．

使徒言行録18, 2

2ここで，ポントス州出身のアキラというユダヤ人とその妻プリスキラに出会った．クラウディウス帝が全ユダヤ人をローマから退去させるようにと命令したので，最近イタリアから来たのである．

A　ディオ・カシウス*『ローマ史』60, 6, 6

ユダヤ教徒らの数が再びあまりに増大していた．その多さから見て，彼らを騒乱なしに首都（ローマ）から追放することは至難のことに思われた．そこでクラウディウスは彼らを追放はしなかったものの，彼らの父祖伝来のしきたりにとどまるだけにして，集会には集まらないように命じた．（大貫隆訳）

B　スエトニウス*『ローマ皇帝伝』V：「クラウディウス」25

トロイアの市民は，ローマ人の民族の始祖というわけで，永久に貢税を免除された．（中略）

ユダヤ人は，クレストスの煽動により，年がら年中，騒動を起こしていたので，ローマから追放される．

クラウディウスは，ゲルマニア人の使節に，劇場の貴賓席に座ることを許した．（以下略）

108　アカイア地方総督ガリオン
使徒言行録18, 12-17

パウロがコリントでアキラとプリスキラの家に住みながら1年半滞在したときに，その地のユダヤ教徒たちがパウロをモーセ律法に対する違反の廉で，アカイア州総督ガリオン（ラテン語表記：ガリオ）に訴えている．ガリオンは事件をユダヤ教の内部問題と見なして取り合わなかったという．このガリオンは，ネロの家庭教師でもあったストア哲学者セネカの兄であった．他方，20世紀初頭にデルフォイのアポロン神殿の境内から，四つの石灰岩断片に記された碑文が発見された．かなり損傷されているが，そこからはガリオンのアカイア州総督の在任（所定で1年間）は，クラウディウスが皇帝として受けた第26回目の歓呼の年，すなわち，後51年か52年からの1年間であったと考えられる．この年代決定は，パウロの生涯の年譜上の唯一の確定点であり，これを起点として彼の伝道活動のその他の出来事の年代が推定されることになる．

使徒言行録18, 12-17

12ガリオンがアカイア州の地方総督であったときのことである．ユダヤ人たちが一団となってパウロを襲い，法廷に引き立てて行って，13「この男は，律法に違反するようなしかたで神をあがめるようにと，人々を唆しております」と言った．14パウロが話し始めようとしたとき，ガリオンはユダヤ人に向かって言った．「ユダヤ人諸君，これが不正な行為とか悪質な犯罪とかであるならば，当然諸君の訴えを受理するが，15問題が教えとか名称とか諸君の律法に関するものならば，自分たちで解決するがよい．わたしは，そんなことの審判者になるつもりはない．」16そして，彼らを法廷から追い出した．17すると，群衆は会堂長のソステネを捕まえて，法廷の前で殴りつけた．しかし，ガリオンはそれに全く心を留めなかった．

デルフォイのガリオ碑文

ティベリウス［クラウディウス］カエサル［アウグストゥス］ゲルマニクス［最高司祭長，護民官］職権［第12年，皇帝として歓呼を受けること］26回，国父［5回目の執政官，監察官，デルフィ市に挨拶をおくる．］余は久しくデルフィ市に熱意を抱き，……当初より［厚意］を寄せ来れり．また余は常に［（巫女）ピティアの］アポロンの祭儀を遵奉したり．……［しかるに］現今語られ，かの市民たちの紛争に〔関しては〕，余の友にして［アカイア］総督なる［ルキウス］・ユリウス・ガリオより［報告を受けたり］（秀村欣二訳）

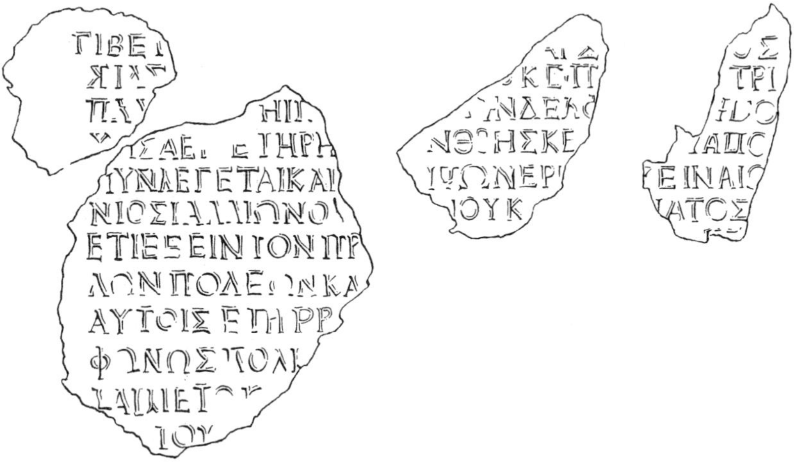

デルフォイのガリオ碑文（『旧約新約聖書大事典』旧約新約聖書大事典編集委員会，教文館，1989年，334頁）

109　魔術と魔術文書　→103

使徒言行録 19, 11-20

使徒言行録では，キリスト教がパレスティナからシリア，小アジア，ギリシアを経由してローマにまで伝播してゆく歴史が描かれる．その途中，魔術師あるいは魔術的な祈禱師についての言及が三度繰り返される．まず，8, 9-11 にはサマリアにシモンという人物がいて，「魔術を使ってサマリアの人々を驚かせ，偉大な人物と自称していた」と言われる．次いで 13, 6-8 では，サラミス島のパフォスにバルイエスという名のユダヤ人の魔術師かつ偽預言者がいたという．さらに 19, 11-20 では，エフェソにいたユダヤ教の遍歴の祈禱師たちなどが，その地でパウロが目覚ましい癒しの奇跡を行うのを見て，自分たちも「主イエスの名」を使って悪霊祓いを試みたところ，逆に悪霊からの反撃にあって追い払われてしまう．それを見た町の住民の多くが，それまで帰依していた魔術の膨大な量の文書を持ってきて，パウロたちの前で焼き捨てたことが物語られる．

他方，ヘレニズム末期のとりわけエジプトから，『ギリシア語魔術パピルス』*（PGM）あるいは『コプト語魔術パピルス』*（KZT）が大量に出土している．そこでは，エジプト古来の神々をはじめとして，ギリシア・ローマの神々の名前，ユダヤ教（旧約聖書）とキリスト教（新約聖書）の伝統からくるさまざまな神名が入り乱れて現れる．それらはすべて宇宙の中に働くさまざまな霊力を表す記号に過ぎない．魔術はそれらの霊力の間に働いていると信じられた「共感」（シュンパシー）と「反感」（アンティパシー）の関係を巧みに利用することで，それらの霊力を動かして，人間の側のさまざまな思惑を遂げようとする技術のことである．魔術文書とはその処方箋に他ならない．魔術師が遂げようとする思惑を規準にその内容を分類するとすれば，女性との性愛を強要する魔術，悪霊祓いの魔術，透明人間になる魔術，誰かに呪いをかける魔術，誰かの呪いを防御する魔術，万能の霊の陪席を求める魔術，敵への復讐の魔術，家内安全・商売繁盛のための魔術，病気治癒のための魔術，泥棒探しの魔術，未来占いの魔術などに分けることができる．以下では，それぞれに該当する例を紹介する．いずれも現存するパピルスは新約聖書（使徒言行録）よりも後に筆写されたものであるが，そこに読み取られる魔術の世界観と技術そのものは，新約聖書と同じ時代，あるいはそれ以前の時代にまでさかのぼることは疑い得ない．最後に挙げるフィロストラトス*『テュアナのアポロニオス伝』VII, 34（C）とルキアノス*『偽預言者アレクサンドロス』23-25（D）は後2世紀の著作であるが，そこでもほぼ同じ魔術師と祈禱師のイメージが前提されている．

使徒言行録 19, 11-20

[11]神は，パウロの手を通して目覚ましい奇跡を行われた．[12]彼が身に着けてい
た手ぬぐいや前掛けを持って行って病人に当てると，病気はいやされ，悪霊ども
も出て行くほどであった．[13]ところが，各地を巡り歩くユダヤ人の祈禱師たちの
中にも，悪霊どもに取りつかれている人々に向かい，試みに，主イエスの名を唱
えて，「パウロが宣べ伝えているイエスによって，お前たちに命じる」と言う者
があった．[14]ユダヤ人の祭司長スケワという者の七人の息子たちがこんなことを
していた．[15]悪霊は彼らに言い返した．「イエスのことは知っている．パウロの
こともよく知っている．だが，いったいお前たちは何者だ．」[16]そして，悪霊に
取りつかれている男が，この祈禱師たちに飛びかかって押さえつけ，ひどい目に

遭わせたので，彼らは裸にされ，傷つけられて，その家から逃げ出した．[17]このことがエフェソに住むユダヤ人やギリシア人すべてに知れ渡ったので，人々は皆恐れを抱き，主イエスの名は大いにあがめられるようになった．[18]信仰に入った大勢の人が来て，自分たちの悪行をはっきり告白した．[19]また，魔術を行っていた多くの者も，その書物を持って来て，皆の前で焼き捨てた．その値段を見積もってみると，銀貨五万枚にもなった．[20]このようにして，主の言葉はますます勢いよく広まり，力を増していった．

A 『ギリシア語魔術パピルス』*（A-2 以外はすべて大貫隆訳）

A-1 PGM IV, 296-466（女性との性愛を強要する魔術）

鑞を用意しろ．または，陶工の使う粘土でもよい．それをこねて，男と女の人形を造れ．男の方は武具を身に付けたアレースの姿にして，左手には剣を持たせろ．その剣を女の鎖骨のくぼみに突きつけろ．女は両手を後ろ向きに縛られて，膝をついた姿勢にしろ．霊を呼び寄せるための依代を女の頭部と首に固定しろ．

お前が無理矢理にでも手に入れたいと思っている女の［人形の］上に次の字を書け．頭部にはイセエー・イャオー・イティ・ウネ・ブリドー・ローティオーン・ネブートスーアエート(1)，右耳にはウーエル・メーカン，左耳にはリババ・オーイマトト，顔にはアムーナブレオー，右目にはオーロルモティオ，もう一方の目にはコブーエ，右の鎖骨にはアデタ・メルー，右腕にはエネ・プサ・エネングラフ，他方の腕にはメルキウー・メルキエディア，両手にはメルカネルクー・アエール，胸にはお前が無理矢理手に入れたい女の名前とその母方の名前，心臓にはバラミン・トームート，下腹部にはアオベース・アオーバル，陰部にはブリキアネオイ・ウーオーイア，尻にはピッサダラ，右足の裏にはエロー，他方の足裏にはエローアイオエ．

それから，青銅の針を十三本用意しろ．その一本を女の脳に刺しながら，「(誰それ) よ，俺はお前の脳を刺し通す」と唱えよ．さらに二本を耳に，二本を目に，一本を口に，二本を内臓に，一本を両手に，一本を性器に，二本を足の裏に刺せ．そのつど，こう唱えよ．「(誰それ) よ，お前がこの俺 (誰それ) より他の男のことを思ったりしないように，俺はお前の身体の (誰それ) を刺し通す．」

次に，鉛の延べ板を用意して，その上に同じ文句を書いて，また唱え，それをお前が造った二つの人形に縛り付けろ．その際，糸は織機から取って，三六五個の結び目を造ってから使え．そしてお前がよく知っている「アブラサックスよ，捕まえろ」で始まる定式を唱えろ．それからそれを日没に合わせて，誰か若くして非業の死を遂げた者，あるいは暴力で殺された者の棺桶の脇に置け．季節の花も添えよ．

さらに，書いて読むべき文言は次の通り．「[もろもろの冥界の神々の名前が列挙された後,] 俺はこの地のすべての霊どもに命じる．俺が今呼び寄せるこの霊に力を貸せ．さあ，[その] 霊よ，お前が男であろうが，女であろうが構わない．急いであらゆる場所，あらゆる通り，あらゆる家々を巡って，〜の娘の〜を縛り上げて連れて来い．〜の息子のこの俺のところへだ．彼女が欲望に駆られて，正常位であれ，後背位であれ，俺以外の男とやったりしないように．(中略) もしお前 [＝呼び寄せられた霊] がこの俺の言うことを実行したら，俺はすぐにもお前を解き放ってやる．この俺はバルバル・アドーオナイ，すなわち，光り輝いて星々を覆い隠しながら天を支配する世界の主なのだ．

(1) 一連のカタカナは魔術独特の呪文で，原文はギリシア語の字母を書き連ねたもの．以下でも同様．

A-2 PGM IV, 3007-3030 (悪霊祓いの魔術)

悪霊につかれた者に効験があることがピベーケース [魔術師の名前] によって証明されている [呪文は次の通り]．マスティギア [香料の一つ] やロータスの髄とともに，未熟なオリーヴから作った油を取って，それを次のように唱えながら無色のマヨラナ [紫蘇科の草木] とともに煮なさい．「ヨーエール・オールサルティオーミ・エモーリ・テオーキプソイトゥ・シィテメオーク・ソーテー・イオーエー・ミミソーティオーオープ・ペルソーティ・アエエーイーウーオー・イオーエー・エオーカリプタ．お前はこの者 [悪霊につかれた男] から出て行け．等々」そして，次のお守りの文句をすずの小板に書きなさい．「イアエーオー・アブラオーティオーク・プタ [エジプトの神]・メセンプシアオー・ベオーク・イアエーオー・カルソク．」そして [これ，すなわち] すべての悪霊が恐れおののくものを，苦しむ者の首にかけなさい．それから彼をお前の前に立たせて，命じなさい．お前の命令は次の通りである．すなわち，「ヘブライ人の神イエス・イアバ・イアエー・アブラオートゥ・アイア・トートウ・エレ・エロー・アエーオー・エウー・イイバエク・アバルマス・イアバラゥー・アベルベル・ローナ・アブラ・マロイア・ブラキオーンにかけてお前，火の中に現れる者，土と雪と霜の真ん中にある者に命じる．タンネーティスよ，降れ．お前の容赦なき天使を降りさせよ．そして，［その天使をして］神がその聖なる楽園の中に造ったこの被造物の周りを飛び回っている悪霊を捕らえしめよ．私はアンモーンによって聖なる神に，イプセンタンコーと祈るから．（以下省略）」（『原典新約時代史』蛭沼寿雄他，山本書店，1976年，172-180頁の訳文を多少変更）

A-3　PGM I, 223-230（透明人間になる魔術）

フクロウの油か目玉，黄金虫の糞玉，それに緑の槳果を揃えて，すべてを細かくすりおろせ．それをお前の身体全体に塗りたくれ．それから太陽に向かって，こう言え．「わたしはお前の偉大なる名前にかけて命じる．ボルケー・フィオウール・イオー・ジジア・アパルクセウーク・テュレー・ライラム・アアアアアア・［イイ］イイイ・オーオーオーオー・イエオー・イエオー・イエオー・イエオー・イエオー・イエオー・イエオー・ナウナックス・アイアイ・アエオー・アエオー・エーアオー．」さらにそれ［すりおろしたもの］を液状にしてから，その上にこう唱えろ．「主なるヘリオス・アエオー・アエオー・アエオー・エーアオーよ，どうか日没までこのわたしを他の誰の目にも見えないようにしてください．イオー・イオーオー・フリックス・リゾー・エオーア．」

A-4　PGM IV, 2571-2608（抜粋）（誰かに呪いをかける魔術）

誰かに呪いをかけて禍をもたらすための薫香の供物には，次の文章を読み上げろ．すなわち，無理矢理に事を実現させるための第三の祈りは次の通りである．「女神よ，あの女（誰それ）は，汝に向かって恐るべきものを薫香の供物としています．斑色のヤギの皮脂と血と汚物，死んだ乙女の血清，夭折した若者の心臓，死んだ犬の依代，女が産み落とした嬰児，小麦の堅い莢，酸っぱい生ゴミ，塩，死んだ雌鹿の皮脂，海葱，没薬，色の濃い月桂樹，大麦粉，蟹の鋏，黄色のサルビア，バラ，果物の芯，脇芽が出ていないニンニク，玉葱，無花果の粉末，ヒヒの糞，若い朱鷺鴻の卵．これらのものを彼女は汝の祭壇に捧げたのです．何という冒瀆行為！　しかも彼女は柏槙の木を炎の中へ投げ込み，海ハイタカ，禿鷹，汝の最大の秘密の尖りネズミまで屠っています．彼女が言うには，汝がこれらの行為をすべて残虐非道に実行したと言うのです．さらに，汝は人間を殺し，その血を飲み，その肉を食ったばかりではなく，その内臓を取って汝の頭に巻き，その皮膚全体を剝いで，それで汝の陰部を隠したと言うのです．また海ハイタカの血が汝の飲み物，糞虫が汝の食べ物であるとも．そしてパン神が汝の顔に途方もない精子をふりかけたので，そこから汝の月ごとの生理のたびに，ヒヒが生まれてくるのだとも言っています．しかし，女神アクティオーフィよ，汝はすべてのことを統治する者，神々と霊たちの上に即座に下る運命の女神，ネブートスーアレートゥ・イオーイ・ロイモウー・ラロン，シリア語でエータルオンコン・ビュトウー・プヌーサン・カティンベラオ・エストケトゥ・オレンタ・アメルケリビオウートゥ・スフヌーティ．どうか，あの不信心な女（誰それ）に汝の過酷な処罰を降してください．彼女が汝に背いて敵対した者であることをわたしはもう一度証言します．」

A-5　PGM XXXVI, 256-264（誰かの呪いを防御する魔術）

どこかの三叉路で三角形をした陶片を見つけ，それをお前の左手で拾え．その上に没薬のインクで次のように書いてから隠せ．「アスタエーロス，クラエーロスよ．誰それがこのわたしに害を加えるためにかけているあらゆる魔術をぶっ壊してくれ．なぜなら，大いなる，かつ恐るべき名前にかけて，わたしはお前たちに命じるからだ．その名前の前には，風たちも身震いし，その名を聞けば岩々も砕け散るばかりだ．」

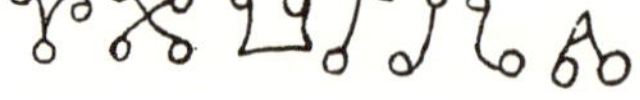

A-6　PGM I, 1-19（万能の霊の陪席を求める魔術）

ある霊がいつもお前の側に陪席して，すべてのことを明瞭に告げ知らせ，食事の時も寝る時も［同伴してくれる］ようにするための魔術．お前の［指の］爪を二つ，お前の頭の毛全部を取ってまとめよ．そして聖なる大鷹を取って，黒い［雌牛］の乳の中へ入れ，それにアッティカ産の蜂蜜を混ぜろ．それから，その大鷹を無地のぼろ切れに包め．そしてそれにお前の爪と髪の毛を添えろ．それから，［最高級紙を］一枚取って，それに没薬インクで次の呪文を書いてから，やはり髪の毛と爪を添えろ．そして切られていない乳香と大変古いぶどう酒と一緒に準備しろ．さて，紙片に書くべきはこうである．「ア　エエ・エーエーエー・イイイイ・オオオオオ・イイイイイ・オーオーオーオー［オーオーオー．］」［ただし］，君はこれを次のように二つの階梯形で書かねばならない．（以下省略）

a	ôôôôôôô
ee	yyyyyy
êêê	ooooo
iiii	iiii
ooooo	êêê
yyyyyy	ee
ôôôôôôô	a

A-7　PGM III, 1-14（敵への復讐の魔術）

雄猫を一匹用意して，それを「オシリス神」の身代わりにして，その身体を水中に［浸けて］溺死させろ．溺死させている間に，その背中に向けて祈りを唱えよ．溺死の間の祈りとは次の通りである．「やって来い．ヘーリオスの形を自在に操る汝，猫顔の神よ．そして汝の敵ども（誰それ）に虐待されている汝の僕たちの姿を見ろ．そして彼らに復讐しろ．わたしが汝に呼び求める（かくかくしかじかの）ことを実行しろ．聖なる神霊よ．［汝の］敵ども（誰それ）に対して，汝の強力を振るうがよい．なぜなら，わたしはバルバ［テイ］アオー・［バイン］・コーオー［オーク］・ニアボー［アイトゥ］ア［ブラ］ブ・セセンゲン・バルファラルゲース・（中略）・フレイミの名によって，汝に命じるからである．さあ，猫顔の神よ，わたしのために立ち上がり，かくかくしかじかのことを（ここで，お前の希望を言え）実行しろ.」

A-8 PGM IV, 2378-2440（家内安全・商売繁盛のための魔術）

仕事場，家の内，その他どんな場所であれ，これを唱えれば効果があり，売り上げも増す呪文．これを持っていると，お前は金持ちになり，幸運に恵まれるだろう．ヘルメスも道を間違えたイシスのためにこれを唱えたことがある．これは驚くべきもので，「乞食野郎」と呼ばれる［呪文である］．火に当てられたことがない蠟，別名は蜜蠟を使って，一人の男の像を造れ．その右手は乞食が物乞いをする時の形にして，その左手には乞食のズタ袋と杖を持たせろ．その杖には蛇が巻き付いた形にしろ．そしてその乞食自身は腰布を巻いて，ちょうどイシスのように，一つの球の上に立たせ，その球にも蛇が巻き付いた形にしろ．それらを柏槙の上に置いて，その下にはテルムーティスの蛇を上部が覆われた籠に入れて置け．（その男の）像は新月の晩にこねろ．そして敬虔な心持ちで奉納しろ．その身体の部位の一つ一つについて，三回の間をおいて合計四回，祈りを唱えろ．そしてそれを部位ごとに，聖なる儀礼用の紙片に明るい朱色とヨモギと没薬の木の汁で書き記せ．そうして男の像をしかるべき場所に設置したら，その像の前で，額が白い野ロバを丸ごと焼き尽くせ．その内臓は柳の木で作った炭で焼いてから食べること．さて，紙片ごとに書かれる呪文は次の通り．ズタ袋には「エフェルーキオー・コーライ・ダリダ・メーテウエイ・アバクトゥイエ・エメシエ・エケネー・イアエ・イエン・エバプス（以下省略)」，頭部には「(省略)」，首には「(省略)」，右肩には「(省略)」，左肩には「(省略)」，胴体には「(省略)」，聖なる足には「(省略)」，右の腿には「(省略)」，左の腿には「(省略)」，陰部には「(省略)」……（中略）……　蛇の部分には，あの善良な神霊の名前を書け．それはエパフロディトスの表記では「フレー・アノーイ・フォールコー・フュユユユ・ロルプシス・オロコーオーイ」となっているが，わたし自身がみつけた処方箋で効き目があるとされている名前は「ハルポンクヌーフィ」の定式に変更されていた．さて，儀礼行為の祈りそのものは，次の通り．「わたしは汝を，自分の群れを西南の方角に持っている羊飼い［セト神のこと？］と並べて選ぶ．わたしは汝を，あの寡婦［イシス神］とあの孤児［ホーロス神］の代わりとする．どうかこのわたしに幸いをもたらしたまえ．わたしが為すことを首尾よくいかせたまえ．わたしに銀，金，着物，そして幸運この上ない富を与え，救いと祝福となしたまえ．」

A-9　PGM V, 172-180（泥棒探しの魔術）

「わたしは泥棒を捕まえるために，不死の神ヘルメスよ，汝に呼び求める．汝はオリュンポス山まで畝を引く者，聖なる小舟，光をもたらす神イアオー．汝は永遠に生きる者，見るも恐ろしき者，聴くも身がよだつ者．わたしが探している泥棒を引き渡してください．アベラメントゥオー・ウーレルテ・クセナックス・ソネリュソートゥネマレバ．」この祈りを，浄めの供犠をする時に二回唱えること．

A-10　PGM III, 424-429（未来占いの魔術）

ある聖なる書物からの写し．予知と記憶のための助け．まず，ヤツガシラ［鳥］を用意しろ．その心臓を取り出せ．それから，それを葦の棒で刺して，小刻みにしろ．それを，月が出始めるころ，アッティカ産の蜂蜜に混ぜろ．それから最初の日には，その心臓を女神のために擦り下ろして，蜂蜜と混ぜて，素面で食え．次の祈りを七回唱えよ．まずは人差し指で食べながら，こう祈る．「わたしが近い未来も遠い未来も，前もって知ることができますように．そしてすべての出来事と行いの全体を今日知ることができますように．」（以下省略）

B　『コプト語魔術パピルス』*（以下は大貫隆訳）

B-1　KZT LXVI, 22-30

祝福あれ，真なる敬愛する救い主よ．祝福あれ，本質を等しくする三位一体の神よ．わたしはウィクトール・ハトレと彼の息子のダビデがこの世の霊に憑かれるのを見たいのです．おお神よ，あなたがこの二人の上にヨブの苦しみのすべてを降してください．あなたがパプヌーテに悪霊を取り憑かせて，彼を打ち倒し，二度と起き上がれないようにしてください．最後の審判の日には，彼らをユダと同じ運命に数えてください．彼らを，彼［犠牲者］の血が自分たちの上に三代までも呪いとして降るように，と言ったあの連中と同じ定めにしてください．彼らを弟アベルを殺したカインと同じようにしてください．

B-2 KZT XXXIV，裏面 5-19 行（抜粋）**（病気治癒のための魔術）**

もしお前が誰それの子の誰それにこの油を塗るならば，お前は彼からあらゆる病気，あらゆる苦痛，あらゆる苦しみ，あらゆる痛みを取り去るだろう．そしてあらゆる神々も，男神であろうと女神であろうと，取り去るだろう．あらゆる魔術とあらゆる魔術薬もそうするだろう．たとえそれらが東から来たものであれ，西から来たものであれ，世界の四方から来たものであれ，大気から来たものであれ．それらはすべて，エロイ・サバオート・アバクタニ・アババエール・ナフローアクラマ・カマリの力によって追い散らされてしまうだろう．コイアクの月の 29 日に祭壇の上に降臨した方，ヨルダンの水の上に鳩の姿で降った方の力によって．その方が今誰それの上に到来して，彼をあらゆる禍から守ってくれるように．彼に封印が施される今，その彼が守られるように．

C フィロストラトス*『テュアナのアポロニオス伝』 VII, 34

その時以降，皇帝［ドミティアヌス］は聖者［アポロニオス］を脅迫し始めた．すなわち，彼の髭を剃らせたり，極悪人たちと一緒の牢屋に閉じ込めたのである．毛を剃られたことについては，アポロニオスはこう言った．「皇帝陛下，わたしがやって来たのは，髪の毛のために危険を犯すためではありません．」また投獄については，こう言った．「もしあなたがわたしのことを魔術師だとお考えならば，どうしてわたしを足枷でお縛りになるのですか．わたしを足枷につないでおいて，どうしてわたしのことを魔術師だと言えるのですか．」すると皇帝が答えた．「その通りだ．わたしはお前が姿を変えて水や野の動物や樹木になってみせるまでは，お前を解放しないつもりだ．」するとアポロニオスはこう言った．「わたしは，たとえそうできても，それらの物には変身しないでしょう．なぜなら，わたしはいかなる正義にもかなわずに今危険に身をさらしているこの者たちを欺くことはできないからです．わたしは今の私のままでいます．そして，この男たちのための弁明が終わるまでは，あなたがわたしの身体に下すあらゆる刑罰にも耐えるでしょう．」すると皇帝はこう訊いた．「しかし，お前自身のことは，一体誰が弁明するのだ．」するとアポロニオスはこう答えた．「時間です．そして神々からの霊とわたしがそれによって生きている知恵への愛です．」（大貫隆訳）

D　ルキアノス*『偽預言者アレクサンドロス』23-25

託宣の料金は1回につき，1ドラクメと2オボロスと決められていた．わが友人よ，これを安いとか，あるいは，そこからの実入りは僅かなものだっただろう，とは思わないでいただきたい．彼はそれで年に7万から8万ドラクメをかき集めたのである．というのも，客の方も強欲で，一人で10から15問も送ってきたからである．彼［アレクサンドロス］は挙げた収入を自分独りのためだけに使ったり，私財に貯め込んだりはしなかった．なぜなら，今や彼の周りには大勢の人間が雇われていて，助手，従僕，情報収集係，託宣の書き手，その保管者，書記，押印係，解説者などとして働いていたからである．彼は収入を彼らすべてと分け合って，それぞれに働きの価値に応じるものを与えていた．

さて今や彼は外国にまで人を派遣して，さまざまな国民の間でも自分の託宣のことを言い広めさせた．曰く，アレクサンドロスは未来を予告し，逃亡した奴隷を見つけ出し，泥棒を探し出し，埋められた財宝を掘り出し，病気に苦しむ者たちを癒し，場合によっては，死んだ人間をも甦らせるのだと．その結果，あらゆる方面から，供物や奉納物を携えた人々が押し寄せてきては，押すな押すなの騒ぎとなった．その奉納物は［アレクサンドロスが］神の預言者にして弟子だというので，2倍の量にもなったのである．というのは，事実次のような託宣も発せられたからである．曰く，「わたしはわが忠実な僕であるこの預言者に名誉を与えるように命じる．わたしの思いは金持ちたちにではなく，この預言者にこそかかっている．」

しかし，とうとう最後には，理性ある者たちが，言わば深い酔いから醒めるように正気になって，一緒に彼に対抗するようになった．とりわけエピクロス派の者たちがそうだった．そして彼らは徐々に町々で，アレクサンドロスのトリックとでたらめな見せ物を暴き始めた．すると彼は彼らをおどすための口上を造り出して，今やポントス州は，自分のことを極悪にこきおろす無神論者［エピクロス派］とキリスト教徒で一杯になってしまった，と言い放ち，敬神の念を保ちたいならば，彼らを追い出さねばならないと命じた．（以下省略）

（大貫隆訳）

110 エフェソのアルテミス崇拝

使徒言行録 19, 23-29. 35-36

小アジアでは紀元前の非常に早い段階から，地母神信仰が多様な形で広まっていたらしい．やがて古代ギリシアの神統記の中に取り込まれて，キュベレー，アグディスティス，ヘカテー，セレーネーなどの名称の下で相互に習合した．アルテミスもその一環であった．エフェソでは，もともと別の女神が町の守護神として崇められていたが，それがやがてアルテミスと同一視されたと考えられている．使徒言行録 19, 24-40 では，パウロによる福音宣教がその地のアルテミス信仰と衝突した様子が活写されている．35 節からは，エフェソには立派なアルテミスの神殿があって，「天から降って来た御神体」が祀られていたことが推定される．現在ローマのカピトリニ博物館に収められているアルテミス像がそれと同じかどうかは定かではないが，全面乳房で覆われた着衣は特異であって，かつての地母神の素性を窺わせている．エフェソのアルテミス信仰はやがてマッサリア（現マルセーユ）に伝わり，そこからさらにローマに伝わったと考えられている．

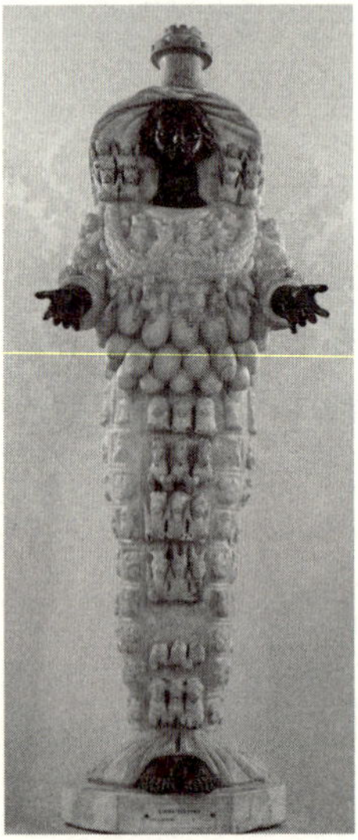

エフェソのアルテミス（Musei Capitolini, Rome）

使徒言行録 19, 23-28

23そのころ，この道のことでただならぬ騒動が起こった．24そのいきさつは次
の通りである．デメトリオという銀細工師が，アルテミスの神殿の模型を銀で造
り，職人たちにかなりの利益を得させていた．25彼はこの祝人たちを集めて言っ
た．「(中略) 26諸君が見聞しているとおり，あのパウロは『手で造ったものなど
は神ではない』と言って，エフェソばかりではなくアジア州のほとんど全域で，
多くの人を説き伏せ，たぶらかしている．27これでは（中略）偉大な女神アルテ
ミスの神殿もないがしろにされ，アジア州全体，全世界があがめるこの女神の御
威光さえも失われてしまうだろう．」28これを聞いた人々はひどく腹を立て，「エ
フェソ人のアリテミスは偉い方」と叫びだした．

111　最近反乱を起こしたエジプト人　→34

使徒言行録 21, 37-38

112　サドカイ派とファリサイ派

使徒言行録 23, 6-11

これは，いわゆる第三次伝道旅行の最後にエルサレム教会に献金を届けようとエルサレムを訪れたパウロが，ユダヤ教最高法院に引き出されて審問される場面である．それによれば，パウロは議員たちの間に，ファリサイ派とサドカイ派の両派が混在しているのを見て，わざと死人の復活の問題を持ち出して議場を混乱に陥れる．サドカイ派はそれを否定するのに対し，ファリサイ派はそれを信じているという具合に，それが両派を分ける最大の論争点であったことは，使徒言行録の著者も明言をもって断っている．さらに，マルコ 12, 18 からも，その一端が窺われる．また，ヨセフス*『ユダヤ古代誌』XVIII, 14-17 にも，非常に詳細な報告がある．

使徒言行録 23, 6-11

6パウロは，議員の一部がサドカイ派，一部がファリサイ派であることを知っ
て，議場で声を高めて言った．「兄弟たち，わたしは生まれながらのファリサイ
派です．死者が復活するという望みを抱いていることで，わたしは裁判にかけら
れているのです.」7パウロがこう言ったので，ファリサイ派とサドカイ派との間
に論争が生じ，最高法院は分裂した．8サドカイ派は復活も天使も霊もないと言
い，ファリサイ派はこのいずれをも認めているからである．9そこで，騒ぎは大
きくなった．ファリサイ派の数人の律法学者が立ち上がって激しく論じ，「この
人には何の悪い点も見いだせない．霊か天使かが彼に話しかけたのだろうか」と
言った．10こうして，論争が激しくなったので，千人隊長は，パウロが彼らに引
き裂かれてしまうのではないかと心配し，兵士たちに，下りていって人々の中か
らパウロを力ずくで助け出し，兵営に連れて行くように命じた．11その夜，主は
パウロのそばに立って言われた．「勇気を出せ．エルサレムでわたしのことを力
強く証ししたように，ローマでも証しをしなければならない.」

ヨセフス*『ユダヤ古代誌』XVIII, 14-17

彼ら［ファリサイ人］は，霊魂は不死の力を持っていること，さらに，生前に有徳の生活を送ったか否かによって，地下において，よき応報なり刑罰なりがあるものと信じている．すなわち，悪しき魂の行きつく所は永遠の牢獄であり，善き魂のたどる所は新しき生への坦々たる大道なのである．さて，こうした見解のため，ファリサイ人は一般大衆に大きく訴えるものをもっており，その影響力は甚大で，その結果，神に捧げる祈りや，もろもろの聖なる務めは，すべてファリサイ人の指示に従ってなされたが，それは，自分自身の生活態度においても，また人びとに対する講話においても，最高の理想を実践するファリサイ人に対する市井の人びとが示す大きな敬意のしるしであると考えられた．

サドカイ人は，霊魂は肉体とともに消滅するという教義を信奉している．彼らは，書かれた律法以外の何ものにも従うことを認めない．実際彼らは，自分たちが求めている知恵について，その教師たちと論争することは正しいことだ，とさえ考えている．この教義を知っている人は少数で，それは高位の人たちである．しかしながら，実際的には，彼らがなしとげたものはほとんど何もない．というのも，彼らがどのような公職についても，ファリサイ人の強制と無理強

いに屈してではあるが，最終的にはファリサイ人の見解に従うからであり，またそうしなければ，一般大衆が彼らを許しはしないからである．

113 ユダヤ総督フェリックス
使徒言行録 23, 23-30

前後三回にわたる地中海世界への伝道旅行の最後にエルサレムでユダヤ教徒たちに拘束されたパウロが，ローマ軍の千人隊長の差配によって，カイサリアにいるユダヤ総督フェリックスのもとへ身柄を移送される．総督フェリックスについては，スエトニウス*『ローマ皇帝伝』の中にも言及がある．

使徒言行録 23, 23-30

[23]千人隊長は百人隊長二人を呼び，「今夜九時カイサリアへ出発できるように，歩兵二百名，騎兵七十名，補助兵二百名を準備せよ」と言った．[24]また，馬を用意し，パウロを乗せて，総督フェリクスのもとへ無事に護送するように命じ，[25]次のような内容の手紙を書いた．[26]「クラウディウス・リシアが総督フェリックス閣下に御挨拶申し上げます．[27]この者がユダヤ人に捕らえられ，殺されようとしていたのを，わたしは兵士たちを率いて救い出しました．ローマ帝国の市民権を持つ者であることが分かったからです．[28]そして，告発されている理由を知ろうとして，最高法院に連行しました．[29]ところが，彼が告発されているのは，ユダヤ人の律法に関する問題であって，死刑や投獄に相当する理由はないことが分かりました．[30]しかし，この者に対する陰謀があるという報告を受けましたので，直ちに閣下のもとに護送いたします．告発人たちには，この者に関する件を閣下に訴え出るようにと，命じておきました．」

スエトニウス*『ローマ皇帝伝』 V:「クラウディウス伝」28

クラウディウスは（中略）フェリクスを重用し，援軍隊長，そして騎兵隊長に任じ，ユダヤ属州の統治も任せた．

114 「とげのついた棒を蹴るとひどい目に遭う」
使徒言行録 26, 14

先の 106 と同じく，ルカがギリシア・ローマの文化的伝統にかなり通暁していただろうことを示す箇所である．棒とは馬を制御するための道具で，叩かれるのを嫌がる馬が棒を自分から蹴るともっと痛がる，という経験則に由来する諺である．ただしエウリピデスからの逐語的な引用ではなく，また同じような趣旨の言葉がエウリピデス以前を含めて他にも見つかることから，おそらく，ルカがエウリピデス*『バッカイ』の写本を参照してこの節を書いたのではない．

とはいえ，『バッカイ』と『使徒言行録』，いずれも対話が神（ディオニューソス，イエス）と人間（ペンテウス，パウロ）の間で交わされ，ただし人間の方は相手が神であるということを知らないで逆らっているという状況において神の側がこの言葉を発する，という設定が一致している．つまりは，絶対的な強者が無知な弱者に対して発する言葉なのである．どういう場面にどういう諺が適合するのか，ルカはよく知っていたのかもしれない．

使徒言行録 26, 14

14私たちが皆地に倒れたとき，「サウル，サウル，なぜ，わたしを迫害するのか．とげの付いた棒をけると，ひどい目に遭う」と，私にヘブライ語で語りかける声を聞きました．

エウリピデス*『バッカイ』794–795

ペンテウス　断じて私に説教するな．せっかく牢を逃げ出したのなら自由を大事にしろ．それともまた罰を受けたいのか．

ディオニューソス　人間の分際で神を相手にまわし，腹立ちまぎれに棒を蹴とばして怪我をするより，私なら供物を捧げるのに．

ローマの信徒への手紙

115　善い人のために死ぬ　→93

ロマ 5, 7

116　キリストと共に死に，共に生きる

ロマ 6, 1–10

パウロは，キリスト者が受ける洗礼を，キリストと共に死に，共に生きることとして表現する.「使徒パウロの神秘主義」とも呼ばれる代表的な箇所である．ヘレニズム神秘主義宗教の側でこれに類似する儀礼を，アプレイウス*『黄金のろば』（変身物語）の最終巻が描いている．それまで魔術によってロバに変身させられてしまっていた主人公ルキウスが，イシス神の権能で魔術から解かれて人間の姿に戻った後，その信者となるために密儀で献身する場面である.

ロマ 6, 1–10

1では，どういうことになるのか．恵みが増すようにと，罪の中にとどまるべ
きだろうか．2決してそうではない．罪に対して死んだわたしたちが，どうして，
なおも罪の中に生きることができるでしょう．3それともあなたがたは知らない
のですか．キリスト・イエスに結ばれるために洗礼を受けたわたしたちが皆，ま
たその死にあずかるために洗礼を受けたことを．4わたしたちは洗礼によってキ
リストと共に葬られ，その死にあずかるものとなりました．それは，キリストが

御父の栄光によって死者の中から復活させられたように，わたしたちも新しい命
に生きるためなのです．5もし，わたしたちがキリストと一体になってその死の
姿にあやかるならば，その復活の姿にもあやかれるでしょう．6わたしたちの古
い自分がキリストと共に十字架につけられたのは，罪に支配された体が滅ぼされ，
もはや罪の奴隷にならないためであると知っています．7死んだ者は，罪から解
放されています．8わたしたちは，キリストと共に死んだのなら，キリストと共
に生きることにもなると信じます．9そして，死者の中から復活させられたキリ
ストはもはや死ぬことがない，と知っています．死は，もはやキリストを支配し
ません．10キリストが死なれたのは，ただ一度罪に対して死なれたのであり，生
きておられるのは，神に対して生きておられるのです．

アプレイウス*『黄金のろば』XI 21,6-24,5

［イシス教の大祭司ミトラ］「そもそも人間が地獄の牢獄にとじ込められるのも，その生命を助けてもらうのも，みんな女神［イシス］の御意のままなのだ．そしてその秘儀にあずかること自体，結局は，われとわが身に死を望むか，或は女神の大慈悲にすがって救済されるか，そのいずれかの運命を象徴しているのだ．その証拠に，今にも光の消えそうな瀬戸際に追い込まれた人でも，この戒律の厳しい秘鑰に臆することなく身を任せたばっかりに，どうにかその全能の女神の御力添えで，お膝元へ呼び出され，新しく生まれ変わって，今までと違った生涯を送らせてもらったという例もよくあるのだ．こういうわけで，たといお前が偉大な女神の特別な御詮議により，ずっと以前から聖職に召された運命にあるとは言うものの，やはり女神の御意志に従うのが一番良いのである．お前［主人公ルキウス］もこれから，ここの信者仲間と一緒になって，世俗の食べ物とか，禁制の飲み物をさっぱりと断って，あらゆる宗教の中でも，最も神聖なこの秘儀を確実に拝受できる体になって欲しい．」（中略）

やがて大祭司の適当と申される時刻がきたので，私は信者仲間に連れ添われて，すぐ近くの洗礼場へ案内されました．あの方は先ず私にいつもの通り沐浴させてから，御自身で女神にお祈りをあげ，私の体に水を灌いで，浄められました．こうして神殿に連れ戻された頃は，もう一日の三分の二も過ぎていたのでしょうか，女神の御像の前に立たされ，大祭司から極秘の教示も給わりましたが，それは人間の言葉とは到底思えないほどの神秘な響きをもっていました．

それから今度は，並いる群衆にもわかる言葉ではっきりと，今後十日間私が食事から楽しみを得ることは許されず，肉食や飲酒を禁ずるよう宣言されました．私はこの敬虔な禁欲生活を厳格に守り通していよいよ女神の御前に出る運命の日がやってきました．その日太陽が腰を低うして黄昏を誘い始めた頃のこと，おどろいたことにさまざまな所から続々人が集まってきたのです．そして誰も彼もその密儀の古い習慣に従い，いろいろなものを私に贈り，私の名誉を称えてくれました．やがて俗衆たちが全部立ち去ると，大祭司は私に今迄誰も着なかった亜麻の真新しい着物を与えて，私の肩に手をかけ内陣の最も奥まった部屋に連れて行きました．（中略）

私は黄泉の国に降りて行き，プロセルピナの神殿の入り口をまたぎ，あらゆる要素を通ってこの世に還ってきました．真夜中に太陽が晃晃と輝いているのを見ました．他界の神々にも天上の神々にも目の当たりに接して，そのお膝元に額ずいてきました．（中略）

朝の訪れとともに，前夜の儀式がみんな終わったので，私は十二枚の法衣に身を潔め，内陣から出てきました．（中略）私はその姿で神殿の真中に導かれ，女神の御像の前で，木製の台の上に立たされました．私は亜麻の美しい花模様のある着物を着て，人目を奪うばかりでした．高価なギリシア風の外套がゆったりと肩から背中を廻って，踵まで落ちていました．（中略）こうして私は太陽の姿をまねて着飾り，女神の御像そっくりとなったと思うと，突然四方の幕が取り払われたのです．それは私を見ようと思って，群衆が流れ込んだためでした．それから私は素晴らしい御馳走と賑やかな会食者とによって，浄福された宗教生活の前途をお祝いして頂きました．翌日の第三日目も同じ儀式を執り行なって聖なる朝食を摂り，こうして私は既定の規則通り密儀を完了したのでした．

117 「望むことは行わず，望まないことを行う」

ロマ 7, 15. 19-21

パウロは，思いと行動が一致しない自分に絶望し，そのような自分からの救出の望みを神の行動にかけている．文言上同じことを語るエピクテトスは，「理性による反省」に望みを託している．

ロマ 7, 15. 19-21

[15]わたしは，自分のしていることが分かりません．自分が望むことは実行せず，
かえって憎んでいることをするからです．（中略）[19]わたしは自分の望む善は行
わず，望まない悪を行っている．[20]もし，わたしが望まないことをしているとす
れば，それをしているのは，もはやわたしではなく，わたしの中に住んでいる罪
なのです．[21]それで，善をなそうと思う自分には，いつも悪が付きまとっている
という法則に気づきます．

エピクテトス*『人生談義』 II 26, 1. 4

すべて過失は矛盾を含んでいる．というのは，過失を犯している人が，過失を犯したがっているのではなく，正しくありたがっているのであるからには，明らかに彼は，彼が欲していることをなしていないということになるわけだ．一体盗賊は何をしようとするのか．自分に有益なことをである．そうするともし盗むことが自分に不利益であるとしたならば，彼はその欲していることをしないということになるわけだ．ところがすべて理性的な魂は，本性上，矛盾を敵とするものだが，しかし矛盾しているということがわからない限りは，矛盾したことをするのは何も妨げないわけだ．（中略）かくて各人に過失のもとである矛盾を示し，どうすれば自分の欲することをしなかったり，自分の欲しないことをしたりするようになるかを明らかにすることのできる人は，議論において巧者であり，またその同じ人は，激励的でも，論駁的でもあるわけだ．

118 「内なる人」 →138

ロマ 7, 22-23

「内なる人」は，2 コリント 4, 16 では，「外なる人」と対になっている．この観念はパウロの発見ではなく，ヘレニズム思想史の中に長い前史を持っている（G・タイセン『原始キリスト教の心理学』，大貫隆訳，新教出版社，2008 年，65 頁以下参照）．ここでは，「内なる人」という文言の並行例を挙げる．

ロマ 7, 22-23

22「内なる人」としては神の律法を喜んでいますが，23わたしの五体にはもう一つの法則があって心の法則と戦い，わたしを，五体の内にある罪の法則のとりこにしているのが分かります．

『ヘルメス文書』*XIII, 7

子よ，無知が第一の懲罰である．第二は悲嘆，第三は無節制，（中略）これらで数は十二になる．子よ，こられの配下にさらに多くの者どもが居り，内なる人間を強いて，身体という牢獄によって感覚的に苦しませている．しかし以上の懲罰は，神によって憐れまれた人からは，一挙にではないにせよ離れ去る．再生の有様と教えはこのように構成されている．

119 神の処罰の正当性とディアトリベー（談論）

ロマ 9, 19

この箇所に出る「あなた」は特定の対話者を指しているわけではない．むしろ，あり得べき反問を架空の対話者を設定して提示している．このような問答形式は「デイアトリベー」（談論）と呼ばれ，ストア哲学を中心に大衆化していた．反問の内容と並行する犬儒派のオイノマオスの文言が，エウセビオス*『福音の準備』の中に断章として伝わっている．

ロマ 9, 19

19ところで，あなたは言うでしょう．「ではなぜ，神はなおも人を責められるのだろうか．だれが神の御心に逆らうことができようか」と．

エウセビオス*『福音の準備』 VI, 7, 36（犬儒派オイノマオスの断章）

どうしてわれわれに罪責があって，汝ら［神々］から来る必然性の罪責ではないのか．アポロンよ，汝は正しいことを為していない．何の害も加えたことがないわれわれを咎めることも正しくない．汝らの必然性の中の必然性，すなわちゼウスはわれわれの何を処罰しようというのか．そもそも処罰というなら，なぜまず自分自身を処罰しないのか．かくかくであらねばならぬと，必然性を定めたのはゼウス自身ではないか．どうして彼はわれわれを脅すのか．また，われわれの方も，あたかも事を自在に処せるかのごとくに，何をあくせく労するのか．（大貫隆訳）

120 「すべてのものは，神から出て，神によって保たれ，神に向かっている」

ロマ 11, 36

こうした言い回しは，おそらく当時のヘレニズム宗教思想にかなり一般的に膾炙していた定型表現である．ここでは，パウロより時代は下るが，ストア哲学（A）とグノーシス主義（B）から例を挙げる．

ロマ 11, 36

36すべてのものは，神から出て，神によって保たれ，神に向かっているのです．

A　マルクス・アウレリウス*『自省録』IV, 23

あなたにとって適切であるものはすべて，おお宇宙よ，私にも共に適切であるのです．あなたに好都合な時機のものは，どんなものでも，私には遅すぎないし，早すぎもしないのです．あなたの［お定めになった］季節がもたらすものはすべて，私にとって果実なのです，おお自然よ．あなたからすべてが［出て］，あなたの内にすべてが［あり］，あなたの内へすべてが［帰ります］．

B　『ヨハネのアポクリュフォン』*§24

さて，「第［一の認識］」，および完全なる「叡智」から，見えざる霊の意志の啓示により，また，完全なる人間としてのアウトゲネースの意志により，第一の啓示と真理が［現れた］．それを処女なる霊はピゲルアダマンと呼んだ．そして彼は彼を大いなるアウトゲネース，すなわちキリストと共に，第一のアイオーンの上へ，第一の輝く者アルモゼールのもとに置いた．そして彼のちからが彼と共に在る．そして見えざる者は彼に凌駕しがたい精神の力を付与した．すると彼［ピゲルアダマン］は語り，見えざる霊を賞め讃えて言った，「万物はあなたのゆえに在るようになったのです．そして万物はやがてあなたへ向かうことになるでしょう．私はあなたとアウトゲネースとアイオーン，すなわち父と母と子の三つ，［および］完全なる力を賞め讃えるでしょう」．

121　それぞれの賜物　→131

ロマ 12, 4-8

122　上に立つ権威に従う

ロマ 13, 3-4

ロマ 13, 1-7 でパウロは「上に立つ権威に従う」ことを勧める．「神に由来しない権威はなく」，「権威者は善を行わせるために，神に仕えている」．パウロの同時代人プルタルコスにも，「支配者とか君主とかを人間たちの世話と保護を司る神の召使いと言えば，なるほどこのほうがずっと真実をついているではないか」という発言がある．

ロマ 13, 3-4

3実際，支配者は，善を行う者にはそうではないが，悪を行う者には恐ろしい
存在です．あなたは権威者を恐れないことを願っている．それなら，善を行いな
さい．そうすれば，権威者からほめられるでしょう．4権威者は，あなたに善を
行わせるために，神に仕える者なのです．しかし，もし悪を行えば，恐れなけれ
ばなりません．権威者はいたずらに剣を帯びているのではなく，神に仕える者と
して，悪を行う者に怒りをもって報いるのです．

プルタルコス*「教養のない権力者へ一言」§3：『モラリア』780C-E

しからば支配者を支配するのは何者か．ピンダロスの言うように，「死すべき人間と不死なる神々のすべてを統べる法（ノモス）」，といっても目に見えるような書物とか，何か木の板の如きものとかに書き記された法ではなく，支配者の心魂に生きている理性（ロゴス）のことである．それは彼のもとを片時も離れず見守っていて，彼を指導もせずに彼の心魂から立ち去るようなことはしない．その一例を挙げよう．ペルシア王には夜明けと共に彼の寝所に入ってきて，彼に次の如く告げるのを任務とする侍従が一人いた．「王よ，お起きなさい．そして偉大なるアフラ・マズダーがとくと考えるようにあなたに望まれた事どもをじっくりとお考えなさい．」だが，教養の豊かな賢明なる君主は，自らの内部にかくの如きことをつねに告げたり督励したりする声を持っているものだ．

ポレモンは，愛（エロース）を定義して，神々が若者たちの世話をしたり保護をしたりするために与える手助け（心遣い）と言った．してみると支配者とか君主とかを人間たちの世話と保護を司る神の召使い（奉仕者）と言えば，なるほどこのほうがずっと真実をついているではないか．かれらは神が人間たちに与えるすばらしい贈物のあるものを配分し，また他のものを保護するのを任

務とするのである．（中略）だが，せっかく神々が授けてくれる贈物と恵みも，このように貴重ですばらしくても，法と正義と支配者とがなければ，享受することも，しかるべく利用することも叶わない．正義が法の目的であり，支配者の行うことが法であり，支配者は万物を秩序だててくれる神の似姿である．

コリントの信徒への第一の手紙

123　この世の知恵と神の知恵
1コリント 1, 18-25; 2, 5-6

パウロは，十字架につけられたキリストを「神の知恵」と規定し，ギリシア人が探し求める知恵に対置している．それでは，ギリシア人が探し求めた知恵とは何であったのか．この問いを考える上で，きわめて重要な発言がプラトン*『ソクラテスの弁明』の中にある．

1コリント 1, 18-25; 2, 5-6

1,18十字架の言葉は，滅んでいく者にとっては愚かなものですが，わたしたち
救われる者には神の力です．19それは，こう書いてあるからです．「わたしは知
恵ある者の知恵を滅ぼし，賢い者の賢さを意味のないものにする．」20知恵のあ
る人はどこにいる．学者はどこにいる．この世の論客はどこにいる．神は世の知
恵を愚かなものにされたではないか．21世は自分の知恵で神を知ることができま
せんでした．それは神の知恵にかなっています．そこで神は，宣教という愚かな
手段によって信じる者を救おうと，お考えになったのです．22ユダヤ人はしるし
を求め，ギリシア人は知恵を探しますが，23わたしたちは，十字架につけられた
キリストを宣べ伝えています．すなわち，ユダヤ人にはつまずかせるもの，異邦
人には愚かなものですが，24ユダヤ人であろうがギリシア人であろうが，召され
た者には，神の力，神の知恵であるキリストを宣べ伝えているのです．25神の愚
かさは人よりも賢く，神の弱さは人よりも強いからです．

2,5それは，あなたがたが人の知恵によってではなく，神の力によって信じる
ようになるためでした．6しかし，わたしたちは，信仰に成熟した人たちの間で

は知恵を語ります．それはこの世の知恵ではなく，また，この世の滅びゆく支配者たちの知恵でもありません．

プラトン*『ソクラテスの弁明』 20D-E, 23A

というのは，アテナイ人諸君，わたしがこの名前を得ているのは，とにかく，ある一つの知恵をもっているからということには，間違いないのです．すると，それはいったい，どういう種類の知恵なのでしょうか．たぶん，それは人間なみの知恵なのでしょう．なぜなら，実際にわたしがもっているらしい知恵というのは，おそらくそういう知恵らしいからです．これに反して，わたしがいましがた話題にしていた人たちというのは，たぶん，何か人間なみ以上の知恵をもつ，知者なのかもしれない．それとも，何と言ったらよいでしょうか，わたしにはわからない．（中略）というのは，わたしに，もし何か知恵があるのだとするならば，そのわたしの知恵について，それがまたどういう種類のものであるかということについて，わたしはデルポイの神［アポローン］の証言を，諸君に提出するでしょう．(20D-E)

しかし実際はおそらく，諸君よ，神だけが本当の知者なのかもしれない．そして人間の知恵というようなものは，何かもうまるで価値のないものなのだということを，この神託のなかで，神は言おうとしているのかもしれません．(23A)

124 「目が見もせず，耳が聞きもせず，人の心に思い浮かびもしなかったこと」

1コリント 2, 9

1コリント 2, 6-9 でパウロは，十字架につけられたイエス・キリストを「神秘としての神の知恵」と呼び，下記のような聖書引用で締めくくる．これはイザヤ 64, 3; 65, 16; 詩篇 30, 20b の三箇所からの混合引用である．後代のユダヤ教ラビ文献（ミドラッシュ）には，部分的にこれと並行するものもあるが（シフレ民数記 27, 12 など），文言上，より完全に並行するのは偽フィロン『聖書古代誌』26, 13 である．その原本はパレスティナのヘブライ語で後 70 年以前に書かれたものと思われる．キリスト教の起源とほぼ同時代にまでさかのぼるかもしれない．その他，グノーシス主義の領域にも，並行句がいくつか見つかる（B–D）．

1 コリント 2, 9

19しかし，このことは，「目が見もせず，耳が聞きもせず，人の心に思い浮かびもしなかったことを，神は御自分を愛する者たちに準備された」と書いてあるとおりです．

A　偽フィロン『聖書古代誌』*26, 13

そのとき，私はこれら［の石］および別のもっと多くのはるかに素晴らしいもの［＝石］を取り上げるであろう．このようなものが世に生じるまで目が見たこともなく，耳が聞いたこともなく，人の心に浮かんだこともないもののうちから．［そのとき］義人たちは太陽の光の働きも月の輝きも必要としない．

B　『トマスによる福音書』*語録 17

イエスが言った，「私はあなたがたに，目がまだ見ず，耳がまだ聞かず，手がまだ触れず，人の心に思い浮かびもしなかったことを与えるであろう．」

C　『バルクの書』*（ヒッポリュトス*『全異端反駁』V, 27, 2 による）

彼ら［バルクの書のグノーシス主義者たち］はこの誓いを誓ってから，善なる者のもとへ来て，「目が見ず，耳が聞かず，人の心に思い浮かばなかったこと」を見る．そして「活ける水」から飲む．これは彼らにとって，「洗い」であり，彼らの考えでは，「ほとばしり出る活ける水の泉」なのである．（大貫隆訳）

D　『トゥルファン・マニ教文書』*M789

［あなたがたを死と破滅から救うために］私はあなたがたに，あなたがたが

目でみたことも，耳で聞いたことも，手で触れたこともないものを与えるであろう．

125 夫婦間の性の営み →153

1コリント 7,4

126 時の凝縮と生活態度

1コリント 7,29-31

パウロは，終末に向かって時が凝縮してゆく中でキリスト教徒が取るべき生活態度を，「〜する人は〜しないかのように」という文章を繰り返すことで表現している．これとほぼ同じ文脈と構文が，後1世紀のユダヤ教黙示文書の一つである第6エズラ書16,41-46にも見られる．

1コリント 7,29-31

29兄弟たち，わたしはこう言いたい．定められた時は迫っています．今からは，
妻のある人はない人のように，30泣く人は泣かない人のように，喜ぶ人は喜ばな
い人のように，物を買う人は持たない人のように，31世の事にかかわっている人
は，かかわりのない人のようにすべきです．この世の有様は過ぎ去るからです．

『第6エズラ書』*16,41-46

わが民よ，この言葉を聞くがよい．戦いに備えよ．禍いに遭う時，地上をよそ者のように歩め．物を売る者は逃亡者のように，物を買う者は失うかのように，商売をする者はもはや儲けがないかのように，家を建てる者はもはやそれに住まないかのように，種を蒔く者は収穫のない者のように，ぶどうの木を剪定する者はその実を摘むことがないかのように，結婚する者は子供をもうけな

いかのように，結婚しない者は相手に先立たれた者のように．働く者たちは無駄に働くことになる．見知らぬ者たちが彼らの働きの実を刈り取り，財産を奪い，家を打ち壊し，子供たちを囚われの身に引いて行く．それでも結婚する者は知っておくがよい，囚われの身と飢餓の中で子供を産むことになることを．

127 家事と世事の気遣い
1コリント 7, 32-35

パウロは，結婚した男は妻に，妻は夫に喜ばれることを優先して，世事と家事に追われるために，「主のことに心を遣う」ことが二の次となると指摘する．構造的にはまったく同じことを，エピクテトス*が犬儒派の哲学者の場合について述べている．

1コリント 7, 32-35

32思い煩わないでほしい．独身の男は，どうすれば主に喜ばれるかと，主のことに心を遣いますが，33結婚している男は，どうすれば妻に喜ばれるかと，世の事に心を遣い，34心が二つに分かれてしまいます．独身の女や未婚の女は，体も霊も聖なる者になろうとして，主のことに心を遣いますが，結婚している女は，どうすれば夫に喜ばれるかと，世の事に心を遣います．35このようにわたしが言うのは，あなたがたのためを思ってのことで，決してあなたがたを束縛するためではなく，品位のある生活をさせて，ひたすら主に仕えさせるためなのです．

エピクテトス*『人生談義』 III 22, 69-71

もし彼［犬儒派の哲学者］がさまざまな義務やつながりに違反すれば，もはやまともな出来の人という評価は保てないだろう．逆にもしそれらを堅持すれば，神々からの使者および監視人という役割を失ってしまう．なぜなら，その場合彼は義理の父親になにがしかを証明しなければならず，妻のその他の親戚たちにも，そして妻自身にも関心を示さねばならないからだ．病人の看護のためには［犬儒派の使命］どころではなくなる．パンを稼ぐためにも同じだ．その他もろもろのことは言わないことにするが，やかんで湯を沸かして，風呂桶で子供を洗ってやらねばならない．産後の妻には，［柔らかい］綿と油，寝床，コップを用意してやらねばならない［食器は増えるばかりだ］．これ以外の慌ただしさと気ぜわしなさは，言うに及ばぬ．（大貫隆訳）

128 性交なしの同棲 →160

1コリント 7,36-38

129 供儀の肉を下げた後で食べる

1コリント 8,7.23-31; 10,23-31

使徒言行録 15,22-29 には，シリアのアンティオキア教会の代表者（パウロ，バルナバ他）がエルサレムに上り，エルサレム教会との間でいわゆる「使徒会議」が開かれたことが述べられている．この会議については，パウロ自身もガラテヤ 2,1-10 で報告している（後 48 年頃のことと推定される）．ただし，二つの報告の間には，多くの異同がある．その最たるものが会議の最終決定である．使徒言行録の報告（15,28-29,「使徒教令」と呼ばれる）では，「聖霊とわたしたちは，次の必要な事柄以外，一切あなたがた（＝異邦人出身の信徒）に重荷を負わせないことに決めました．すなわち，偶像に献げられたものと，血と，絞め殺した動物の肉と，みだらな行いを避けることです．以上を慎めばよいのです」となっている．これは明らかに，異邦人出身のキリスト教徒たちが「偶像に献げられたもの」の飲食を迫られる可能性を想定したものに他ならない．後掲のコリント信徒への第一の手紙の箇所でパウロが直面しているコリント教会の状況は，そのような場面の一つであったに違いない．しかし，これをヘレニズム文化の側から証言するような事例，つまり，神々に献げたものが祭壇から下げられた後に飲食されたことの直接的な証言は，次に掲出するプラウトゥスの事例以外には見つからない．

1コリント 8, 7; 10, 23-31

8,7しかし，この知識がだれにでもあるわけではありません．ある人たちは，
今までの偶像になじんできた習慣にとらわれて，肉を食べる際に，それが偶像に
供えられた肉だということが念頭から去らず，良心が弱いために汚されるのです．

10,23「すべてのことが許されている．」しかし，すべてのことが益になるわけで
はない．「すべてのことが許されている．」しかし，すべてのことがわたしたちを
造り上げるわけではない．24だれでも，自分の利益ではなく他人の利益を追い求
めなさい．25市場で売っているものは，良心の問題としていちいち詮索せず，何
でも食べなさい．26「地とそこに満ちているものは，主のもの」だからです．
27あなたがたが，信仰を持っていない人から招待され，それに応じる場合，自分
の前に出されるものは，良心の問題としていちいち詮索せず，何でも食べなさい．
28しかし，もしだれかがあなたがたに，「これは偶像に供えられた肉です」と言
うなら，その人のため，また，良心のために食べてはいけません．29わたしがこ
の場合，「良心」と言うのは，自分の良心ではなく，そのように言う他人の良心
のことです．どうしてわたしの自由が，他人の良心によって左右されることがあ
りましょう．30わたしが感謝して食べているのに，そのわたしが感謝しているも
のについて，なぜ悪口を言われるわけがあるのです．31だから，あなたがたは食
べるにしろ飲むにしろ，何をするにしても，すべて神の栄光を現すためにしなさ
い．

プラウトゥス*『黄金の壺』622-623

［自分が黄金の壺を見つけたら］蜜入り酒をひとかめ供えてみっちり女神様を拝みます．これは本当の約束です．でもお供えしたら自分で飲んじまいますけど．

130 主の晩餐の前の食事
1コリント 11, 17-22. 33-34

パウロは，コリントの教会員たちに，主の晩餐を行う時には，無秩序にならないように，「互いに待ち合わせる」こと，それに耐えられないほど腹が減っている場合は，事前に「家で食事を済ませなさい」と命じている．これと対照的なのが，スパルタの諸制度の伝説的な創設者リュクルゴスによる市民の共同の食事（*συσσίτια*/syssitia）の規定である．その規定には，「富める市民たち」が腹を立てたと言われる．興味深いことに，パウロが先に家で食事を済ませてくるように忠告しているのも，コリントの信徒の中で富める者たちであった（1コリント 11, 21-22 参照）．

1コリント 11, 17-22. 33-34

17次のことを指示するにあたって，わたしはあなたがたをほめるわけにはいきません．あなたがたの集まりが，良い結果よりは，むしろ悪い結果を招いているからです．
18まず第一に，あなたがたが教会で集まる際，お互いの間に仲間割れがあると聞いています．わたしもある程度そういうことがあろうかと思います．
19あなたがたの間で，だれが適格者かはっきりするためには，仲間争いも避けられないかもしれません．
20それでは，一緒に集まっても，主の晩餐を食べることにならないのです．
21なぜなら，食事のとき各自が勝手に自分の分を食べてしまい，空腹の者がいるかと思えば，酔っている者もいるという始末だからです．
22あなたがたには，飲んだり食べたりする家がないのですか．それとも，神の教会を見くびり，貧しい人々に恥をかかせようというのですか．わたしはあなたがたに何と言ったらよいのだろう．ほめることにしようか．この点については，ほめるわけにはいきません．（中略）
33わたしの兄弟たち，こういうわけですから，食事のために集まるときには，互いに待ち合わせなさい．
34空腹の人は，家で食事を済ませなさい．裁かれるために集まる，というようなことにならないために．その他のことについては，わたしがそちらに行ったときに決めましょう．

プルタルコス*「スパルタ人の箴言・リュクルゴス」§6-7：『モラリア』226F-227A

リュクルゴスは，［スパルタの］市民たちに前もって自宅で食事をして，それぞれ違う食べ物と飲み物で腹を一杯にしてから，共同の食事へ集まることを許さない決まりにした．仮に共同で飲食しない者がいると，その他の者たちがその男のことを，節制が足りず，共同の食事に耐えるには女々しすぎると言って咎めた．そのような行動が明らかになった者は実際に処罰された．（中略）このような取り決めに富める市民たちは腹を立て，互いに結集するとリュクルゴスを誣告し，石打ち刑で殺してしまおう，と石を投げつけた．（大貫隆訳）

131 「キリストのからだ」としての教会 →121

1コリント 12, 12-31

パウロはこの箇所とロマ 12, 4-8 で，キリスト教徒の共同体，すなわち教会のことを「キリストのからだ」として表現している．この場合，「からだ」とは，さまざまな肢体がそれぞれ異なる役割を果たしてはじめて全体が一つの生命体として存立してゆく関係を指している．この「キリストのからだ」の表象は，おそらくパウロの創始によるものではなく，すでに彼以前の段階でヘレニズム・キリスト教の中で培われていたものと考えられる．さらにその背後には，古代ギリシア以来の哲学の伝統がある．国家を「からだ」（有機体）として捉える見方は，すでにプラトン*に明確に見られる（A）．マルクス・アウレリウス*のストア哲学（B）においては，それは宇宙有機体説に拡張される．大宇宙全体が国家と同じように一つの生命体であり，さまざまな役割配分の上に成り立っている．その全体が言わば一つの「世界劇場」（theatrum mundi）である．最後（C）に掲出する『知識の解明』*はナグ・ハマディ文書*の一つである．グノーシス主義の影響を受けたキリスト教共同体の中でも，パウロの教会有機体説が受容されていたことを示すものとして興味深い．

1コリント 12, 12-31

12体は一つでも，多くの部分から成り，体のすべての部分の数は多くても，体は一つであるように，キリストの場合も同様である．13つまり，一つの霊によっ

て，わたしたちは，ユダヤ人であろうとギリシア人であろうと，奴隷であろうと
自由な身分の者であろうと，皆一つの体となるために洗礼を受け，皆一つの霊を
のませてもらったのです．14体は，一つの部分ではなく，多くの部分から成って
います．15足が，「わたしは手ではないから，体の一部ではない」と言ったとこ
ろで，体の一部でなくなるでしょうか．16耳が，「わたしは目ではないから，体
の一部ではない」と言ったところで，体の一部でなくなるでしょうか．17もし体
全体が目だったら，どこで聞きますか．もし全体が耳だったら，どこでにおいを
かぎますか．18そこで神は，御自分の望みのままに，体に一つ一つの部分を置か
れたのです．19すべてが一つの部分になってしまったら，どこに体というものが
あるでしょう．20だから，多くの部分があっても，一つの体なのです．21目が手
に向かって「お前は要らない」とは言えず，また，頭が足に向かって「お前たち
は要らない」とも言えません．22それどころか，体の中でほかよりも弱く見える
部分が，かえって必要なのです．23わたしたちは，体の中でほかよりも恰好が悪
いと思われる部分を覆って，もっと恰好よくしようとし，見苦しい部分をもっと
見栄えよくしようとします．24見栄えのよい部分には，そうする必要はありませ
ん．神は，見劣りのする部分をいっそう引き立たせて，体を組み立てられました．
25それで，体に分裂が起こらず，各部分が互いに配慮し合っています．26一つの
部分が苦しめば，すべての部分が共に苦しみ，一つの部分が尊ばれれば，すべて
の部分が共に喜ぶのです．27あなたがたはキリストの体であり，また，一人一人
はその部分です．28神は，教会の中にいろいろな人をお立てになりました．第一
に使徒，第二に預言者，第三に教師，次に奇跡を行う者，その次に病気をいやす
賜物を持つ者，援助する者，管理する者，異言を語る者などです．29皆が使徒で
あろうか．皆が預言者であろうか．皆が教師であろうか．皆が奇跡を行う者であ
ろうか．30皆が病気をいやす賜物を持っているだろうか．皆が異言を語るだろう
か．皆がそれを解釈するだろうか．31あなたがたは，もっと大きな賜物を受ける
よう熱心に努めなさい．

A　プラトン*『国家』462CD

そうとするとまた，一人の人間の在り方に最も近い状態にある国家が，最もよく治められているということになるわけだね．——たとえば，われわれの一人が指を打たれたとする．そのとき，身体中に行きわたって魂にまで届き，その内なる支配者のもとに一つの組織をかたちづくっている共同体が，全体とし

てそれを感知して，痛められたのは一つの部分だけであるのに，全体がこぞって同時にその痛みを共にする．そしてこのようにしてわれわれは，その人が指を痛めている，と言うことになるのだ．同じことは，人間の他のどの部分についてもいえるだろうね．一部分が痛んでいるときの苦しみについても，それが楽になるときの快さについても．（中略）それなら，思うに，国民一人に何か善いことなり悪いことなりが起こるとき，そのような国家こそはとりわけ，起こったそのことを国自身のことであると言うだろうし，国の全体がいっしょに喜んだり悲しんだりすることだろう．

B　マルクス・アウレリウス*『自省録』IV, 40; VII, 13

宇宙は一つの生きもので，一つの物質と一つの魂を備えたものである，ということに絶えず思いをひそめよ．またいかにすべてが宇宙のただ一つの完成に帰するか，いかに宇宙がすべてをただ一つの衝動から行うか，いかにすべてがすべて生起することの共通の原因となるか，またいかにすべてのものが共に組み合わされ，織り合わされているか，こういうことを常に心に思い浮かべよ．(IV, 40)

四肢と胴とが一つの体を形成する場合と同じ原理が理性的動物にもあてはまる．というのは彼らは各々別の個性を持っているが，協力すべくできているのである．君が自分に向かって「私は理性的動物によって形成される有機体の一肢である」と度々いって見れば，この考えはもっと君にピンとくるであろう．しかしもし君が単に「一部分である」と自分にいうなら，君はまだ心から人間を愛しているのではなく，善事をおこなうことがまだ絶対的に君を悦ばすわけではないのだ．君はまだ単に義務としてこれをおこなうにすぎないのであって，自分自身に施す恩恵としておこなうのではないのだ．(VII, 13)

C　『知識の解明』*§ 45–47

［± 7字欠損　それぞれ］の肢体が［± 10］自分自身と［± 9　お互いの間の］違いのゆえに［互いに］争わず，［むしろ互いに］労し合いながら，互いに働くのである．［そして，もし一つの肢体が病むならば，彼らも全員が］その肢体と一緒に病むのである．［そして，もし一つの肢体が再び］健やかにな

るならば，彼らも全員が［再び］健やかになるのである（1 コリント 12,26 参照）．

ところで，一致することに反［対］する者たちでさえ，彼らの［声を合わ］せることができるのであれば，ましてや［唯一無二の］一体性から来ている［者たち（＝われわれ）は］彼らに勝って，［互い］に一致することができるはずではないか．

お前を目ではなく，指に定めたと言って，お前の頭に不平を鳴らしてはならない．目，あるいは手，あるいは足に定められた者を妬んではならない．むしろお前は自分がからだの外に置かれているのではないことを喜びなさい．目も手も足も，その他の部位も，すべて同じ頭のために存在するのである．

132 愛の讃歌
1 コリント 13, 1-13

1 コリント 13 章は「愛の讃歌」として，よく知られている．そこで「愛」にあたるギリシア語は「アガペー」（*ἀγάπη*/agapē）である．プラトン*『饗宴』197B-E では，出席者の一人アガトンが「エロス神」に対する賞賛の演説を行う．「アガペー」と「エロス」の違いと同時に，表現技法上の類似性が注目される．

1 コリント 13, 1-13

1たとえ，人々の異言，天使たちの異言を語ろうとも，愛がなければ，わたし
は騒がしいどら，やかましいシンバル．2たとえ，預言する賜物を持ち，あらゆ
る神秘とあらゆる知識に通じていようとも，たとえ，山を動かすほどの完全な信
仰を持っていようとも，愛がなければ，無に等しい．3全財産を貧しい人々のた
めに使い尽くそうとも，誇ろうとしてわが身を死に引き渡そうとも，愛がなけれ
ば，わたしに何の益もない．4愛は忍耐強い．愛は情け深い．ねたまない．愛は
自慢せず，高ぶらない．5礼を失せず，自分の利益を求めず，いらだたず，恨み
を抱かない．6不義を喜ばず，真実を喜ぶ．7すべてを忍び，すべてを信じ，すべ

てを望み，すべてに耐える．[8]愛は決して滅びない．預言は廃れ，異言はやみ，
知識は廃れよう，[9]わたしたちの知識は一部分，預言も一部分だから．[10]完全な
ものが来たときには，部分的なものは廃れよう．[11]幼子だったとき，わたしは幼
子のように話し，幼子のように思い，幼子のように考えていた．成人した今，幼
子のことを棄てた．[12]わたしたちは，今は，鏡におぼろに映ったものを見ている．
だがそのときには，顔と顔とを合わせて見ることになる．わたしは，今は一部し
か知らなくとも，そのときには，はっきり知られているようにはっきり知ること
になる．[13]それゆえ，信仰と，希望と，愛，この三つは，いつまでも残る．その
中で最も大いなるものは，愛である．

プラトン*『饗宴』197B-E

ところがこの神［エロース］が生れるや，美しいものを恋い求めることからして，神々にも人間にもすべてのよきことが生じたのである．このようなわけで，パイドロスよ，エロースはまず彼自身最も美しく高貴なものであるからして，次いでほかの者に対しても，ほかの同じ類いのことどもの原因になっているようにぼくには思われるのだ．ところで，何か，それも詩の形のものを言ってみようかという気になったのだが，（中略）この神は，人々のうちには平和を，海原には静かなる凪を，風のための臥し寝を，そして憂いの内には眠りを作り出す者である．この神は，人々を互いに寄り合せ，今ここでしているような集いをすべて催させ，祭礼，歌舞，犠牲式にも先達となって，われわれから互いに他人であるという気持を無くし，互いに同類であるという気持で満たす．それは温和をもたらし，粗暴を放逐する者．好意は惜しみなく与え，悪意は与えぬ者．仁慈善良なる者．賢者にとっては観想すべく，神々にとっては讃歎すべきもの．授からぬ者には羨望の的であり，充分に授けられた者には貴重な宝．奢侈，繊細，華奢，優美，憧憬，切望の父．善き者を顧慮し，悪しき者を一顧だにせぬ者．労苦における，切望における，言葉における，最上の舵手，戦友，擁護者にして救済者．すべての神々と人間との飾り．理想的な先達．人はすべて，この神に見事な賛歌を捧げながらそのあとに従わなければならない．この神がすべての神々と人間との心を魅了しつつ歌う歌に和して．

133 異言（グロッソラリア）
1コリント 14, 2-5

パウロはコリントの信徒への第一の手紙の14章全体を費やして，「異言」の問題を論じている．そこで「異言」と呼ばれているものは，ギリシア語の原語に即して言えば「舌語」（グロッソラリア）のこと，つまり未だ呂律が回らない幼児のように単語と単語が分節されないために，意味不明な発語のことである．現代の深層心理学の用語で言えば，無意識が発する言語である．当時のコリント教会では，それが異常どころか，むしろ霊感を受けた者の語りとして高く評価されていたのだと推定される．パウロもそのような評価をある程度容認しながらも，理性の言葉による「預言」の方をより高く評価する．「異言」は語る者一人しか高めないが，「預言」は信仰者の共同体全体を「造り上げる」からである．

「異言」はコリント教会だけに突発的に発生したものではなく，ヘレニズム宗教文化圏に広範囲に見いだされる現象であった．本書ですでに取り上げた『ギリシア語魔術パピルス』*あるいは『コプト語魔術パピルス』*の中にほとんど無数に現れる意味不明の発語が，形態的にはやはり「舌語」（グロッソラリア）に他ならない（下記F参照）．それはさまざまな霊力を自在に操って人間の側の思惑を遂げるための「呪文」であった．

それはやがてヘレニズムのさまざまな宗教思想運動にも受容されていった．その一つがいわゆるヘルメス思想である．以下に紹介するナグ・ハマディ文書*の一つ『第八と第九のものに関する講話』*§13と§28がそれに該当する．『ゾーストリアノス』*，『マルサネース』*，『エジプト人の福音書』*，『三体のプローテンノイア』*もすべてナグ・ハマディ文書に属する．いずれもグノーシス主義文書と呼んで差し支えない．ただし，筋書きがはっきりした神話で自己を表現した神話論的グノーシスとは違って，神話としての体系性が多かれ少なかれ崩れて，むしろ神秘主義的な哲学の思弁性に接近している．この傾向はとりわけ『ゾーストリアノス』，『マルサネース』において顕著である．そこでの「舌語」（グロッソラリア）は，魔術文書における「呪文」の働きを脱して，神秘主義者が地上から至高の究極的存在へ向かって上昇して行き，その究極的存在に対する認識と自分自身の存在が合一する瞬間の発語，主体と客体の区別を超えて認識行為がそのまま存在論的行為となる合一の頂点での発語に変質している.

新プラトン主義の創始者のプロティノス*の聴衆の間には，グノーシス主義者がいたと言われる．彼らに対して著された論駁書『グノーシス派に対して』から推察する限り，彼らの立場も神秘主義的哲学に傾斜したもので，やはり「舌語」（グロッソラリア）を含んでいたものと考えられる.

1コリント 14, 2-5

2異言を語る者は，人に向かってではなく，神に向かって語っています．それ
はだれにも分かりません．彼は霊によって神秘を語っているのです．3しかし，
預言する者は，人に向かって語っているので，人を造り上げ，励まし，慰めます.
4異言を語る者が自分を造り上げるのに対して，預言する者は教会を造り上げま
す．5あなたがた皆が異言を語れるにこしたことはないと思いますが，それ以上
に，預言できればと思います．異言を語る者がそれを解釈するのでなければ，教
会を造り上げるためには，預言する者の方がまさっています.

A 『第八のものと第九のものに関する講話』*§13; 28

［あなたは］目に見えない神，人は沈黙の中であなたについて語ります．あなたの似像は動きながら，司られると同時に，司るもの．［あなたは］力強い方，どの偉大さを超える方，どの栄光よりもさらに高い方，ゾークサタゾー・ア・オーオー・エエ・オーオーオー・エーエーエー・オーオーオーオー・エーエー・オーオーオーオーオーオー・オオオオオ・オーオーオーオーオーオー・ウウウウウウ・オーオーオーオーオーオーオーオーオーオーオーオーオーオーオー・ゾーザゾート(1)．（§13）

(1) 最初のゾークサタゾー（*Ζωξαθαζω*/Zōxathazō）と最後のゾーザゾート（*ζωζαζωθ*/zōzazōth）はヘレニズム末期の地中海世界に広まっていた魔術文書の中に出る名前ゾータクサタズ（*ζω θαξαθαζ*/zō thaxathaz）と文字列と発音の上での類似が著しい．ギリシア語の字母としては，圧倒的に*Ζ*と*Θ*の2子音が優勢である．この2子音はギリシア語の数詞として用いられる場合，それぞれ7と9を表す．そして*Ζ*は*ζωή*/zōē「生命」の，*Θ*は*θάνατος*「死」の頭文字でもあり，ここで用いられている7母音*Α, Ε, Η, Ι, Ο, Υ, Ω*は，おそらく七惑星を意味する．したがって，人間の生死を七惑星とそれを超える力の絡み合いで理解した上で，その絡み合いに影響を及ぼそうとする魔術の「呪文」が背後にあると考えられる.

タト「おお，恵みよ．私はあなたに感謝して，讃美を捧げます．なぜなら，私はあなたによって生命を受けたのですから．あなたが私を賢者としてくださったのです．私はあなたを褒め称えます．私はあなたの隠された御名を呼びます．ア・オー・エエ・オー・エーエーエー・オーオーオー・イーイーイー・オーオーオーオー・オオオオオ・オーオーオーオーオー・ウウウウウウ・オー．あなたは霊を持っておられます．私は謹んであなたを褒め称えます．」(§28)

B 『ゾーストリアノス』*§90; 170; 184

あなたは一者，あなたは一者，あなたは一者，「［子供の］子供」よ．［±9字欠損］イヤト［メノス　±10］であ［る　±13］それ［女性名詞を受ける］はやってきた［±13］あなたを［±12　あ］なたは一者，［あなたは一者，あなたは一者］セメルエル，［±9］テルマカエー［ル　±8］オーモーテム［±9］男［性］的［±10］生み出す［者　±4］栄［光］を司る［者］，愛すべき［者］，すなわち，この上なく「完全な者たち」とともにいる全く完全なる者，アクローン［±4］，「三重に男性的な者」，アア［アアア］，オーオーオーオーオー，2，3，1．あなたは霊からきた霊，光からきた光，沈黙からきた［沈黙］，［思］考からきた思考，完［全］なる神の子，7，80［±3］，400」(以上§90)

彼は確か［に生きている］．私は確［かに生きている］．一者よ，あなたは生きている．［三］重なる［者］，彼は生きている．あなたこそが三［重の者］，すなわち三重に重なった者，［アアア］エエエ！　最初の七つのものは［A］である［B，A+B=±5］第三番目は［±9］二番目の七［つのものは，エエエエエエエ・アアアアアアア［±7］］さて，これには四つの［±9］がある．覚［知　±4］［2行分欠損］ある部分．何という叡智！　何という知恵！何という知識（エピステーメー）！　何という教え！（以上§170）

フォエー・ゾエー・ゼーオエー・ゼー［オエー］・ゾーシ・ゾーシ・ザオー・ゼーオオオ・ゼーセン・ゼーセン(1)！　この者たちは生ける者たち，個別の者たち，四つの者たちである．その四つは八つの層を為している．エーオオオオエーアエーオーよ，彼らの前に在るのはあなたです！　あなたは彼らすべての中にいます．また，これらの者たちは男性なるアルメードーンの完全なるプロートファネースの中にある．これは彼らすべてが一つに集まった形の働き（エネルゲイア）である．(§184)

(1) いずれもギリシア語の ζωή/zōē「いのち」，ζάω/zaō「生きる」と関係.

C 『マルサネース』*§32

しかし，魂も固有の複雑な形象を持［って］いる．自分だけで生じた魂の形象は次のような姿をしている．すなわち，その［形象］の第一の天球は，［第二の］部分［天球］エ・エー・イ・オ・ウーの後ろを回っている．この第一の部分とは自ら生まれた魂ア・エ・エー・イ・オ・ウー・オーのことである．

D 『エジプト人の福音書』*§10; 18; 52

そして［その内に］その［栄光］の玉座が据えられた．そこには，明かされざるそれの名が板の上に［記され］，［±5］一つは言葉，万物の［光］の父，沈黙から［出て］沈黙の内に憩う者，その名が［見えざる］シンボルの内にある者，隠された，［見ること］のできない秘義が出［た］．イイイイイイイイイイイイイイイイイイ［イイイ］・エー［エーエー］・［オ］オオオオオオオオオオオオオオオオオオオオ・ウウ［ウウウ］ウウウウウウウウウウウウウウウウウ・エエエエエエエエエエエエエエエエエエエエエ・アアアアアアア［アアアア］アアアアアアアアアアア・オーオーオーオーオーオーオーオーオー［オーオーオー］オーオーオーオーオーオーオーオーオーオーオ(1) (§10)

(1) 以上，7種類の母音は「イエウー（＝至高神）はすべてである」のクリュプトグラムか.

その［場所から］大いなる光［の］雲，活ける力，聖なる不滅の者たちの母，大いなる力，［すなわち］ミロトエーが［出た］．そして彼女は，その名を私はイエン・イエン・エア・エアを三回繰り返すことによって呼ぶ者を生んだ．なぜなら，［彼］はアダマス，輝く光，人間から出た者，最初の人間，万物が彼から成った者，万物が彼へと［成った］者，彼なしでは何も成らなかった者だ

から．理解し得ない，理解し尽くせない父が出た．彼が上から下へ，欠乏の除去のために降りたのである．(§18)

イエー・イエウス・エーオー・オウ・エーオー・オーウア　真に，真にイエッセウス・マザレウス・イエッセデケウスよ，活ける水よ，子供の子供よ，栄光の名よ．真に，真に，［真に］存在するアイオーンよ，イイイイ・エーエーエーエー・エエエエ・オオオオ・ウウウウ・オーオーオーオー・アアアア　真の真に，エーイ・アアアア・オーオーオーオー［真に］存在し，諸アイオーンを見る者よ．真の晋に，ア・エエ・エーエーエー・イイイイ・ウウウウウ・オーオーオーオーオーオーオーオー　永遠に存在する者よ．真の真に，イエーア　アイオー，心において，存在するウアエイ・エイサエイ・エイオエイ・エイオセイ(1) (§52)

(1) 末尾のカタカナ4語は，ギリシア語で「永遠に永遠の子よ，汝は汝がそれであるところの者」のクリュプトグラムか．

E 『三体のプローテンノイア』*§8

彼らは全き子，キリスト，自ら生まれた神を賞め讃えた．そして彼らは［彼に］，こう言って栄光を与えた．「彼は存在する．彼は存在する．神の子，彼は存在する者，アイオーンたちのアイオーン．彼は自らもたらしたアイオーンたちを見守る．あなたはご自身の意志によって［彼らを］もたらしたのだから．だからわれらはあなたに栄光を与える．マ・モー・オー・オー・オー(1)・エイア・エイ・オン・エイ(2)・アイオーンたちのアイオーン，彼が与えたアイオーン．

(1) 以上，コプト語で「与えたまえ，取りたまえ，三重に大いなる者」のクリュプトグラムか．

(2) 以上，ギリシア語で「あなたは初めであり，あなたは存在する者である」のクリュプトグラムか．

F 『ギリシア語魔術パピルス』*PGM IV, 604-616

なぜなら，わたしは火急で辛苦かつ容赦なき必要に迫られて，いまだかつて死すべき本性の人間の中に入ったこともなければ，人間の舌や音声で分節されて語られたこともない活ける尊い名前を連呼するからである．エーエオー・オエーエオー・イオーオー・オエー・エーエオー・オエー・エオー・イオーオー・オエーエーエ・オーエーエ・オーオエー・イエー・エーオー・オオー・オエー・イエオー・オエー・オーオエー・イエオー・オエー・イエエオー・エエー・イオー・オエー・イオエー・オーエーオー・エオエー・オエエー・オーイエー・オーイエー・エオー・オイ・イイイ・エーオエー・オーウエー・エーオーオエーエ・エオー・エーイア・アエーア・エエーア・エーエエエー・エエエー・エエエー・イエエー・エーエオー・オエーエエオエー・エーエオー・エーウオー・オエー・エイオー・エーオー・オーエー・オーエー・エエ・オオオ・ウイオーエー.（大貫隆訳）

G　プロティノス*『グノーシス派に対して』§14

彼ら［＝グノーシス派］はかの所［＝神的存在の領域］のものに向かって唱えられるための呪文を――（中略）――書いているのであるが，この場合に彼らのしていることは，瞞着や魅惑や説得を試み，もしわれわれのうちのだれかがかなり巧みに，定められたことを定められたふうに，つまり節回しや叫び声や呼吸づかいや，シーという声や，その他かの世界で魔力を発揮すると［彼らによって］書かれているかぎりのことを正しく唱えるならば，かの世界のものがことばに聴従して，言われる通りになる，と主張することにほかならない．

またもし彼らがそういうことを言おうとしているのではないとしても，とにかく非物体的な［肉体をもたない］ものが，どうして音声に聴従するであろうか．かくして，自分たちの説をもっと威厳のあるものに見せかけようとして彼らの仕組んだ趣向によって，かえってかの世界のものの威厳を失墜せしめたことに，彼らは気づいていないのである．

また彼らは，自分たちを病気から守ることができると言っているけれども，それが節制と規則正しい生活によって守るという意味ならば，哲学者たちも言っていることであって，彼らの言い分は正しいであろう．ところが実際には彼らは病気そのものを実体化して悪霊であるとなし，これをことばの力によって追い払うことができると称して宣伝している．彼らはこのことによって，魔術師たちの力に驚嘆するような大衆の目には，いっそう偉いように映るかもしれないが，しかし明確に思考する人々を説得して，病気の原因は疲労や［栄養などの］過多や不足や腐敗や，一般に身体の内部あるいは外部に起因する変化にあるのではない，と信じさせることはできないであろう．

134 「婦人たちは教会では黙っていなさい」 →159

1コリント 14, 33b-36

135 現世を享楽する

1コリント 15, 32-33

1コリント 15 章でパウロは，信徒たちの一部が「死者の復活などない」とする見方に立っていることに反駁を加えている．そこでは，当時広く人口に膾炙していた慣用表現が二種類引用されている．以下に紹介する断章の内 A～F はすべてギリシア語の墓碑銘で，前者に対する類例である．

1コリント 15, 32-33

32単に人間的な動機からエフェソで野獣と闘ったとしたら，わたしに何の得があったでしょう．もし，死者が復活しないとしたら，「食べたり飲んだりしようではないか．どうせ明日は死ぬ身ではないか」ということになります．33思い違いをしてはいけない．「悪いつきあいは，良い習慣を台なしにする」のです．

A　ギリシア語の墓碑銘 (W. Peek, *Griechische Grabgedichte*, Berlin 1960, SQAW 7, Nr.452, S.265)

君がなお自分の中に愛と欲求を感じる間に，今このときのすべての良き物を享楽せよ．

B　ギリシア語の墓碑銘（以下 B〜D は H.-J. Klauck, *Die religiöse Umwelt des Neuen Testaments I*, Stuttgart 1995, S. 76 による）

わたしはかつて存在しなかった／わたしはかつて生じた／わたしはもう存在しないだろう／それがわたしにとって何であろう／人生とはそういうものだ.

C　ギリシア語の墓碑銘

わたしは存在しなかった／わたしは今現に存在しない／そんなことをわたしは気にしない.

D　ギリシア語の墓碑銘

わたしは無だった／わたしは今現に無だ／しかしお前は生きている／食べて，飲んで，遊んで，それからやって来い.

E　ギリシア語の墓碑銘（A. Deissmann, *Licht vom Osten*, Tübingen [4]1923, S. 251）

ここに眠るは，その名をクリュソゴノスという者，ニュンフの崇拝者．すべて通り過ぎ行く者たちに彼は言う，「飲むがよい．お前にはもう終わり（死）が見えているからだ.」83 歳.

F　ギリシア語の墓碑銘（K. Berger/C. Colpe, *Religionsgeschichtliches Textbuch zum Neuen Testament*, Göttingen 1987, Nr. 459）

お前は生きている間，快活に過ごし，食べて，飲んで，贅沢に身を委ね，女を抱け．なぜなら，それで終わりだからだ.

G　プルタルコス*「アレクサンドロスの幸運について」 II, 3：『モラリア』336c

人々はサルダナパルス王の墓の上に，こう刻んだ.「食べて，飲んで，性愛を楽しめ．自余のことは無に等しい.」（大貫隆訳）

136 天的な者と土で造られた者
1コリント 15,45-49

パウロは，死者の復活問題を論じる途中，最初にあったのは「地に属する者」（土でできた人間，自然の命の体）であって，それがやがて「天に属する者」（霊の体）に復活すると述べる．その背後には，コリント教会における復活論争があるが，ここではその詳細には立ち入らず，アレクサンドリアのフィロンにおける並行例を挙げるにとどめる．

1コリント 15,45-49

45「最初の人アダムは命のある生き物となった」と書いてありますが，最後の
アダムは命を与える霊となったのです．46最初に霊の体があったのではありませ
ん．自然の命の体があり，次いで霊の体があるのです．47最初の人は土ででき，
地に属する者であり，第二の人は天に属する者です．48土からできた者たちはす
べて，土からできたその人に等しく，天に属する者たちはすべて，天に属するそ
の人に等しいのです．49わたしたちは，土からできたその人の似姿となっている
ように，天に属するその人の似姿にもなるのです．

アレクサンドリアのフィロン*『律法の寓喩的解釈』I, 31-32

［創世記2,7の引用に続けて］二種類の人間が存在する．一つは天的人間，もう一つは地的人間である．天的人間は神の似像として生じた（*γεγονώς*/gegonōs）．それゆえ，朽ちるべき土の実体にはまったく与っていない．しかし，地的人間はまとまりのない塵という素材から集成された（*ἐπάγη*/epagē）．この理由から，モーセは天的人間について，それが形成された（*πεπλάσθαι*/peplasthai）とは言わず，むしろ神の像を押されたと言い，それに対して，地的人間は言わば一人の芸術家によって形成されたもの（*πλάσμα*/plasma）であるが，生じたもの（*γέννημα*/gennēma, 子孫）ではない，と言っているのである．（大貫隆訳）

コリントの信徒への第二の手紙

137 苦しめられても行き詰まらない
2コリント 4, 8-9

パウロのこの発言については，ストア派の不動心（アパテイア）の倫理にも，表現形態の似た言葉がある．

2コリント 4, 8-9

8わたしたちは，四方から苦しめられても行き詰まらず，途方に暮れても失望せず，9虐げられても見捨てられず，打ち倒されても滅ぼされない．

エピクテトス*『人生談義』 II 19, 22f

それでは誰がストア学徒か．（中略）病気でも幸福であり，危険に瀕しても幸福であり，死んでも幸福であり，追放されても幸福であり，不名誉を受けてもなお幸福であるような，誰かをどうか示してくれ給え．示してくれ給え．神々に誓って，私は誰かストア学徒を見たいのだ．

138 外なる人と内なる人 →118
2コリント 4, 16

139 地上の幕屋としての身体

2コリント5,2-4

人間の身体が「地上の幕屋」と表現され，天上にある永遠の住みかと対比されている．しかも，前者を「脱いで」後者を新たに「着る」のか，前者を着たまま，後者をその上に着るのかが議論のポイントになっている．有力なギリシア語写本の読みは「それを脱いでも」の代わりに「それを着るので」を採用しているが，現在の本文批評学上の定説は「それを脱いでも」を採用している．いずれにせよ，プラトン*哲学以来の魂と身体の関係をめぐる二元論的な思考の伝統が背後に前提されているものと思われる．

2コリント5,2-4

2わたしたちは，天から与えられる住みかを上に着たいと切に願って，この地
上の幕屋にあって苦しみもだえています．3それを脱いでも，わたしたちは裸の
ままではおりません．4この幕屋に住むわたしたちは重荷を負ってうめいており
ますが，それは，地上の住みかを脱ぎ捨てたいからではありません．死ぬはずの
ものが命に飲み込まれてしまうために，天から与えられる住みかを上に着たいか
らです．

A 偽プラトン『アクシオコス』*365E-366B

一旦，結合が解き放たれ，魂が自己本来の場所に坐を与えられると，とり残された身体は，土の質でしかなく理性を欠いているから，もはや人間ではないということ，このことをよくわきまえなさい．なぜなら，わたしたちは魂なのだから．すなわち，死すべきものという牢獄に閉じ込められてきた不死なる生きものなのだから．そして一方，この仮小舎のほうは，困ったことにもともとからの定めがこれを［わたしたちに］当てがってくれたのだけれども（中略）というわけだからしたがって，生きることから離れるということは，悪いことから善いことへ移行することなのだ．

B 『ヘルメス文書』*X,17-18

というのも，叡智が地上の身体のうちに裸のまま本来の姿で座しているとい

うことはありえないのである．なぜなら，地上の身体はこれほどの不死性を支えることはできないし，これほどの卓越性は，受動的な身体が自己を染めることに耐えられないからである．そこで叡智は覆いとして魂をまとい，魂は，それ自身もなにがしか神的であるから，僕として気息を使い，気息は生き物を治めているのだ．さて，叡智は地上の身体から解放されると，直ちに本来の衣，すなわち火の衣をまとった．それをまとったまま地上の身体に住み込むことはできなかった．土は火に耐えることができないからである．

C 『知恵の書』*9,15

朽ちるべき体は魂の重荷となり，地上の幕屋が悩む心を圧迫します．

140 無一物ですべてを所有

2コリント6,10

パウロは，キリスト者の生の逆説性をこのように表現している．犬儒派のクラテス（前4～後3世紀）が何通か書簡を書いたことは，ディオゲネス・ラエルティオス*『ギリシア哲学者列伝』VI, 98に証言がある．それより遅れておそらく前1世紀～後3世紀ごろに著され，クラテス*の名の下に伝わる手紙の中に，パウロの発言と並行する文言がある．

2コリント6,10

10悲しんでいるようで，常に喜び，物乞いのようで，多くの人を富ませ，無一物のようで，すべてのものを所有しています．

『クラテス*の手紙』VII（後半）

われわれには完全な安らぎがある．シノペのディオゲネスのおかげで，あらゆる不幸から自由になっている．われわれは無一物だが，すべてを所有している．しかし，君たちはすべてを所有していながら，不和と妬みと恐れと名誉欲

のゆえに無一物だ.（大貫隆訳）

141 第三の天にある楽園
2コリント 12, 2-4

「第三の天」にある「楽園」にまで「引き上げられた」という人物，それはおそらくパウロ自身のことである．パウロに前後するユダヤ教では，神秘主義者が脱魂（恍惚）状態になって天使の導きの下に天に向かって上昇し，そこで秘密の啓示を授けられて再び下降してくる，という思弁がかなり広く行われていたものと思われる．ギリシア語バルク黙示録*もその一つで，バルクは第一の天から第五の天まで上昇する．ここではその最後の第五天の場面のみを紹介する．その次の『ゾーストリアノス』*はナグ・ハマディ文書の一つで，プロティノス*神秘主義哲学との接点も示している．主人公ゾーストリアノスの霊的上昇の過程は非常に大掛かりな規模で描かれる．地上から月までの領域は「空気（アエール）の大地」と呼ばれ，合計13の階層（アイオーン）から成っている．月から恒星天までの領域は「対型（アンティテュポス）のアイオーン」と呼ばれる．それは惑星天に相当するので，合計7層から成る．さらにその上に，「滞在」（パロイケーシス），「回心」（メタノイア，6層構造），「アウトゲネースのアイオーンたち」の天がある．ここでは，この段階までの上昇の件を紹介する．

2コリント 12, 2-4

2わたしは，キリストに結ばれていた一人の人を知っていますが，その人は十
四年前，第三の天にまで引き上げられたのです．体のままか，体を離れてかは知
りません．神がご存じです．3わたしはそのような人を知っています．体のまま
か，体を離れてかは知りません．神がご存じです．4彼は楽園にまで引き上げら
れ，人が口にするのを許されない，言い表しえない言葉を耳にしたのです．

A 『ギリシア語バルク黙示録』*11, 1-5

天使はそこからわたし［バルク］を第五の天へと連れて行った．その門は閉じていた．わたしは言った．「主よ，この入口は，われわれが入れるために開かないのですか．」天使はわたしに言った．「天の王国の鍵を持っているミカエルがやって来るまでは，われわれは入ることができません．しばらく待ちなさい．そうすれば神の栄光を見るでしょう．」すると雷のような大きな声がしたので，わたしは言った．「主よ，この声は何ですか．」彼はわたしに言った．「今，人間の願いを受け取るために大将軍ミカエルが降りて来ます．」すると見よ，「門を開け」という声が聞こえた．すると門が開いたが，そのきしむ音は雷鳴のようであった．

B 『ゾーストリアノス』*§ 8-10

その天使がこう語り終わったとき，私はものすごい早さで，しかも大きな喜びを感じながら，その天使とともに高く引き上げられて，大きな光の雲に到達した．私は自分の［身体の］造りものを地上に残してきたが，それはそこで栄光に満ちた者たちの手で守られるのであった．そしてわれわれは「この世界」全体，その内部にある 13 のアイオーン，そこに棲む天使たちの群れの目を免れて進んだ．彼らはわれわれを見なかった．しかし，彼らの支配者（アルコーン，単数）は［われわれが通過したこと］によって狼狽した．なぜなら，［われわれが　± 12 字欠損］光の雲は，［「この世界」の中のどのようなもの］よりも優れていて，その美しさは言葉に尽くしがたいからである．それが聖なる霊たちを導［く］ときには，大いなる力に溢れて輝く．それは救い主としての霊であり，叡智に満ちた言葉である．それは「この世界」にある事物と［異なり］，変りやすい物質［と］押し迫る言葉（ロゴス？）の［± 3］．そしてその時私は自分の中にある力を知った．それはすべての光を持つものであり，暗黒に勝るものであった．私はその場所で洗礼を受けた．そして，その場所にいる栄光に満ちた存在の姿になった．私は彼らの一人のようになった．

私は「空気（アエール）の［大地］」を脱出し，「対型（アンティテュポス，複数）のアイオーン」を通過した．私はそ［こ］で七回，すなわち，［七つの］対型のアイオーンのそれぞれについて一回ずつ，活ける［水で］洗礼を受けた．

私はそれらをすべて［通過する］まで，そうすることを止めなかった．そうして私は［真に］実在する「滞在」（パロイケーシス）まで昇って行った．私は［そこで］洗礼を受け，「この［世］界」を［離れた］．私は真に実在する「回心」（メタノイア）に向かって昇って行った．［そして］そこで［六］回洗礼を受けた．私は第六の［アイオーンを］通過した．［以下行全体± 13 が欠損］．私はさらに［「アウトゲネースのアイオーンたち」］に向かって昇って行った．私はそこに立った．そして，真理の光を見た．それは真に自ら生じた根から来ているもので，大いなる天使たち，およびこの上ない栄光の存在たちとともにあった．

ガラテヤの信徒への手紙

142 異邦人との会食

ガラテヤ 2, 12

シリアのアンティオキア教会で行われていたユダヤ教出身の信徒と異教出身の信徒の会食をめぐって，パウロとペトロが衝突した事件について述べる箇所である．ユダヤ教徒が異教徒との会食を忌避したことについては，2世紀半ばの『ヨベル書』に明文規定がある．異教徒側からの証言については 158 を参照.

ガラテヤ 2, 12

12なぜなら，ケファは，ヤコブのもとからある人々が来るまでは，異邦人と一緒に食事をしていたのに，彼らがやって来ると，割礼を受けている者たちを恐れてしり込みし，身を引こうとしだしたからです．

『ヨベル書』*22, 16

わが子ヤコブよ，お前はわたしのことばを肝に銘じ，お前の父（祖）アブラハムの命令を守れ．異教徒たちとはきっぱり手を切り，彼らと食卓を囲んだり，彼らの行いにならって行動したりするな．また，彼らと仲間になるのではない．彼らの行いはけがれており，彼らの道はことごとくよごれ，下品で，いまわしいばかりである．

143 律法の呪い
ガラテヤ 3, 13

イエスの十字架による処刑死を説明するこの箇所で，パウロは申命記21, 23の次の文章を意識している．――「死体を木にかけたまま夜を過ごすことなく，必ずその日のうちに埋めねばならない．木にかけられた死体は，神に呪われたものだからである．あなたは，あなたの神，主が嗣業として与えられる土地を汚してはならない．」しかし，ここで語られる「神の呪い」が，パウロでは「律法の呪い」に変えられている．正統的なユダヤ教の立場から見れば，十字架という「木にかけられた者」はあくまで「神に呪われた者」である．そのことを殉教者ユスティノス*の『ユダヤ人トリュフォンとの対話』の中で，トリュフォンが明言している．

ガラテヤ 3, 13

13キリストは，わたしたちのために呪いとなって，わたしたちを律法の呪いから贖い出してくださいました．「木にかけられた者は皆呪われている」と書いてあるからです．

殉教者ユスティノス*『ユダヤ人トリュフォンとの対話』 32, 1

［トリュフォンの発言］しかし，君，ここにある聖書からすれば，われわれは栄光に満ちた偉大な存在［メシア］を待望せざるを得ない．彼は「日の老いたる者」［神のこと，ダニエル 7, 9 参照］から人の子のように，永遠の王国を受け継ぐはずなのだ．ところが君たちが言うキリストときたら，名誉も栄光も見る影もなかった．そもそも彼は神の律法の下のこの上ない呪いに落とされたのだ．なぜなら，十字架にかけられたのだから．（大貫隆訳）

144 奴隷と自由人，男と女
ガラテヤ 3, 28

女性や奴隷の立場をめぐってパウロがこの箇所で行っている発言の背後には，奴隷制および女性をめぐる古典期ギリシア以降の長い議論の伝統が潜んでいると思われる．

ガラテヤ 3, 28

28そこではもはや，ユダヤ人もギリシア人もなく，奴隷も自由な身分の者もなく，男も女もありません．あなたがたは皆，キリスト・イエスにおいて一つだからです．

A　アリストテレス*『政治学』1252b1-9

ところで女性と奴隷との間には生来［自然に］区別がある．（何故なら鍛冶屋はデルポイの短刀を何にでも向くように作るのに，自然は何をもそのようなものとしてではなく，一つのものを一つに向くように作るからである．何故なら道具は何れもこういう風に多くの仕事にではなく，一つの仕事に隷属するとき，最も見事に作られたものと言えようから）．しかし，野蛮人の間では女性と奴隷とは同じ地位にある．そしてその理由は彼らが自然の支配者をもたずに，彼らの共同体が女奴隷と男奴隷から出来ているということにある，それ故に詩人たちは，「ギリシア人が野蛮人を支配するのは当然である」と言っている，これはあたかも野蛮人と奴隷とは自然に同じであるという風な考えである．

B　アリストテレス*『政治学』1253b15-24

何故なら，或る人々には主人の奴隷支配は一つの知識であって，われわれがこの書の初めに言ったように家政も，奴隷支配も，政治家の知識も，王の知識もすべて同じであると思われているからである．また或る人々には主人が奴隷を支配するのは自然に反していると思われている．或る人が奴隷であり，また他の或る人が自由人であるのは人の定めによるので，決して自然には違いがあるのではない，従ってそれはまた正しいことではない，何故なら強制的だから，というのである.

145 いろいろな日，月，時節，年を守る →156

ガラテヤ 4, 10

146 互いにかみ合い，共食いする

ガラテヤ 5, 15

ガラテヤ 5, 13-15 でパウロは，「隣人を自分のように愛しなさい」という一句にモーセ律法全体を集約して，そこにキリスト者の自由があると述べる．その対極は「互いにかみ合い，共食い」することだと言う．この最後の文言とよく似た言葉が，プルタルコス*『モラリア』「コロテス駁論」§30 にある．法律，王や執政官による支配がなければ，人間の生活は野獣の共食いと同じになってしまうというコロテスの説に対する論駁の一節である．

ガラテヤ 5, 15

15だが，互いにかみ合い，共食いしているのなら，互いに滅ぼされないように注意しなさい．

プルタルコス*「コロテス論駁」§30：『モラリア』1124D-E

法が取り去られても，パルメニデスやソクラテスやヘラクレイトスやプラトンの教えがわれわれに遺されているようなら，われわれが互いに相手を貪り食うとか，野獣の生を生きるなどということは，到底考えられないだろうからである．なぜなら，そのような場合には，われわれは恥ずべき行為には恐れを抱き，正義については，これを立派なことと見て大事にするだろうからだ．

147 肉の業と霊の実
ガラテヤ 5, 16-26

パウロは「肉の業」と「霊の結ぶ実」を対比し，それぞれに属する人間の行動，資質，感情を列挙している．これと似た発言は，新約聖書の中にその他にも幅広く見出される（1テモテ 1, 9-10; 3, 2-4; 2テモテ 3, 2-5; テトス 1, 7-9 他）．その背後には，とりわけストア派の倫理学（情念論）において，広範囲にわたって繰り広げられた善徳表と悪徳表の伝統が前提されている．そこでは，善徳も悪徳も基本となるものが四つあるとされ，そのそれぞれがさらに下位の概念に分類・定義されるのである．四大善徳は思慮（フロネーシス），熟慮（ソーフロシュネー），正義（ディカイオシュネー），勇気（アンドレイア）であるが，四大悪徳はその反対概念の無思慮（アフロシュネー），放縦（アコラシア），不正義（アディキア），臆病（デイリア）とされる場合もあれば，苦痛（リュペー），恐怖（ポボス），欲望（エピテューミアー），快楽（ヘードネー）とされる場合もある．『初期ストア派断片集』（SVF）の中に該当する断章は無数にあるが，ここでは典型的なものだけを挙げる．

ガラテヤ 5, 16-26

16わたしが言いたいのは，こういうことです．霊の導きに従って歩みなさい．
そうすれば，決して肉の欲望を満足させるようなことはありません．17肉の望む
ところは，霊に反し，霊の望むところは，肉に反するからです．肉と霊とが対立
し合っているので，あなたがたは，自分のしたいと思うことができないのです．
18しかし，霊に導かれているなら，あなたがたは，律法の下にはいません．19肉
の業は明らかです．それは，姦淫，わいせつ，好色，20偶像礼拝，魔術，敵意，
争い，そねみ，怒り，利己心，不和，仲間争い，21ねたみ，泥酔，酒宴，その他
このたぐいのものです．以前言っておいたように，ここでも前もって言いますが，
このようなことを行う者は，神の国を受け継ぐことはできません．22これに対し
て，霊の結ぶ実は愛であり，喜び，平和，寛容，親切，善意，誠実，23柔和，節
制です．これらを禁じる掟はありません．24キリスト・イエスのものとなった人
たちは，肉を欲情や欲望もろとも十字架につけてしまったのです．25わたしたち
は，霊の導きに従って生きているなら，霊の導きに従ってまた前進しましょう．

26うぬぼれて，互いに挑み合ったり，ねたみ合ったりするのはやめましょう．

A　ストバイオス*『詞華集』II 7, 5（C. Wachsmuth S. 59, Z. 4 以下＝SVF III, 262）

思慮（フロネーシス）とは為すべきこと為さざるべきこと，かつそのいずれでもないものについての知識，あるいは本性上政治的な生物の［人間にとって］善なるものと悪しきもの，かつそのいずれでもないものについての知識である．熟慮（ソーフロシュネー）とは採用すべきものと避けるべきもの，かつそのいずれでもないものについての知識である．正義（ディカイオシュネー）とは，それぞれの人にふさわしいものを分配する知識のことである．勇気（アンドレイア）とは，恐るべきものと恐るべきではないもの，かつそのいずれでもないものについての知識である．無思慮（アフロシュネー）とは，善なるものと悪しきもの，かつそのいずれでもないものについての無知のことである．あるいは，為すべきこと為さざるべきこと，かつそのいずれでもないものについての無知のことである．放縦（アコラシア）とは，採用すべきものと避けるべきもの，かつそのいずれでもないものについての無知である．不正義（アディキア）とは，それぞれの人にふさわしいものを分配しない無知のことである．臆病（デイリア）とは，恐るべきものと恐るべきではないもの，かつそのいずれでもないものについての無知である．彼ら［ストア派］はその他の善徳と悪徳についても，以上述べたところに準じて，同じように定義している．それ以上に彼らに共通しているのは，善徳とは生涯全体にわたって魂の状態がそれと合致していることだという主張である．（大貫隆訳）

B　ディオゲネス・ラエルティオス*『ギリシア哲学者列伝』VII, 111-114

さまざまな情念のうちで（類として）最上位にあるのは，ヘカトンが『情念論』第二巻のなかで，またゼノンも『情念論』のなかで述べているところによれば，苦痛（リュペー），恐怖（ポボス），欲望（エピテューミアー），快楽（ヘードネー）という四つの類である．（中略）そして苦痛とは，理性を失った（魂の）萎縮状態のことであり，それの種にあたるものとしては，憐憫，嫉妬，羨望，負けず嫌い，煩悶，困惑，苦悩，心痛，惑乱というような情念があると考えられている．（中略）また恐怖とは，災悪の予期であって，その恐怖のなかには，次のような情念も帰属させられている．すなわち，驚怖，逡巡，恥ずかしさ，驚愕，狼狽，不安がそれである．（中略）また欲望とは，理性を欠いた欲求であって，この欲望の下には，次のような情念も組み入れられている．すなわち，切望，憎しみ，争い好き，怒り，恋情（性愛），怨恨，腹立ちである．（中略）さらに快楽とは，選択されるべきだと思われるものに対しての，理性を欠いた（魂の）高揚状態のことである．そしてその快楽の下には，魅了されていること，悪意を含む喜び，浮き浮きしていること，有頂点，というような情念が組み入れられている．（以下省略）

148 パウロが大きな字で自書する →157

ガラテヤ 6, 11

ガラテヤの信徒への手紙は実際にパウロ自身が書いた真筆の手紙である．ただし，実際に書いたとは言っても，パウロは口述し，書記がそれを筆記したものと考えられる．なぜなら，手紙の末尾に近い 6, 11 には，「このとおり，わたしは今こんなに大きな字で，自分の手であなたがたに書いています」とあるからである．書記に口述筆記させた後，最後に自筆で書き加えることは，古代の手紙のやりとりでは通常のことであったものと思われる．次の図版は A. Deissmann, *Licht vom Osten*, Tübingen [4]1923, S. 139-140 から取ったものである．一人の小農が家畜（子羊）の所有が増えたことを役場に申告する手紙である．本体部は依頼を受けた書記が楷書の大文字で連続筆記している．ただし，末尾の字体が異なる署名は農夫のものではなく，申告を承認する役人によるものである．

ガラテヤ 6, 11

11このとおり，わたしは今こんなに大きな字で，自分の手であなたがたに書いています．

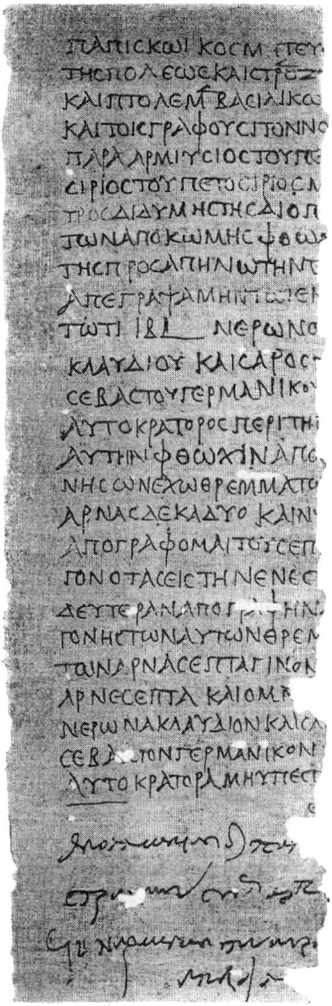

Παπίσκωι κοσμητεύσ[α(ντι)]
τῆς πόλεως καὶ στρα(τηγῶι) Ὀξυ[ρυγχ(ίτου)]

καὶ Πτολεμα(ίωι) βασιλικῶ[ι γρα(μματεῖ)]
καὶ τοῖς γράφουσι τὸν νο[μὸν]
παρὰ Ἁρμιύσιος τοῦ Πε[το-]
σίριος τοῦ Πετοσίριος μ[η-]
τρὸς Διδύμης τῆς Διογέ[νους]
τῶν ἀπὸ κώμης Φθώχ[ιος]
τῆς πρὸς ἀπηλιώτην το[π(αρχίας).]
ἀπεγραψάμην[4] τ῀ι ἐν[εσ-]
τῶτι ιβ L Νέρωνο[ς]
Κλαυδίου Καίσαρος
Σεβαστοῦ Γερμανικοῦ
Αὐτοκράτορος περὶ τὴν
αὐτὴν Φθῶχιν ἀπὸ γ[ο-]
νῆς ὧν ἔχω θρεμμάτω[ν]
ἄρνας δέκα δύο. καὶ νῦ[ν]
ἀπογράφομαι τοὺς ἐπ[ιγε-]
γονότας εἰς τὴν ἐνεστ[ῶσαν]
δευτέραν ἀπογραφὴν ἀ[πὸ]
γονῆς τῶν αὐτῶν θρεμ[μά-]
των ἄρνας ἑπτά, γίνον[ται]
ἄρνες ἑπτά. καὶ ὀμν[ύω]
Νέρωνα Κλαύδιον Καίσαρ[α]
Σεβαστὸν Γερμανικὸν
Αὐτοκράτορα μὴ ὑπεστά[λθ(αι).]
ἔ[ρρω(σθε)]

Ἀπολλώνιος ὁ π(αρὰ) Παπ[ίσκου]
στρατηγοῦ σεση(μείωμαι) ἄρν(ας) ζ.
L ιβ Νέρωνος τοῦ κυρ(ί)ο[υ]
Ἐπεὶφ λ.

パピルス（A. Deissmann, *Licht vom Osten. Das Neue Testament und die neuentdeckten Texte der hellenistisch-römischen Welt*, Tübingen [4]1923, S. 139–140）

149 「イエスの焼き印」
ガラテヤ 6, 17

「焼き印」とは古代の奴隷が身に受けていたもので,「イエスの焼き印」は,パウロが自分を主イエスの奴隷（僕）と理解していることを意味する．古代イスラエルにも奴隷が存在したが，イザヤ 44, 5 では，その奴隷が手（腕）に焼き印（？）を押されていたことが暗示されている．下記の断章Aは，前1世紀のエジプトのユダヤ教徒の状況を前提するものと思われる．ヨハネ黙示録 13, 16 で，皇帝崇拝を強要する「第二の獣」（ネロ）が「すべての者にその右手か額に刻印を押させた」と言われるのは，当然ながら，ローマ帝国での奴隷を視野においている．断章Bも同様であるが，ここでは奴隷の焼き印は額につけられたことが明言されている．最後に挙げる図版では，イシス崇拝の司祭が額に入れ墨をしている．司祭はイシス神に仕える奴隷という含みであろうか．

ガラテヤ 6, 17

17これからは，だれもわたしを煩わさないでほしい．わたしは，イエスの焼き印を身に受けているのです．

A　第3マカベア書*2, 28-29

［ディオニュソスの祭壇に］犠牲を献げない者は，彼ら自身の［信奉する神の］神殿にはいるべからず．ユダヤ人はすべて登録され，奴隷とされる．これに逆らう者は力ずくで連行され，生命を奪われる．登録した者たちはディオニュソスの紋章であるきづたの焼印を身に焼きつけられ，彼らは以前取り決められた状態に戻される.」

B　アプレイウス*『黄金のろば』IX, 12

ああ，神々も御照覧あれ，ここの奴隷たちはみんな何という哀れな姿をしているのでしょう．皮膚一面にわたって鉛色の鞭跡が，縞馬模様につき，彼等のまとっているつぎはぎだらけの襤褸着は，痣の出来た背中を，隠しているというよりもむしろそれを一層，陰鬱に見せていました．中には前の部分をほんの申し訳ほど布で隠していましたが，大抵のものは，隙間から体がみんなのぞいて見えるような襤褸をまとっているだけでした．額に文字を焼き付けられ，髪は半分剃り落され，足には枷をはめられていました．全身が土色になって見るからに身震いを覚える程で，瞼は熱気を帯びた黒い煙に焼け爛れ，眼はほとんど視力を失い，それに粉埃を浴びて，正に白粉を撒いて戦う拳闘士よろしく，白っぽく汚れていました．

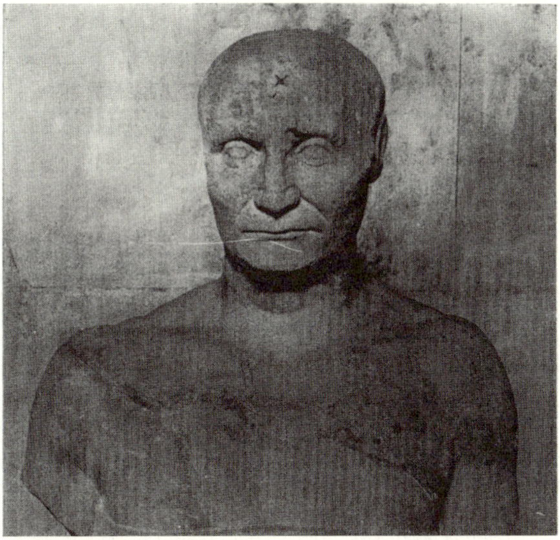

イシス崇拝の司祭（J. Leipoldt/W. Grundmann（Hg.），*Umwelt des Urchristentums*, Bd. III, Berlin 31973, Nr. 285）

エフェソの信徒への手紙

150　キリストは万物の頭　→152, 155

エフェソ 1, 10

151　「空中に勢力を持つ者」

エフェソ 2, 2

この文言の背後には，古代末期のヘレニズム世界の宇宙論がある．それによれば，複数の層になって大地を取り囲んでいる大気と天空には，さまざまな霊的存在が住んでいると考えられた．グノーシス主義やヘルメス文書で，肉体を脱した人間の魂が天上の世界に向かってたどる天路歴程の描写に繰り返し現れるが，すでにプラトン*の直弟子クセノクラテスのものとして同じような文言が伝わっている．

エフェソ 2, 2

2この世を支配する者，かの空中に勢力を持つ者，すなわち，不従順な者たちの内に今も働く霊に従い，過ちと罪を犯して歩んでいました．

プルタルコス*「エジプト神イシスとオシリスの伝説について」§26：『モラリア』361B

クセノクラテスもまた，不吉な日とか，人を打つ，泣く，断食する，品の悪いことを言う，悪口を言う，そういうことをするのが習わしになっている祭とかは，神々や半神に捧げるにはふさわしからぬものだが，われわれの周囲には，大きく強いもので，接するのがむずかしく，たえず不機嫌で，今挙げたようなことに喜びを感ずる，そういう本性のものがある．そしてそういうものは，いったん泣いたり悪口を言ったり，そういうことが思い通りにできてしまうと，それ以上悪くはならないのだ，と申しております．

152 キリストは教会の頭 →150, 155

エフェソ 4, 11-16

153 妻と夫 →125

エフェソ 5, 22-33

キリスト教徒の夫婦論が展開されている．教会を「キリストのからだ」と見るパウロの教会論（ロマ 12 章，1 コリント 12 章）と創世記 2, 24 が背景にあることは明らかであるが，同時にストア派の夫婦論との並行が注目に値する．ここに引くのは，ストバイオス『詞華集』が保存している，後 2 世紀前半のストア派の哲学者ヒエロクレス『結婚について』からの断章である．

エフェソ 5, 22-33

22妻たちよ，主に仕えるように，自分の夫に仕えなさい．23キリストが教会の
頭であり，自らその体の救い主であるように，夫は妻の頭だからです．24また，
教会がキリストに仕えるように，妻もすべての面で夫に仕えるべきです．25夫た
ちよ，キリストが教会を愛し，教会のために御自分をお与えになったように，妻
を愛しなさい．26キリストがそうなさったのは，言葉を伴う水の洗いによって，
教会を清めて聖なるものとし，27しみやしわやそのたぐいのものは何一つない，

聖なる，汚れのない，栄光に輝く教会を御自分の前に立たせるためでした．[28]そのように夫も，自分の体のように妻を愛さなくてはなりません．妻を愛する人は，自分自身を愛しているのです．[29]わが身を憎んだ者は一人もおらず，かえって，キリストが教会になさったように，わが身を養い，いたわるものです．[30]わたしたちは，キリストの体の一部なのです．[31]「それゆえ，人は父と母を離れてその妻と結ばれ，二人は一体となる．」[32]この神秘は偉大です．わたしは，キリストと教会について述べているのです．[33]いずれにせよ，あなたがたも，それぞれ，妻を自分のように愛しなさい．妻は夫を敬いなさい．

ストバイオス*『詞華集』IV, 22, 24

家にいてくれる妻は，それ以上に大きな慰めでもある．彼女はわれわれに外で何が起きたのかと訊ね，逆に家の中で起きたことを報告してくれる．われわれと一緒に思いめぐらし，ごく自然な態度と心根から気晴らしと快活さをもたらしてくれる．祭りの時ともなれば，供物と神事に何を供えればよいかと思案する．夫が不在の時には，全員の上に立つ者がいなくても家計をどう正しく保てばよいかと気を配り，親戚や家族はどうするか，病気の者たちはどうするかと気遣う．（中略）夫と妻の間のこのような絆以上に美しい家の飾りがあり得るだろうか．家の美しさとは，金をかけた家屋のことでも，広大に張り巡らした家壁のことでも，門外漢にはただ驚くばかりの高価な石材で飾りつけた柱廊のことでも，絵画のことでも，きれいに刈り込まれた銀梅花のことでもない．その他何であれ，無知蒙昧な大衆だけが驚嘆する建物の壮麗さのことではない．家の美しさとは，夫と妻が互いに結婚式，氏素性，家の竈など，同じ宿命によって結び合わされ，神々の前に聖なるものとされてつながって一対であること，互いに同じ思いですべてのことを一緒に行い，お互いの体までも，いや，お互いの魂までそうすることである．（中略）なぜなら，神明に誓って，妻は，普通そう思われるような足かせでも重荷でもないからだ．まさに逆である．妻とは，担うに軽くて容易なもの，実際の屈託と重荷を軽減してくれるものなのだ．（大貫隆訳）

コロサイの信徒への手紙

154　御子は見えない神の姿

コロサイ 1, 15-18

　宇宙万物が御子キリストによって造られ，かつ把持されていると言われている．そのような御子キリストは不可視の高みに隠れている神を可視化する「神の姿」である．さらに，その御子は「その体である教会の頭」であるとも言われる．ここでは「教会」はほとんど宇宙大の広がりにおいてイメージされていると思われる．これと構造的に類似した神観と宇宙論が中期プラトン主義者アルキノオス*と，誤ってアリストテレス*に帰されてきた折衷主義的文書『世界について』に認められる．

コロサイ 1, 15-18

15御子は，見えない神の姿であり，すべてのものが造られる前に生まれた方で
す．16天にあるものも地にあるものも，見えるものも見えないものも，王座も主
権も，支配も権威も，万物は御子において造られたからです．つまり，万物は御
子によって，御子のために造られました．17御子はすべてのものよりも先におら
れ，すべてのものは御子によって支えられています．18また，御子はその体であ
る教会の頭です．御子は初めの者，死者の中から最初に生まれた方です．こうし
て，すべてのことにおいて第一の者となられたのです．

A　アルキノオス*『プラトン哲学要綱』164, 18-27; 164, 40-165, 4; 169, 41-170, 9

　さて，叡智は魂より優れており，すべてのものを同時かつ永遠に思惟する現

実態における叡智は，可能態における叡智よりも優れている．これよりもさらに優れているものは，これの原因者であり，これらよりもさらに上位に存在するものであるから，この者こそが第一の神であろう．彼は宇宙全体の叡智に永遠に活動を可能ならしめている原因者である．彼は自らは不動のままこの叡智に働きかける．それはちょうど，太陽が自分を眺めようとする人間の視力に及ぼす働きと同じであり，また，欲求の対象が自らは不動のままで人間の欲求を動かすのと同じである，この叡智［＝第一の神］もまさにこのようにして宇宙全体の叡智を動かすのであろう．(164, 18-27)

神は父である．なぜなら，万物の原因者であり，宇宙の叡智と世界霊魂を自分自身と自分自身の思考とに即して秩序づけるからである．すなわち，神は自分自身の意志によって万物を彼自身で満たし，世界霊魂の叡智の原因者として，この世界霊魂を目覚めさせ，彼自身のほうへと向きをかえさせたからである．父によって秩序づけられたその叡智が現下のこの世界の全自然をあまねく秩序づけているのである．(164, 40-165, 4)

それゆえ，世界が生き物であり，叡智を備えたものであることは明らかであろう．神は世界を最善のものにしようと欲した．そのために神は世界を魂と叡智を備えたものとして造ったのである．なぜなら，魂を備えた一つの全体に仕上げられたものは，魂を備えないそれよりも優れており，叡智を備えたものは叡智を備えないものよりも優れているからである．おそらく叡智は魂なしでは存続できないであろう．

さて，魂［世界霊魂］は中心から周縁へと広がって，世界の身体をあらゆる方面から包み込んで覆うことになった．その結果，魂は世界の全体にわたって伸延し，こうして世界を合体させ，かつ統括することとなった．(169, 41-170, 9)（大貫隆訳）

B　偽アリストテレス『世界について』*397b; 398b

古から何人かの思想家たちによって，この世界全体，われわれの目や耳やその他あらゆる感覚に現れるものすべてが，神々で満ち満ちていると言われてきた．それは確かに神の権能を畏怖しての言説ではあるが，真実に合致するものではない．なぜなら，まことに神は万物を保全する者であり，生み出す者であって，何か地上の生き物のように自ら労苦するということはないからである．むしろ，神は尽きることのない力（デュナミス）を用いて，見たところこの上なく遠く離れている事物をさえ支配するのである．（397b）

それゆえ，もしペルシアの大王クセルクセスが自分で何かを整えたり，したいと思うことを自分で実行したり，そのために立ち上がったりするとすれば，それはどれほど大王たる者にふさわしくないことであろう．同じことを神がするとしたら，なおさら神にはふさわしくないことであろう．神としてふさわしく，しかも美しいのは，むしろ自分自身は至高の玉座に静かに座しているだけで，その権勢が宇宙全体にまで行きわたり，太陽と月を動かし，天を回転させ，すべて地上的なるものの基盤となってそれを保持することである．なぜなら，神はいかなる発明や援助も必要としないし，われわれの現実の支配者たちのように，無力なるがゆえに手がいくつあっても足りないということはないからである．むしろ，神が神である最たる証拠は，いかにも容易に，たった一つの動きをするだけで，かくも多様なる造化のすべてを完成することである．それはちょうど，腕の良い職人がたった一つの縄の束で実にさまざまな作業をやってのけ，われわれが知っている人形使いがたった一本の紐を操るだけで，人形の首と手，肩と目，ときには肢体すべてに一定の動きをさせることができるのと同じである．それと全く同じように，神なる自然もまた，たった一つの大元の動きを放つだけで，その力を近くの領域にも及ぼし，そこからさらにはるかに隔たったところにまで至らせて，宇宙万物を貫くのである．（398b）（大貫隆訳）

155 御子は教会の頭　→150, 152

コロサイ 1, 18

パウロは，ロマ 12, 4-8 と 1 コリント 12, 12 以下において教会を「キリストの体」と表現するが（→131），「頭（かしら）」とそれ以外の「体」を区別してはいない．対して，その区別がこの箇所では行われている．エフェソ 1, 10（→

150）と 4, 11-16（→152）では，この箇所の文言がさらに展開されて，教会は宇宙全体と同じ大きさで表象され，キリストはその「頭」と考えられている．

コロサイ 1, 18

18また，御子はその体である教会の頭です．御子は初めの者，死者の中から最初に生まれた方です．こうして，すべてのことにおいて第一の者となられたのです．

アレクサンドリアのフィロン*『賞罰について』§125

生き物の場合は，頭が第一かつ最良の部位であり，尻尾が最後かつ最も軽んじられる部位である．しかし，その尻尾は体の部位の数合わせのためだけにあるのではなく，飛んで来る虫を追い払うための道具でもある．ちょうどそれと同じで，［とモーセは言う］人類の頭になるのは，一人の人であれ，あるいは国民であれ，高貴な者である．すべて他のものは，一つの体の肢体のように，頭に宿る力で活かされ，生きたものとなるのである．（大貫隆訳）

156 コロサイの天使礼拝 →145

コロサイ 2, 16-18

この箇所では祭事暦と天使礼拝が合体しているが，似た事例として以下のAに挙げるのは，『ペトロの宣教』*からの断章である．この文書の原本は失われており，アレクサンドリアのクレメンス*が『絨毯』第IおよびVI巻で残している抜き書きによる他はない．失われた原本そのものの成立時期は後1世紀末から同2世紀初めと推定されている．Bの『ヨベル書』*は後2世紀後半のユダヤ教文書で，それまでの太陰暦に代えて，太陽暦での祭事暦を定めている．

コロサイ 2, 16-18

[16]だから，あなたがたは食べ物や飲み物のこと，また，祭りや新月や安息日のことでだれにも批評されてはなりません．[17]これらは，やがて来るものの影にすぎず，実体はキリストにあります．[18]偽りの謙遜と天使礼拝にふける者から，不利な判断を下されてはなりません．こういう人々は，幻で見たことを頼りとし，肉の思いによって根拠もなく思い上がっているだけで，（以下省略）

A　アレクサンドリアのクレメンス*『絨毯』VI, 5, 41（『ペトロの宣教』* 2A）

なぜなら，彼ら［ユダヤ人］は自分たちだけが神を認識していると考えているが，本当はその彼らさえ，天使たち，大天使たち，暦の月，そして［天空の］月にかしずいて，その神を理解してはいないからである．だから，もし月が光輝かなかった場合は，彼らは，いわゆる第一の安息日を祝わず，種なしパンの祭り［過越］も，祭りも，大きな［あがないの］月も祝おうとしないのである．

B　『ヨベル書』*6, 28-32. 38

このゆえに彼［ノア］は永久の記念としてこれらを祭日と定め，またそのように規定されている．これは天の板にのせられており，ひとつ［の記念祭］から他の記念祭まで，第一から第二，第二から第三，第三から第四まで，そのひとつひとつが 13 週である．掟の日の合計は 52 週となり，これで完全に一年となる．このように天の板に刻まれ，規定されており，これを一年たりといえどもずらしてはならない．きみ［モーセ］はイスラエルの子らに，364 というこの数で年を守るように命ぜよ．これで一年は完全なのであって，その日と祭りの時を乱してはならない．（中略）きみの死後，きみの子らは暦を狂わせ，一年を 364 日と限定せず，そのゆえ朔日も安息日も季節も祭日も誤ち，なんでも血のついたまま食べるようになるであろう．

C　アプレイウス*『黄金のろば』II, 12

というのは私の郷里のコリントスにも近頃おりおり一人のカルデヤ人が来ま

して，市中をふしぎな驚き入った預言のこたえで騒がせておりますので，そいで礼金をとってはいろんな運勢のはかりも及ばぬ不可思議を，市の人々に教えてやるので，たとえば，どの日が結婚の挙式にいいとか，町のかこいの土台を何日きずけば永くもつとか，商売の取引に吉い日，旅行のさいさきよい日，船を出すのに安全な日などという工合でして，いやなによりもこの私［＝主人公のルキウス］が，今度の旅めぐりの末はどんなかと訊ねましたら，いろいろとても奇妙な，さまざまな変わったことを預言してくれました，（以下略）

157　手紙の末尾に自書する　→148

コロサイ 4, 18

テサロニケの信徒への第一の手紙

158 ユダヤ人の異邦人憎悪

1テサロニケ 2, 15-16

興味深いことに，自らユダヤ教徒であるパウロがユダヤ教徒の「人類憎悪」について批判的に語っている．非ユダヤ教徒の立場からの報告は，古代以来数多くある．ここでは，その代表的なものとしてタキトゥスの『同時代史』V, 5 の論述を挙げておく．後出の 176A に挙げるタキトゥス『年代記』15, 44 も同様である．同じことをユダヤ教の内側から述べるものとしては，142 に挙げた『ヨベル書』22, 16 を参照．

1テサロニケ 2, 15-16

15ユダヤ人たちは，主イエスと預言者たちを殺したばかりでなく，わたしたちをも激しく迫害し，神に喜ばれることをせず，あらゆる人々に敵対し，16異邦人が救われるようにわたしたちが語るのを妨げています．

タキトゥス*『同時代史』 V, 5

彼らの宗教儀式がどのような経緯で導入されたにせよ，その古い伝統で正統性が認められる．しかしその他の風俗習慣は忌わしく汚らわしく，その存在意義を主張するのは旋毛曲がりである．性悪な者は皆，父祖伝来のわれわれの宗教を無視し，ここの神殿に貢税や奉納物を持ち寄る．そこからユダヤ人の富は増える．それに彼らはお互いに信頼を頑固に守り，同情の手をいつでもすぐ差しのべる．しかし彼ら以外のすべての人間には敵意と憎悪を抱く．食事は別々にとり，寝床でも分かれて寝る．情欲に耽りがちな種族なのに，異邦の女との共寝は避け，自分たちの間ではすべてを許す．生殖器の割礼を風習とするのも，この奇習で他の民族と区別するためである．彼らの宗教に改宗した者は，同じ習慣を採用する．何よりも先ず教え込まれるのは，神々を軽蔑し祖国を否認し，親子兄弟を重んじないことである．

テモテへの第一の手紙

159 婦人は静かにしているべきである →134

1テモテ 2, 11-12

1コリント 14, 33-36では，教会の秩序を守るために，女たちに沈黙が命じられている．それとほぼ同じことが1テモテ 2, 11-12でも言われている．いずれも教会の内部でも，ユダヤ教に伝統的な父権制が残存していたか，ふたたび復活し始めていることを示している．それとは対照的に，後200年頃の外典文書『パウロとテクラの行伝』*では，女性のテクラがパウロの説教を聞いて，やがて自分で自分に洗礼を施して，福音の宣教者となる．さらにキリスト教の影響を受けたグノーシス文書のいくつかでは，マグダラのマリアがイエスの説く啓示を，他の男弟子たちの誰よりもよく理解して解説する．出し抜かれて腹を立てる代表がいつもペトロであるのも面白い．ここでは『トマスによる福音書』*（後2世紀）と『ピスティス・ソフィア』*（後3世紀後半）の一節を挙げておく．

1テモテ 2, 11-12

11婦人は，静かに，全く従順に学ぶべきです．12婦人が教えたり，男の上に立ったりするのを，わたしは許しません．むしろ，静かにしているべきです．

A 『パウロとテクラの行伝』*§34; 40-41

その時，彼らはさらに多くの野獣を投げ入れたが，彼女［テクラ］は立ち上がって手を広げ，祈っていた．そして祈りが終わると振り返って，そこにあった水をいっぱいにたたえた大きな堀を見つけて，「今は，自分を洗う時です」

と言った．そして，「イエス・キリストの御名において，終わりの日のためにわたしは洗礼を受けます」と言って，自分の身を［水の中に］投げ入れた．(§34)

さてテクラは，どうしても［ふたたび］パウロに会いたくなり，あちらこちらに使者を遣って彼を捜し求めた．そして彼がミュラにいるということが彼女に伝えられると，彼女は何人かの侍女たちを連れて，帯をしめ，マントを男性用の外套の形にし，ミュラ［の町］に入って行った．そして［そこに］神のことばを語っているパウロを見つけて，彼のそばに立った．彼［パウロ］は驚いて彼女と，彼女と一緒にいる群衆とを見た．そして，またしても他の試練が彼女の身の上に襲いかかろうとしているのかと思った．彼女はこれを見て言った，「パウロさま，わたしは洗礼を受けました．福音のためにあなたとともに働かれたお方は，わたしに対してもともに働いてくださり洗礼を受けさせてくださったのです．」（中略）テクラは立ち上がってパウロに，「わたしは［故郷の］イコニウムに行きます」と言った．そこでパウロは言った，「行きなさい，そして神のことばを宣べ伝えなさい．」(§40-41)

B 『トマスによる福音書』*語録 114

シモン・ペテロが彼らに言った，「マリハム［マグダラのマリア］は私たちのもとから去った方がよい．女たちは命に値しないからである．」イエスが言った，「見よ，私は彼女を［天国へ］導くであろう．私が彼女を男性にするために，彼女もまた，あなたがた男たちに似る生ける霊になるために．なぜなら，どの女たちも，彼女らが自分を男性にするならば，天国に入るであろうから．」

C 『ピスティス・ソフィア』*§17; 36

イエスは，以上の言葉を弟子たちに語り終わったとき，「聞く耳のある者は聞くがよい」と言った．すると，［マグダラの］マリアが救い主のその言葉を聞いて，しばらくの間黙って宙を見ていたが，やがて，「主よ，どうぞわたしが皆の前でしゃべることをおゆるしください」と言った．慈愛深いイエスはマリアに答えて，「マリアよ，あなたは幸いである．わたしはあなたを高いところのあらゆる奥義で完全な者とするだろう．さあ，皆の前で語るがよい．あな

たの心は他のどの兄弟よりも天の国に向かっているからだ.」(§17)

イエスは，以上の言葉を弟子たちに語り終わったとき，「あなたがたは，わたしの語り口が理解できるのか」と訊ねた．するとペトロがすかさず前へ転がり出て，イエスに向かって言った，「わが主よ，わたしたちはもうこの女［マグダラのマリア］に我慢がなりません．彼女はわたしたちの誰にも喋らせずに，自分だけが喋り過ぎです.」(§36)（大貫隆訳）

160 性的禁欲 →128

1テモテ 4, 1-3

パウロは1コリント 7, 36-38 で，互いに未婚の男女が性関係を抑制しながら同棲している様子について報告している．情が抑えがたければ結婚してもよいが，そうしないで「相手の娘をそのまま」にしておく方がもっとよいと言う．早くもここに姿を表した原始キリスト教の禁欲的な性倫理は，その後の初期教会史の中で実に複雑多岐にわたる展開を見せることになる．2世紀に数多く書かれた外典使徒行伝では，男女の性行為は，たとえ結婚の枠内のそれであっても，「汚れた交わり」として，キリストとの「真の結婚」のために放棄すべきものとされる．その禁欲主義は「エンクラティズム」（節制主義）と呼ばれる．ここには，その中から『トマス行伝』の一場面を紹介する．『セクストゥスの金言』§239 の「信仰者の結婚生活は節制（性交の断念）を目指した闘いであるべきだ」は，それ自体としては自己矛盾のような文章であるが，外典使徒行伝と同じ禁欲主義から読めば理解可能である．

「エンクラティズム」には，この世そのものを悪として拒絶する反世界的な二元論の姿勢はない．逆に，この姿勢と結びついて，性的禁欲を説くのがグノーシス主義である．そのことを示す本文は無数にあるが，ここではナグ・ハマディ文書から『闘技者トマスの書』*の一節を挙げておく．エピファニオス*『薬籠』26, 4, 3-8 が報告するグループも明らかにグノーシス主義に属する．このグループでは，性交それ自体が禁じられているわけではなく，子づくりによって人類が存続することが悪とされる．そのために体外射精が聖餐式の儀礼と結合されていたらしい．

このように結婚を禁ずる「異端」の性倫理に対して，初期正統主義教会は当然ながら反対し，その枠内での「貞潔」を推奨していった（1テモテ4,1–3の他，同3,2，テトス1,6など参照）．『使徒教父文書』もその延長線上にあるが，特異なのは『ヘルマスの牧者』の場合である．ここに引いた箇所では，男女の性行為も愛撫までは容認され，最後の交合だけが抑制されているように読める．おそらく，この点は1コリント7,36–38でパウロが報告している事例とも通じるかもしれない．ヨアンネス・クリュソストモス*（407年没）の「自宅に処女たちを隠匿している者たちを駁す」は，同じような禁欲倫理がその後のキリスト教史の中で一つの明確な潮流となっていったことを示している．

最後に挙げたムソニウス*（ストア派）とヨセフスの証言は，原始キリスト教の枠外の世界でも，同様な性的禁欲がかなり広まっていたことを証明している．初期キリスト教における「性の歴史」は，実に広範囲におよぶフィールドを持っているのである．

1テモテ4,1–3

1しかし，“霊”は次のように明確に告げておられます．終わりの時には，惑わ
す霊と，悪霊どもの教えとに心を奪われ，信仰から脱落する者がいます．2この
ことは，偽りを語る者たちの偽善によって引き起こされるのです．彼らは自分の
良心に焼き印を押されており，3結婚を禁じたり，ある種の食物を断つことを命
じたりします．しかし，この食物は，信仰を持ち，真理を認識した人たちが感謝
して食べるようにと，神がお造りになったものです．

A 『ヘルマスの牧者』*：「第九のたとえばなし」11,3–7

私は言う，「では，私はどこにいたらよいのでしょうか．」彼女たち［容姿が美しく，肩をむき出しにして，髪の毛を解いている12人の乙女］が言う，「私たちと一緒に，夫のようにではなく，兄弟のようにお休みなさい．あなたは私たちの兄弟なのですから．今後は，私たち，あなたと一緒に住むことにしましょう．あなたをとても愛しているのです．」私は彼女たちと一緒にいるのが恥ずかしかったのである．ところが，彼女たちの第一人者と思われる人が，

私に接吻し，私を抱きしめはじめた．［他の］乙女たちも，彼女が私を抱きしめているのを見て，自ら私に接吻し，塔［建設中の教会］のまわりを連れ歩いて，私と一緒に遊びはじめたのである．私も若返った気持ちになり，自ら彼女たちと一緒に遊びはじめた．ある者は輪舞のステップを踏み，ある者は踊り，ある者は歌っていた．私たちは喜々としていたのである．やがて［夜に］なったので，家に帰ろうと思った．しかし，彼女たちは私を放さず，私にすがりついていた．そこで，私は彼女たちと一緒に夜を過ごし，塔のかたわらで寝むことにした．というのは，彼女たちが自分の麻の上衣を地上に敷きつめ，私を，［彼女］たちの［真中］に寝かせ，彼女たちは祈り以外のことは何もしなかったからである．私も彼女たちと共に，しかも彼女たちよりも少なくはなく，絶え間なく祈り続けた．彼女たちは，このように私が祈っているのを［喜んでくれた］．こうして私は，次の日の第二時［朝の8時］まで，彼女たちと一緒にここで過ごしたのである．

B 『トマス行伝』*12章

わが子らよ，わたし［イエス・キリスト］の兄弟［トマス］があなたがた［新郎新婦］に語ったことを，また，あなたがたを託した方のことを思い出しなさい．そして，もしあなたがたがこのような汚れた交わりから解放されるならば，聖なる宮となり，清くなり，見える，あるいは見えざる衝動と苦痛から解放されるであろう．そして，あなたがたは生活苦と破滅に終わる子供たちに対する心労に患わされないであろうことを知ってほしい．しかし，もしあなたがたが多くの子供を持つならば，彼らのゆえにあなたがたは強盗となり，貪欲となり，みなしごの着物を剝ぎ，やもめから搾取するであろう．そして，あなたがたがこのようなことをすれば，みずからに最悪の罰を下されるであろう．（中略）しかし，あなたがたが忠告に従い，あなたがたの魂を神に対して聖く保つならば，これらの害に触れることのない生ける子らがあなたがたに生じ，あなたがたは心労なく，苦しみと煩いなしに苦労のない生活を送り，あの不朽にして真の結婚を待ち受けるであろう．そして，その中であなたがたは花嫁の添人として，不死と光に満ちたあの新婦の部屋へともに入ってゆくであろう．

C 『セクストゥスの金言』*§239

信仰者の結婚生活は節制［性交の断念］を目指した闘いであるべきだ．（大貫隆訳）

D 『闘技者トマスの書』*§5

救い主が言った，「［すべての］身体は，獣が生まれる［場合と同じように］生まれた．（中略）この身体は獣のようなものだから．獣の身体が亡びるのと同じように，これらのつくり物も亡びるであろう．これらのものは，獣の場合と同じように，交合から生まれるのではないか．もしそれ［身体］も交合から生まれるものなら，どうしてそれは獣と大きく異なるのか．だからお前たちは，お前たちが完全になるまで，幼児なのである．」

E エピファニオス*『薬籠』26,4,3-8の報告

それから彼らは食べ終わると，欲望に身を任せる．というのは，夫は自分の妻から身を引いてから彼女に，「立って，兄弟とアガペーを祝うがよい」という．（中略）それから彼ら［男女二人］は欲望に任せて結合し終わると，さらに加えて女も男も二人そろって天をつくほどの破廉恥行為を行うのである．彼らは男が放出したものを自分の手に受けてから立ち，天を仰ぎながら（中略）こう言う，「わたしたちはあなたにこれを捧げます．これはキリストのからだです．」それから彼らはそれを食べるのだが，その時はまた自分たちの破廉恥行為を楽しみながらこう言う，「これはキリストのからだです．これは過越の食事です．このためにわたしたちはからだの苦しみを受け，キリストの苦難を告白するように強いられるのです．」折しも月経の女から放出されるものについても同じである．彼らは不浄の月経の血を手に集めて，それを一緒に口から飲みながらこう言う，「これはキリストの血です．」（大貫隆訳）

F ヨアンネス・クリュソストモス*『自宅に処女たちを隠匿している者たちを駁す』1

しかし，［隠匿された］処女の場合はそのようなこと［夫婦間の性欲の衰え］は何もない．男女の性的交合が自然の衝動を解消してしまうことも抑圧してし

まうこともなく，妊娠と子育てが処女の肉体を萎ませることもない．むしろ反対である．処女たちは若さの華やぎを保ちながら，手つかずのままでいる．結婚した女たちの場合は，子供を産んで育てた後は肉体がずっと貧弱になってしまうが，処女たちの場合は，四十年経っても嫁ぐ前の部屋住みの乙女たちに勝るとも劣らない容色を保っている．それゆえに，そのような処女たちと一緒に住む男たちには，性的欲望も二倍になって引き起こされる．その理由は，彼らが性的交合に同意しないから，またその結果，性的願望を解消してしまわないからであり，さらにはその性的願望の根源が多くの場合活力を保ったままでいるからである．（大貫隆訳）

G　ヨセフス*『ユダヤ戦記』II, 160-161

さらに，もう一つ別のエッセネ派の宗団がある．生活様式，習慣，規律等において他と同じであるが，結婚に関する見解だけがちがっている．彼らは，結婚しないものは生命の大切な部分，すなわち生の存続を断ち切るものであるのみならず，もし全員がこういう考えをもったら，種族はまもなく滅亡してしまうと考える．彼らは花嫁にも全く同様に三年の試験期間を課し，三つの潔めをおえて，子どもを産む力があることを証明したならば結婚する．彼らは妻がみごもっている間は性交しない．それは彼らの結婚が快楽のためではなく子どもをつくるためであることを証明している．

H　ムソニウス*『談論』12 章（「性愛について」の断章）

人は性欲絶倫の人間でない限り，結婚の枠内で子づくりを目的とする性交だけが道徳的にゆるされていると考えねばならない．なぜなら，それがまた合法的でもあるからだ．それに反して，性欲を満たすことだけを目的とした性交は，たとえそれが結婚の枠内で行われる場合でも，非道徳的かつ非合法である．これら以外の男女の抱擁について言えば，不倫による性交が最も非道徳である．また，男が男と性交するのはそれら以上に唾棄すべきものである．なぜなら，それは人間の本性に反するからである．（大貫隆訳）

テモテへの第二の手紙

161 「復活はもう起こった」
2 テモテ 2, 16-18

「復活はもう起こった」と唱える異端説がここで言及されている．ここで言う「復活」は，イエス・キリストの復活ではなく，信徒の復活のことである．あるべき信仰からすれば，それはなお来るべき終わりの時に待望されるべきものであるが，それが「もう起こった」というのであるから，そう唱える信徒たちは，今現に地上で肉体を持って生きている命において，すでに復活の生命が実現していると考えているに違いない．このような復活観は，キリスト教的グノーシス主義においては，ごく普通に認められるものである．そこでは，自分の内側に神的本質が宿っていることを認識すること（グノーシス）そのことが，肉体の牢獄を超えて超越的な光の世界へ「復活」する瞬間である．まさに「生きている間に復活に達しなければ，死んだ時に何も得られない」ということになる．ここではナグ・ハマディ文書*の該当箇所を挙げておく．

ただし，2 テモテ 2, 16 は，問題の異端説を「俗悪な無駄話」とも呼んでいる．これと似た表現は 1 テモテ 1, 4; 4, 7; 2 テモテ 2, 16；テトス 3, 9 でも，「作り話」や「切りのない系図」という表現と 1 セットで出て来る．そこではモーセ律法に関する「無駄な詮索」も同時に言及されているから（1 テモテ 1, 7；テトス 3, 9），問題の異端説を一概にキリスト教的グノーシス主義と同定することはできない．しかし，1 テモテ 6, 20 の「俗悪な無駄話と不当にも『知識』（グノーシス）と呼ばれている反対論」という表現は，その同定を支持するように思われる．

2テモテ 2, 16-18

16俗悪な無駄話を避けなさい．そのような話をする者はますます不信心になっ
ていき，17その言葉は悪いはれ物のように広がります．その中には，ヒメナイと
フィレトがいます．18彼らは真理の道を踏み外し，復活はもう起こったと言って，
ある人々の信仰を覆しています．

A 『フィリポによる福音書』*§21; 63a; 90a

主［イエス・キリスト］は初めに死んだ，それから甦った，と言う者たちは誤っている．なぜなら，彼［主］は初めに甦り，それから死んだのであるから．誰であれ，初めに復活に達しなければ，死ぬことはないだろう．（§21）

この世の後には，真に悪しきものが在る．すなわち「中間」［のもの］と呼ばれているものである．死がそれである．われわれがこの世の中にいる限り，われわれにとって益となるのは，われわれ［自ら］に復活を生み出すことである．それはわれわれが肉を脱ぎ去るときに，安息の中に見出されることに［なるためである］．（§63a）

「人はまず死に，それから甦るであろう」と言う者たちは間違っている．もし，人が初めに，生きている間に復活を受けなければ，死んだときに何も受けないだろう．（§90a）

B 『復活に関する教え』*§26

なぜ他でもないあなたはあなた自身について，自分がすでに甦っていることを見ないのか．あなたはそれを見るに至るだろう，もしあなたが甦りを手にしているならば．

C 『魂の解明』*§13

そして彼女［魂］は，再生のために父［至高神］から神性を受容した．それは彼女が，はじめからいた場所に再び受容されるためである．そしてこれが死人からの復活である．これが捕囚からの救済である．

162 ヤンネとヤンブレ

2テモテ 3, 8

「ヤンネとヤンブレ」の名前は該当する出エジプト記には現れない．おそらくユダヤ教の典外伝承に起源を発するものと思われる．まずダマスコ文書に「ヤンネとその兄弟」がベリアル（サタン）の配下として言及される．その後は，大プリニウス*（後1世紀），アプレイウス*（後2世紀），ヌメニオス*（後2世紀後半）に，一貫して魔術師として言及される．いずれもユダヤ教徒でもキリスト教徒でもないことが興味深い．ただし，「ヤンネとヤンブレ」の両方の名を挙げるのは，この内でもヌメニオスだけである．それもエウセビオス『福音の準備』IX, 8にある引用から間接的に知られるに過ぎない．

2テモテ 3, 8

ヤンネとヤンブレがモーセに逆らったように，彼らも真理に逆らっています．彼らは精神の腐った人間で，信仰の失格者です．

A 『ダマスコ文書』*V, 17-19

彼らは思慮を失った民である．彼らのうちに分別がないからである．何となれば昔，第一回目のイスラエルの救出に際して，モーセとアロンが光のつかさによって現れたとき，ベリアルは自分の企みからヤンネとその兄弟を立てたからである．

B 大プリニウス*『自然誌』XXX, 2, 11

それに加えて奇跡というべきは，この二つの技能――と私が言うのは医術と魔術のことである――がどちらも同じ時代に全盛期を迎えたということである．医術を有名にしたのはヒポクラテス，魔術をそうしたのはデモクリトスであって，どちらも私たちの首都［ローマ］が建設されてから300年後にギリシアで行われたペロポネソス戦争の間のことであった．それとは別の魔術のセクトがもう一つある．それはモーセ，ヤンネス，イオタペスとユダヤ人たちから来

るものだが，ゾロアストロスからは何千年も遅れているわけである．（大貫隆訳）

C　アプレイウス*『弁明』§90

あなたがたには，私がどれほど自分の無実を確信しているか，そしてあなたがたに対する軽蔑がどれほどのものか，是非ともお考え願いたい．私はなぜプーデンティッラに結婚を申し入れて，自分の利得を図らねばならないのか．その理由が，たとえどれほど些細なものであれ，一つでも見つかるのかどうか．また，仮に他でもないこの私が，あのカルメンダース，あるいはダミゲロース，あるいは〈イエス〉，モーセ，あるいはヨハンネス［おそらくヤンネスの誤記］，あるいはその他ゾロアストロスとオスタネースの後を受ける令名ある魔術師の中の誰かだとして，それで私が何かわずかでも得をすることを，あなたがたは証明できるのか．（大貫隆訳）

D　ヌメニオス*（エウセビオス*『福音の準備』IX, 8 による）

さらにエジプト人で聖なる書記でもあったヤンネとヤンブレは，ユダヤ人たちがエジプトから脱出した時代に，魔術を行うことにかけて他の誰にも引けを取ったことがないと思われていた男たちであった．（大貫隆訳）

ヘブライ人への手紙

163 メルキゼデクのような大祭司
ヘブライ 5, 8-10

創世記 14, 17-20 でサレムの王であると共に「いと高き神の祭司」とされるメルキゼデクは，ヘブライ人への手紙では，イエス・キリストが天上の聖所で果たす大祭司職になぞらえられている．ナグ・ハマディ文書*の一つの『メルキゼデク』*では，天上のイエス・キリストが「いと高き神の真の大祭司」だとしていて，地上のメルキゼデクはその「似像」であって，啓示の受け手である．スラブ語エノク書*にも独特なメルキゼデク論が含まれている．おそらくすでにヘブライ人への手紙に前後するユダヤ教の時代から，さまざまなメルキゼデク論が外伝として伝わっていたのではないかと推定される．『死海文書』*の一つ（11Q Melchisedech, in: F. G. Martíneg, *The Dead Sea Scrolls Translated: The Qumran Texts in English*, Leiden 1994）もそのことを裏づけている．

ヘブライ 5, 8-10

8キリストは御子であるにもかかわらず，多くの苦しみによって従順を学ばれました．9そして，完全な者となられたので，御自分に従順であるすべての人々に対して，永遠の救いの源となり，10神からメルキゼデクと同じような大祭司と呼ばれたのです．

A 『メルキゼデク』*§ 25; 39

なぜなら，私には一つの名前があるからだ．すなわち，この私は［メル］キゼデク，いと高き神の祭司である．私は知っているが，本当のところこの私は，いと高き神［の］真の大祭司［の似像］なのである．世界［の　±8字欠損］．なぜなら，神が［±4　した］ものは，些細な［こと］ではないからである．(§25)

［私に］会釈して，［±5］こう言った，「おお，［メルキ］ゼデク，［いと高き］神の大［祭司］よ，力［強］くあれ．なぜなら，汝の［敵であるアル］コーンたちが［汝に向かって］戦［いをしかけたが］，汝が［彼らを打ち破］り，彼らが［汝を］打ち破ったのではないからである．［そして汝は］耐え忍んで，汝の敵［ども］を［滅］ぼしたからである．」(§39)

B 『スラブ語エノク書』*13章

ニル［外伝によるとノアの弟］よ，すでに地上には大きな滅亡が起こった．わたし［神］はもはやそれを我慢しないし，耐えないであろう．だからわたしはまもなく地上に大いなる破滅を下そうと考えている．だがニルよ，子供のことは心配ない．なぜならわたしはまもなく天軍の長ミカエルをつかわし，彼はその子を連れ，エデンの天国に置くであろうから．そしてその子は滅ぶべき者とともに滅びることはなく，わたしが示したように，わたしにとって永遠に祭司のなかの祭司メルキゼデクとなるであろう．そしてわたしは彼を聖なる者となし，わたしをあがめる偉大な民のうちに彼をおくであろう．（中略）そしてメルキゼデクは別の種族の祭司たちの長となるであろう．

164 父のないメルキゼデク
ヘブライ 7,3

メルキゼデクに父親がいないことについて，対応する物語がスラブ語エノク書に記されている．それによれば，母ソフォニムが夫ニルのまったく関知しない間に，メルキゼデクをみごもったことになっている．物語全体が多くの点で，マタイ 1, 18-25 に並行している．ヘブライ人への手紙の著者は，このユダヤ教の典外伝承を知っていたのかもしれない.

ヘブライ 7, 3

3彼には父もなく，母もなく，系図もなく，また，生涯の初めもなく，命の終わりもなく，神の子に似た者であって，永遠に祭司です.

『スラブ語エノク書』*23 章

ニル［ノアの弟］の妻ソフォニムはうまずめでニルに子をもうけなかったが，そのソフォニムが老年になって死ぬ日に腹に［メルキゼデクを］みごもった. ところが祭司ニルは，主が彼を民の顔前で立てられた日より，彼女とともに寝たことがなかった. ソフォニムは恥じて，毎日身を隠し，民のだれもそれを知らなかった. そして出産の日になったが，ニルは自分の妻のことを思い出し，彼女と話そうと自分の家に呼んだ. そこでソフォニムは夫のもとに来た. 彼女はみごもって出産の時であった. ニルは彼女を見て，大いに恥じた. そして彼女に言った.「妻よ，なぜそんなことをしたのだ. わたしにすべての民の顔前で恥をかかせたではないか. いまやわたしから去りなさい. お前の腹の恥をみごもったところに行きなさい. わたしがお前のことでわたしの手を汚すことなく，主の顔前で罪をおかさないために.」ソフォニムは自分の夫に答えて言った.「ご主人よ，これはわたしの老年の時であり，わたしには若さの血気はありませんでした. どうしてわたしの腹のみだらなことをみごもったのか知りません.」ニルは彼女を信じないでふたたび彼女に言った.「わたしから去りなさい. お前を打って主の顔前で罪を犯さないないために.」ところがニルが妻に話しているうちに，ソフォニムはニルの足もとに倒れ，死んでしまった.

ペトロの第一の手紙

165 キリストの冥界下りと宣教

1ペトロ 3, 18-19; 4, 6

ペトロの第一の手紙は，新約聖書の中ではもっとも成立が遅い文書の一つである．その 3, 18-19; 4, 6 には，イエス・キリストが十字架の処刑と復活・昇天の間に，地下の死者たちの霊のもとへ下って宣教したという観念，いわゆる「キリストの冥界下り」とも解釈可能な発言がある．この解釈はやがて使徒信条（4～6 世紀）において正統信仰の一部となる．それまでに，この観念がたどった発展史は，大雑把ではあるが，『ペトロ福音書』*10 章，『ニコデモ福音書』*22，24 章，『われらの大いなる力の概念』*§12-15，『シルワノスの教え』*§67-68 とたどることができよう．不思議なのは，2 世紀半ばの殉教者ユスティノス*『ユダヤ人トリュフォンとの対話』72, 4 が，旧約聖書のエレミヤ書の中に，神自身が冥界の死人たちのもとへ下って，救いを告知したという文言があると確信していることである．それを同時代のユダヤ教の指導者たちは勝手に「削除」してしまっているというのが殉教者ユスティノスの批難である（A）．これと同じ確信をエイレナイオスも共有している．

1ペトロ 3, 18; 4, 6

3,18キリストも，罪のためにただ一度苦しまれました．正しい方が，正しくな
い者たちのために苦しまれたのです．あなたがたを神のもとへ導くためです．キ
リストは，肉では死に渡されましたが，霊では生きる者とされたのです．19そし
て，霊においてキリストは，捕らわれていた霊たちのところへ行って宣教されま

した.

4,6死んだ者にも福音が告げ知らされたのは，彼らが，人間の見方からすれば，肉において裁かれて死んだようでも，神との関係で，霊において生きるようになるためなのです.

A　殉教者ユスティノス*『ユダヤ人トリュフォンとの対話』72, 4

彼ら［ユダヤ教の教師たち］は，エレミヤ書からも次の文章を削除してしまっている.「イスラエルの聖者，主なる神は，墓場の塵の中に眠っている死人たちのことも心に留めた．そして彼らのもとへ降りて行って，彼らにも救いの喜ばしい音づれをもたらした.」(1)（大貫隆訳）

(1) エイレナイオス『使徒たちの使信の説明』§78と『異端反駁』IV, 22, 1では，やはりエレミヤ書に，III, 20, 4ではイザヤ書にある文言として引用するが，V, 31, 1他の計3回は出典を記さずに引用している．現在のエレミヤ書とイザヤ書には，該当する文言はない．おそらく殉教者ユスティノスとエイレナイオスだけが手にしていた特殊かつ浮動的な伝承であったものと思われる.

B　『ペテロ福音書』*10章

そこであの兵士たちは［これらのことを］見て，百卒長と長老たちを起こした．彼らも警戒しようとそこにいたからである．そして，彼らが見たことを説明していると，また墓所から三人の人の出てくるのが，すなわち，二人が一人をささえ，彼らに十字架のついてくるのが，そして，二人の頭は天にまで達し，他方，彼らに手引きされている人の［頭はといえば，これ］は天をも超えてしまっているのが見えた．また，彼らは，「使者たちに宣べ伝えたか」という天からの声を聞いた．そして，「はい」という答えが十字架から聞こえた.

C　『ニコデモ福音書』*22; 24章

直ちに冥府［ハデス］は叫んだ，「我々の敗北だ．禍なるかな．だが，これほどの権威と力を持つ者はいったいだれであるのか．罪なくしてしかもここに来る者は，どういう者なのか．小さいように見えてしかも大きなことをなしえ，低められておりながら高く，奴隷でありながら主人であり，兵隊でありながら王であり，死人にも生きている者にも力をふるうこの者は．十字架に釘づけにされ，墓に入れられながら，今はもう自由になって，我々の力をすべてうちくだいてしまった．あなたこそ，今さっき太守の頭であるサタンが，十字架と死によって全世界を受け継ぐであろう，と我々に話したそのイエスであろう．」その時，栄光の主は太守の頭であるサタンの頭をつかまえ，これを御使いたちにひきわたして言われた，「この者の両手両足，首と口を青銅でしばりあげるがよい．」そして，サタンを冥府にわたして言われた，「我が第二の来臨の時まで，この者をしっかりととらえておくがよい．」（22 章）

救い主は顔のところで十字の印を切ってアダムを祝福し給うた．また族長，預言者，殉教者，父祖達に対しても同じことをなし給い，彼らを連れて冥府からとび出して行かれた．このようにして彼が進んで行かれると，聖なる父祖達はこれに従いつつ，讃歌を歌って言った，「主の御名によって来る者に祝福あれ．ハレルヤ．すべての聖者から栄光が彼に帰せられんことを．」（24 章抜粋）

D 『われらの大いなる力の概念』*§ 12-15

それから大きな騒乱が生じた．支配者たちが彼［イエス・キリスト］に向かって怒り狂った．彼らは彼を陰府のアルコーンの手に引き渡したいと思った．そのとき，彼らは彼に従っていた者たちの内の一人［ユダ］のことを知った．炎がその者の魂を捕らえた．彼は彼を引き渡した．誰も他に彼のことを知っている者がいなかったからである．彼らは彼を捕らえた．［しかし］彼らは自分たち自身を裁くこととなった．彼は陰府のアルコーンの手に引き渡された．彼はササベクとベロート［意味不明の隠語］に引き渡された．彼は身支度をしてから下って行き，彼らを告発した．すると陰府のアルコーンが彼を迎えた．しかし陰府のアルコーンには，彼の肉体がどのようにできているのか分からなかった．そのために，彼を捕まえて，その他の支配者たちに見せることができなかった．むしろ彼はこう言う外はなかった．「一体こいつは何だ．何者なのか．」

E 『シルワノスの教え』*§ 67-68

彼こそは冥界の鉄のかんぬきを打ち壊し，青銅の鋲を砕いた方．彼こそはすべての高慢な僭主たちを打ち倒した方．彼こそは自分［の足］から，〈彼を〉

縛っていた［死の］鎖を抜き取り，貧しい者たちを深淵から，悲しむ者たちを冥界から導き上った方．

F　使徒信条*

われは天地の造り主，全能の神を信ず．われはその独り子，われらの主イエス・キリストを信ず．主は聖霊によりてやどり，処女マリヤより生まれ，ポンテイオ・ピラトのもとに苦しみを受け，十字架につけられ，死にて葬られ，陰府に下り，三日目に死人のうちよりよみがえり，天に昇り，全能の父なる神の右に座したまへり．かしこより来りて，生ける者と死ぬる者とを審きたまはん．われは聖霊を信ず，聖なる公同の教会，聖徒の交わり，罪の赦し，肉体のよみがえり，永遠の生命を信ず．

166　キリストの名のために非難される

1ペトロ 4, 14

後 110-112 年頃，属州ポントゥス・ビテュニア総督であった小プリニウス*が皇帝トラヤヌスに宛てた書簡とそれに対するトラヤヌスの返信．それぞれ抜粋である．176A と並び，キリスト教徒でない人間がキリスト教やキリスト教徒について残した最古の記録であり，いずれも迫害の問題を扱っている．

捕らえられてきたキリスト教徒を前にして（どういう経緯や根拠でこれらのキリスト教徒が捕らえられてきたのかは不明），どのような審理をすればよいのかプリニウスが悩んでいる．とりわけ，常識的な意味での犯罪行為を犯していない人間が「クリストゥス信者という呼称だけで」罰せられるのかという根本的な問題にプリニウスは直面し，トラヤヌスに指示を仰いでいる．

これに対するトラヤヌスの返信は，一般論を語るばかりで，正面からプリニウスの問いに答えていない．本腰を入れないトラヤヌスの姿勢は，少なくとも帝国の中央からみて，キリスト教徒問題は深刻な問題となっていなかったことを示しており，地方との温度差が興味深い．キリスト教徒迫害が帝国中央からの指示によって全土で行われるようになるのは3世紀半ばからである.

1ペトロ 4, 14

14あなたがたはキリストの名のために非難されるなら，幸いです．栄光の霊，すなわち神の霊が，あなたがたの上にとどまってくださるからです.

小プリニウス*『書簡集』10, 96-97

[プリニウスから皇帝トラヤヌス宛]

私は，これ迄一度もクリストゥス信者の審理に立ち会ったことがありません．従って，いつも彼らに対し，何が取り調べられ，またどの程度までが処罰の対象とされているのかを知りません．そこで，私がたいへん困ったのは次の諸点です．年齢の上で，何らかの差別を設けるべきか．どんなに幼少でも，より強壮な人との間に区別を全く設けなくてよいのか．悔い改めたら許されるのか．かつて正真正銘のクリストゥス信者であった者が信者でなくなった場合，全く彼を救う道はないのか．彼らはたとえ破廉恥罪を犯していなくても，クリストゥス信者という呼称だけで罰せられるのか．それとも，この呼称と結びつけられている破廉恥が罰せられるのか.

[トラヤヌスからプリニウスへの返書]

そなたは，そなたの前にクリストゥス信者として告発されてきた者の訴訟を審理するにあたって，当然とるべきであった手続きを正しく実行したのである．というのも，あらゆる場合に応用される，いわば一定不変の形式を備えたような，ある罰則を制定することは，不可能であるからである．信者を捜し求めるべきではない．もし彼らが告発されて，有罪を認められたら，その者は罰せられるべきである．（中略）ともかく，署名のない密告状が提出されたら，いかなる犯罪の追及も一切顧慮すべきではない．密告状の如きものは，最も悪い先例となるし，しかも我々の時代の精神にそぐわないからである.

ペトロの第二の手紙

167 洪水と火による世界の滅亡

2ペトロ 3, 5-7

かつてのノアの洪水による世界の滅亡と，これから来るべき世界大火による最後の破局とが，ここで対照されている．世界大火による破局については，ストア派の終末論が意識されているが（→169），ストア派の哲学者セネカは先人ベーローソスの名の下に，終末論の文脈での洪水による世界の破局についても語っている．

2ペトロ 3, 5-7

5彼らがそのように言うのは，次のことを認めようとしないからです．すなわち，天は大昔から存在し，地は神の言葉によって水を元として，また水によってできたのですが，6当時の世界は，その水によって洪水に押し流されて滅んでしまいました．7しかし，現在の天と地とは，火で滅ぼされるために，同じ御言葉によって取っておかれ，不信心な者たちが裁かれて滅ぼされる日まで，そのままにしておかれるのです．

セネカ*『自然研究』3, 29, 1

ベールス神の言葉を伝えたベーローソスは，これらの大異変は天体の運行によって生じる，と言っている．実に彼は，大燃焼にも大洪水にもその時期を指定するほど確言している．すなわち，彼はこう断言する．地上のものが燃え上がるのは，今はさまざまに異なった軌道を運行しているすべての星［惑星］が蟹座に集合し，（中略）大洪水が将来起こるのは，同じ星の群れが山羊座に集合する時である．

168 神の審判の遅れ

2ペトロ3, 8-9

神の最後の審判が遅延しているとの失望に逆らって，神にとって「一日は千年のようで，千年は一日のよう」であるとされ，一人でも多くの者が悔い改めるように神が忍耐しているのだと言われる．これよく似た文言がプルタルコス*の『神罰が遅れて下されることについて』に見られる．ただし，そこでは神罰は「遅れて」くるのではなく，当事者の生涯全体の中に引き延ばされる．

2ペトロ3, 8-9

8愛する人たち，このことだけは忘れないでほしい．主のもとでは，一日は千
年のようで，千年は一日のようです．9ある人たちは，遅いと考えているようで
すが，主は約束の実現を遅らせておられるのではありません．そうではなく，一人も滅びないで皆が悔い改めるようにと，あなたがたのために忍耐しておられるのです．

プルタルコス*「神罰が遅れて下されることについて」§5, 9：『モラリア』551B-C, 554C-D

神にはどんなことについても何の心配も何の後悔もない．そうであれば，神が未来に罰を与えること，時間の間隔をおくこと，こういったことには敬意を払い，また，懲らしめることによって矯正するのはわずかな人に対してであって，多くの人には懲らしめを遅らせることで助けを与えたしなめるという，神が示した温和さや高邁さを，徳の神的な部分とみなすのが，ずっとふさわしいことであろう．（551B-C）

悪人たちのなかで，すぐさま殴られることは回避できてよかった，そのように思っている人は，長い時間がたった後で罰を受けるのではなく，長い時間にわたってより長い罰を受けているのである．罰がより遅くなったのではなく，その代償を払いつづけているのだ．年老いてから懲らしめられるのではなくて，懲らしめられながら年老いているのである．ただし，わたしが「長い時間」と言うのは，わたしたちにとってそうであるにすぎない．なぜなら，少なくとも神々にとっては，人間の一生の長さなど何でもないことであり，また，悪人を拷問にかけたり縛り首にしたりするのが30年前ではなくいまであるというのは，早朝ではなく夕方であるという程度のことだからである．(554C-D)

169 世界大火と万物の更新

2ペトロ3, 10-13

キリスト教徒が待ち望む新天新地の到来に先立ち，現在の宇宙全体が大火によって焼尽されるという様子の描写である．その背後に，ストア派の世界大火説が前提されていることは確実である．ここではオリゲネスが『ケルソス駁論』V, 20で行っている間接的な報告と，エウセビオスが『福音の準備』XV, 14, 2で，ペリパトス派の哲学者アリストクレスがストア派の創始者ゼノンの言として伝えている言葉の引用を紹介する．

2ペトロ3, 10-13

10主の日は盗人のようにやって来ます．その日，天は激しい音をたてながら消
えうせ，自然界の諸要素は熱に熔け尽くし，地とそこで造り出されたものは暴か
れてしまいます．11このように，すべてのものは滅び去るのですから，あなたが
たは聖なる信心深い生活を送らなければなりません．12神の日の来るのを待ち望
み，また，それが来るのを早めるようにすべきです．その日，天は焼け崩れ，自
然界の諸要素は燃え尽き，熔け去ることでしょう．13しかしわたしたちは，義の
宿る新しい天と新しい地とを，神の約束に従って待ち望んでいるのです．

A　オリゲネス*『ケルソス駁論』V, 20

実際ストア派の人々は，周期毎に万物の大火（エクピュローシス）が起こり，その後に秩序の回復（ディアコスメーシス）があるが，そのさい万物は以前の秩序の回復と全く変化がない状態になると主張している．だが彼らのなかでもこの教説を恥じた人々は，それ以前の周期に生じたことと，わずかで瞬間的な変化が周期毎に生じていると語った．

B　アリストクレス（エウセビオス*『福音の準備』XV, 14,2＝SVF I, 98の報告による）

［ストア派のゼノンはさらに次のようにも言っている．］宇宙全体は一定の定められた周期毎に焼き尽くされる．しかし，その後で再び秩序が回復される．実際，原初の火は，言わば種子であって，あらゆる事物のロゴスを，すなわち，すでに起きたこと，今現に生成しつつあること，そしてまだこれから生じるであろうことの原因を内包している．それらの出来事の連鎖と順番が，宿命（ヘイマルメネー），認識，真理，そして存在するものの法則であり，人はそれから離れることも逃げることもできない．（大貫隆訳）

ヨハネの第一の手紙

170 「わたしたちが聞いたもの，目で見たもの，よく見て，手で触れたもの」

1ヨハネ 1,1

この言葉の「わたしたちが聞いたもの」以下は，トマスによる福音書の語録 17 と写真のポジとネガのように逆対応している．

1ヨハネ 1,1

1初めからあったもの，わたしたちが聞いたもの，目で見たもの，よく見て，手で触れたものを伝えます．すなわち，命の言について．

『トマスによる福音書』*語録 17

イエスが言った，「私はあなたがたに，目がまだ見ず，耳がまだ聞かず，手がまだ触れず，人の心に浮かびもしなかったことを与えるであろう．」

171 キリスト仮現論

1ヨハネ 4,2–3; 5,6

イエス・キリストを「水と血を通って来られた方」として「公に言い表す」ことが正しい信仰として強調されている．「水と血を通って来た」とは，イエスの洗礼と十字架の受難を指すと思われる．当時，そのどちらの出来事も，人間イエスの身に起きたことに過ぎず，そのイエスと合体していた超越的な救済者（キリスト）自身には何事も引き起こさなかったのだとする見方，いわゆる「キリスト仮現論」が出現していたと考えられる．事実，2世紀以降のキリスト教グノーシス主義においては，そのような見解が繰り返し表明されていった．

1ヨハネ 4, 2-3; 5, 6

4,2イエス・キリストが肉となって来られたということを公に言い表す霊は，すべて神から出たものです．このことによって，あなたがたは神の霊が分かります．3イエスのことを公に言い表さない霊はすべて，神から出ていません．これは，反キリストの霊です．かねてあなたがたは，その霊がやって来ると聞いていましたが，今や既に世に来ています．

5,6この方は，水と血を通って来られた方，イエス・キリストです．水だけではなく，水と血とによって来られたのです．そして，“霊”はこのことを証しする方です．“霊”は真理だからです．

A **『ペトロの黙示録』***§25-26; 29; 31

彼［救い主］がこのように言ったとき，私には，彼が彼らによって捕らえられたように見えた．そこで私は言った，「私は何を見ているのでしょうか，主よ．捕まえられているのは，あなた自身なのですか．あなたが私にすがりついているのですか．また，十字架の傍らで喜んで笑っているのは誰ですか．彼らが両足と両手を釘で打っているのは，別の誰かなのですか．」（§25）

救い主は私に言った，「あなたが見ている，十字架の傍らで喜んで笑っている人物は，活けるイエスである．しかし両手と両足を釘で打たれているのは，彼の肉的な部分，すなわち「代価」である．彼［活けるイエス］の模倣物として成ったものを彼らは辱めているのである．」（以下省略）（§26）

しかし彼は私に言った，「強くありなさい．あなたにこれらの秘義が啓示として与えられたのだから．次のことをあなたが知るように——釘付けにされたのは悪霊（ダイモーン）たちの長子であり，彼らの家であり，彼らが住む土の容器であり，エローヒームに属するもの，律法の下にある十字架に属するもの

であること，そして彼らの傍らに立っているのが活ける救い主，捕らえられた者の中の第一の部分である.」(§29)

「だから，苦しみを受ける部分が残るのである．身体が「代価」なのだから．解放されたのは，私の非身体的な身体である．しかし私［自身］は，輝く光で満たされている叡智的な霊である.」（以下省略）(§31)

B 『ヤコブの黙示録一』*§26

主が言った，「ヤコブ［いわゆる「主の兄弟」，ガラリヤ 1,19 参照］よ，私をもこの民をも気にかけなくてよい．私はいかなる仕方でも苦しまなかったし，苦しみを受けたこともなかった．そして，この民は私に何も害をくわえなかった．しかし，これ［民］はアルコーン（支配者）たちの一つの型［として］存在した.（以下省略)」

C 『三体のプローテンノイア』*§33

私［超越的ロゴス］はイエスを着た．私は呪われた木［十字架］から彼を運び，私は彼を彼の父の居場所［ヨハネ 14,2 参照］に移した.

D 『大いなるセツの第二の教え』*§20-21

なぜなら，彼らが［本当に］起こったと考えた私の死は，彼らにとって，彼らの迷いと盲目において起こった［に過ぎない］のである．彼らは，彼らの人間を釘付けにした．彼ら［自身］の死のために．なぜなら，彼らの思いは私を見なかったからである．彼らは耳が聞こえず，目が見えなかったのである．しかし彼らは，これらのことを行うことによって，自分たちに裁きを下している.

［確かに］彼らは私を見，私に懲罰を加えた．［しかし］胆汁と酢を飲んだのは別の者，彼らの父であった．私ではなかったのである．彼らは葦で私を打っていた．十字架を肩に担いだのは別の者，シモンであった．彼らが茨の冠をかぶせたのは別の者であった.

E 『バルクの書』*（ヒッポリュトス*『全異端反駁』V, 26, 31-32 による）

そこでナース［悪の期限，かつ万物の母のエデンに仕える天使の一人で，蛇の意］は，自分が彼［イエス］を誘惑できなかったことに腹を立て，彼を十字架にかけようとした．しかし，彼はエデンの身体を木に残し，善なる者へと昇って行った．しかし，彼はエデンに言った，「女よ，あなたの子です．」――［この子は］心魂的・泥的子である．しかし，彼は父の手に自分の霊をゆだね，善なる者へと昇って行った．

F　バシレイデース*（エイレナイオス*『異端反駁』I, 24, 4 による）

生まれざる，その名も呼び得ざる父は，アルコーンたちの堕落を見たとき，自分の長子であるヌース（叡智）を送り出した．その名はキリストと呼ばれる．それは彼を信じる者たちを，この世界を造った者たちの支配から解放するためであった．地上で彼らに支配されている諸国民には，キリストは人間として現れて，奇跡を行った．また，彼は自分では受難しなかった．受難したのは，シモンという名のキプロス出身の男であった．この男が無理矢理に十字架を背負わされたのである．そのシモンはキリストによって変身させられて，イエスと同一人物と見なされた．すなわち，無知と誤解のゆえにシモンが十字架につけられることになった．イエス自身はと言えば，シモンに姿を変えて，十字架の側に立って，ことのなりゆきを笑っていた．彼は非身体的な力であり，生まれざる父のヌースであるから，自由自在に自分の姿を変えることができたのである．それから彼は自分を遣わした者のもとへと昇って行った．その際，彼は自分を捕まえることができない彼らのことを笑っていた．彼は誰の目にも見えなかったのである．（大貫隆訳）

ユダの手紙

172 モーセの遺体をめぐるミカエルとサタンの争い

ユダ 8-9

9節の文言は8節とスムースにつながらないため，背後に特定の言い伝えを前提しているに違いない．該当する伝承は，『古代誌』（Palaia）と呼ばれるユダヤ教の文書の中にみつかる．これは後1〜2世紀に，旧約聖書の歴史書からのエピソードを集めて再話したもので，その後キリスト教徒による改変を経ていると考えられている．本文はギリシア語で伝存する．

ユダ 8-9

8しかし，同じようにこの夢想家たちも，身を汚し，権威を認めようとはせず，栄光ある者たちをあざけるのです．9大天使ミカエルは，モーセの遺体のことで悪魔と言い争ったとき，あえてののしって相手を裁こうとはせず，「主がお前を懲らしめてくださるように」と言いました．

『古代誌』（Palaia）

するとサムエール［＝サマエール＝サタン］は，彼［モーセ］の遺体を民のところへ下ろそうと試みた．それは彼らに彼を神に祭り上げさせるためであった．しかし，大将軍ミカエルが神の命令を受けて，モーセ［の遺体］を持ち去るためにやってきた．するとサムエールが抵抗し，両者の争いとなった．大将軍は怒り，サムエールをなじって，こう言った．「悪魔よ，主はお前をとがめておられるぞ．」そこで反抗者の方は敗北し，逃走した．天使長ミカエルはモーセの遺体を，神があらかじめ命じていた場所へ運んだ.（中略）モーセの墓を見た者はだれもいない.

ヨハネの黙示録

173 「全能者である神，主」

ヨハネの黙示録 4, 8. 11; 11, 7; 15, 3; 16, 7; 21, 22

『ヨハネの黙示録』は，類似例を含めれば上に挙げた箇所の他にも，神やイエスないしそれを象徴する存在に対して，「神」と「主」をセットで用いることが多い．さまざまな証拠から，この文書は，皇帝ドミティアヌスの時代，迫害状況（直接的な記録は176 C）に置かれたキリスト教徒が書いたものだと考えられている．とすると，ドミティアヌスが自らを「主（君）にして神」と呼ばせていたというエピソードが興味深い．黙示録の著者は，あえてこの表現を繰り返し用いることで，間接的に，自分たちの神こそが本当の「主にして神」なのだという挑発的な宣言を行っていたと解釈できるからである．

ヨハネの黙示録 4, 8. 11; 11, 7; 15, 3; 16, 7; 21, 22

4,8この四つの生き物には，それぞれ六つの翼があり，その周りにも内側にも，一面に目があった．彼らは，昼も夜も絶え間なく言い続けた．「聖なるかな，聖なるかな，聖なるかな，全能者である神，主，かつておられ，今おられ，やがて来られる方．」

4,11「主よ，わたしたちの神よ，あなたこそ，栄光と誉れと力とを受けるにふさわしい方．あなたは万物を造られ，御心によって万物は存在し，また創造されたからです．」

11,7二人がその証しを終えると，一匹の獣が，底なしの淵から上って来て彼らと戦って勝ち，二人を殺してしまう．

15,3彼らは，神の僕モーセの歌と小羊の歌とをうたった．「全能者である神，主よ，あなたの業は偉大で，驚くべきもの．諸国の民の王よ，あなたの道は正しく，また，真実なもの．」

16,7わたしはまた，祭壇がこう言うのを聞いた．「然り，全能者である神，主よ，あなたの裁きは真実で正しい．」

21,22わたしは，都の中に神殿を見なかった．全能者である神，主と小羊とが都の神殿だからである．

スエトニウス*『ローマ皇帝伝』 VIII：「ドミティアヌス伝」13

同じく傲慢不遜にも，彼［ドミティアヌス］は元首属吏の名前で職務上の通達を口述するさい，こう言い始めた．「われらの主君にしてわれらの神は，以下のことがなされるように命じたもう．」

174　サタンが地上へ追放される　→68

ヨハネの黙示録 12, 1-18

ユダヤ教の表象では，サタンはもともと天上で神の議会に参加する天使の一人であった．そのことはヨブ 1-2 章から明瞭に読み取られる．しかし，その後のユダヤ教においては，神によって天上から地上へ追放されたことになっていく．ルカ 10, 18 によれば，生前のイエスは幻の内に，今まさにその追放が起きるのを見たことになっている．それは天上で神の支配が始まる徴に他ならない．イエスのこの経験の背後にも，当時のユダヤ教で広まっていた終末論的な表象があったに違いない．ヨハネの黙示録 12, 1-18 も，明白にキリスト教の立場からの挿入部分（10-12 節）を除くと，ユダヤ教の表象に遡ると考えられる．さらにその後の旧約聖書外典の一つ『アダムとエバの生涯』*（A）では，サタンがアダムに対する神の偏愛を妬んだことが天上からの追放の原因とされている．この見方は『コーラン』第 7 巻（B）にも入っているから，外典時代以降のユダヤ教の内部では相当有力な伝承であったと思われる．最後に挙げる断章 C は，ナグ・ハマディ文書*の一つで，グ

ノーシス主義の文書である．救い主を産み落とした処女が悪霊の勢力の追っ
手を逃れるという構図が，ヨハネの黙示録 12, 1-18 と並行している．

ヨハネの黙示録 12, 1-18

1また，天に大きなしるしが現れた．一人の女が身に太陽をまとい，月を足の
下にし，頭には十二の星の冠をかぶっていた．2女は身ごもっていたが，子を産
む痛みと苦しみのため叫んでいた．3また，もう一つのしるしが天に現れた．見
よ，火のように赤い大きな竜である．これには七つの頭と十本の角があって，そ
の頭に七つの冠をかぶっていた．4竜の尾は，天の星の三分の一を掃き寄せて，
地上に投げつけた．そして，竜は子を産もうとしている女の前に立ちはだかり，
産んだら，その子を食べてしまおうとしていた．5女は男の子を産んだ．この子
は，鉄の杖ですべての国民を治めることになっていた．子は神のもとへ，その玉
座へ引き上げられた．6女は荒れ野へ逃げ込んだ．そこには，この女が千二百六
十日の間養われるように，神の用意された場所があった．

7さて，天で戦いが起こった．ミカエルとその使いたちが，竜に戦いを挑んだ
のである．竜とその使いたちも応戦したが，8勝てなかった．そして，もはや天
には彼らの居場所がなくなった．9この巨大な竜，年を経た蛇，悪魔とかサタン
とか呼ばれるもの，全人類を惑わす者は，投げ落とされた．地上に投げ落とされ
たのである．その使いたちも，もろともに投げ落とされた．10わたしは，天で大
きな声が次のように言うのを，聞いた．「今や，我々の神の救いと力と支配が現
れた．神のメシアの権威が現れた．我々の兄弟たちを告発する者，昼も夜も我々
の神の御前で彼らを告発する者が，投げ落とされたからである．11兄弟たちは，
小羊の血と自分たちの証しの言葉とで，彼に打ち勝った．彼らは，死に至るまで
命を惜しまなかった．12このゆえに，もろもろの天と，その中に住む者たちよ，
喜べ．地と海とは不幸である．悪魔は怒りに燃えて，お前たちのところへ降って
行った．残された時が少ないのを知ったからである．」

13竜は，自分が地上へ投げ落とされたと分かると，男の子を産んだ女の後を追
った．14しかし，女には大きな鷲の翼が二つ与えられた．荒れ野にある自分の場
所へ飛んで行くためである．女はここで，蛇から逃れて，一年，その後二年，ま
たその後半年の間，養われることになっていた．15蛇は，口から川のように水を
女の後ろに吐き出して，女を押し流そうとした．16しかし，大地は女を助け，口
を開けて，竜が口から吐き出した川を飲み干した．17竜は女に対して激しく怒り，

その子孫の残りの者たち，すなわち，神の掟を守り，イエスの証しを守りとおしている者たちと戦おうとして出て行った．[18]そして，竜は海辺の砂の上に立った．

A 『アダムとエバの生涯』*12; 15-16 章

俺（悪魔）が，天で，天使たちの真中で（以前）持っていた自分の栄光から追い出され，遠ざけられたのは，きさま［アダム］のためなのだ．また，地に投げ［落とされた］のもきさまのせいなのだ．（12 章）

俺のもとにいる他の天使たちもそれを聞いて，これ［神の似像として創造されたアダム］を拝しようとはしなかった．するとミカエルが，「神の似像を礼拝しなさい．あなたが拝しないなら，主なる神はあなたに対してお怒りになるであろう」と言った．そこで俺は言ってやった．「神がわたしに対してお怒りになるなら，俺は自分の座を天の星よりも上のほうに置き，いと高きかたと似たものになってやる」と．すると主なる神は俺に対してお怒りになり，俺は俺の天使たちとともに，俺たちの栄光の外へ［追い］やられた．［こういうわけで］俺たちはきさまが原因で自分たちの住居からこの世に追い出され，地に投げ［落とさ］れたのだ．（15-16 章）

B 『コーラン』7（胸壁），10-12

我ら［アッラーを指す］は汝らを創り出し，その形を作りととのえておいて，天使たちに「跪いてアーダム（アダム）を拝せよ」と命じたところが，一同跪いたのにイブリース（サタン）だけは別で，みなと一緒に跪かなかった．「なにゆえあって汝だけが跪かんのか．わしがこうして命じておるのに」と仰しゃると，「私の方があんな者より上等です．貴方は私を火でお作りになりました．だが彼は泥でお作りになったではありませんか」と言う．

「よしそれでは汝らここから落ちて行け．ここ［天上界］は汝がごとき者が威張りちらすところではない．さあ，出て行け．まったく汝は見下げ果てた奴」と仰しゃる．「暫く御猶予願えませんか．彼ら［人間ども］が喚び起されるその日［復活の日］まで」と言う．「それならば，汝にも猶予を与えよう」と仰しゃる．

C 『アダムの黙示録』*§33

第［四の］王国は［彼＝救い主フォーステールについてこう］言［う］，「彼は［一人の処女からやって］きた．［±9字欠損］ソ［ロモン］が彼女の後を追った．彼と［悪霊］フェールサーローとサウェールと送り出された彼の軍隊が［彼女の後を追った］．ソロモン自らも，その処女の後を追いかけるために，悪霊から成る彼の軍隊を送り出した．しかし，彼らは後を追いかけた女を見つけることができなかった．彼らは［その時たまたま］彼らに与えられた［別の］女を拉致した．ソロモンが彼女を受け取った．その処女は妊娠し，その場で幼子を産み落とした．彼女はその子をある荒涼とした山峡で育てた．その子は成長すると，あの種子，すなわち，彼がそこから生まれて来た種子から，栄光と力を受け取った．こうして彼は［水］の上へ［やって］来た．」

175 獣の像を拝む

ヨハネの黙示録 13, 4. 8. 12. 15; 14, 9. 11; 16, 2; 19, 20; 20, 4

黙示録後半に何度となく現れる「獣（の像）を拝む」という表現は，皇帝（の像）を拝むことを指している．存命中の皇帝が自らを神として拝ませることは，以下の資料がいずれも示唆しているように，愚帝の象徴のような行為であった．しかし善帝（とされた皇帝）は，死後，神格化されて崇拝対象とされた．この崇拝を実践しない者は，国家に対する反逆者と見なされて処罰の対象となった．2世紀半ばごろから続々と書かれた殉教録には，逮捕された後，皇帝像への礼拝を拒否して死刑となったキリスト教徒の物語が多数収録されている．

黙示録の著者が念頭に置いている獣＝皇帝はドミティアヌスであるが，当然ながらそれを明言することはできないので「獣」という象徴的な用語の使用に留まっている．しかしそのことが逆に，ドミティアヌス以降の時代のキリスト教徒に対しても，被迫害時におけるメッセージ性を保ち続けるという結果を生んだ．そしてそれが，『ヨハネの黙示録』が新約聖書正典の一つとして定着することにつながったのである．

ヨハネの黙示録 13, 4. 8. 12. 15; 14. 9. 11; 16, 2; 19, 20; 20, 4

13,4竜が自分の権威をこの獣に与えたので，人々は竜を拝んだ．人々はまた，
この獣をも拝んでこう言った．「だれが，この獣と肩を並べることができようか．
だれが，この獣と戦うことができようか．」

13,8地上に住む者で，天地創造の時から，屠られた小羊の命の書にその名が記
されていない者たちは皆，この獣を拝むであろう．

13,12この獣は，先の獣が持っていたすべての権力をその獣の前で振るい，地と
そこに住む人々に，致命的な傷が治ったあの先の獣を拝ませた．

13,15第二の獣は，獣の像に息を吹き込むことを許されて，獣の像がものを言う
ことさえできるようにし，獣の像を拝もうとしない者があれば，皆殺しにさせた．

14,9また，別の第三の天使も続いて来て，大声でこう言った．「だれでも，獣と
その像を拝み，額や手にこの獣の刻印を受ける者があれば（中略）

14,11その苦しみの煙は，世々限りなく立ち上り，獣とその像を拝む者たち，ま
た，だれでも獣の名の刻印を受ける者は，昼も夜も安らぐことはない．」

16,2そこで，第一の天使が出て行って，その鉢の中身を地上に注ぐと，獣の刻
印を押されている人間たち，また，獣の像を礼拝する者たちに悪性のはれ物がで
きた．

19,20しかし，獣は捕らえられ，また，獣の前でしるしを行った偽預言者も，一
緒に捕らえられた．このしるしによって，獣の刻印を受けた者や，獣の像を拝ん
でいた者どもは，惑わされていたのであった．獣と偽預言者の両者は，生きたま
ま硫黄の燃えている火の池に投げ込まれた．

20,4わたしはまた，多くの座を見た．その上には座っている者たちがおり，彼
らには裁くことが許されていた．わたしはまた，イエスの証しと神の言葉のため
に，首をはねられた者たちの魂を見た．この者たちは，あの獣もその像も拝まず，
額や手に獣の刻印を受けなかった．彼らは生き返って，キリストと共に千年の間
統治した．

A　スエトニウス*『ローマ皇帝伝』IV :「カリグラ伝」22

じっさいカリグラを「ラティウムのユピテル」と呼んで挨拶する人もいたのだ．カリグラはおのれを神として祀る固有の神殿を建て，これに仕える神官団と非常に凝った生贄も定めた．この神殿にはカリグラと等身大の黄金像が立ち，彼が用いているのと同じ服装を毎日つけていた．

B　スエトニウス*『ローマ皇帝伝』VIII：「ドミティアヌス伝」13

カピトリウムに奉納されるドミティアヌスの像は，金製か銀製とされ，それも一定の目方がないと設置することが認められなかった．ドミティアヌスは，凱旋将軍顕章をつけ，四頭立ての馬車に乗った自分の像でもって，頭上を飾りつけた拱道や凱旋（アルキ）門を，首都の市区ごとに，あまりたくさん建てたので，誰かがその一つにギリシア語でこう落書したほどである．「もうたくさんだ（アルキ）．」

C　ディオ・カシウス*『ローマ史』59, 24, 4

それでも元老院議員たちは一同打ちそろって，カピトリウムの丘に登って，いつも通りの供犠を捧げ，神殿の中に据えられていたガイウスの玉座に向かって，跪拝した．それどころか，彼らはアウグストゥスの治世下に習わしとなったところに従って，金銀もそこへ供えたが，それはまるで皇帝自身にそれを贈るかのようであった．（大貫隆訳）

D　アレクサンドリアのフィロン*『ガイウスへの使節』80; 353; 357; 367

そして彼［ガイウス］は自分がこれらの神々と異ならねばならぬと考えると，これらの神々のそれぞれが固有の栄誉をもち，他の神々と共有するものをもつとは申し立てなかったために，嫉妬や貪欲に満たされて，それらのすべての栄誉を，いや神々自身をまるごとわがものにしたのです．（80）

というのも，彼［ガイウス］は吠え立てるようにして，また同時に冷笑的に言ったのです．「おまえたちが神を憎む輩たち，予が神であることを認めない輩たちなのか？　他のすべての民族の間ではすでに認められているのに，おまえたちによって否定されている」と．そして彼は両手を天に差し出すと，聞くことさえ許されない，まして言葉に出して言うことなど絶対に許されない［神の］呼び名を口にしたのです．（353）

「よろしい」とガイウスは言いました．「それは真実だろう．だがおまえたちは，予のためだとしても，他の神にたいして犠牲を捧げてきたのだ．いかなる御利益があったというのだ？　こう尋ねるのはおまえたちが予のために犠牲を

捧げてはこなかったからだ」.（357）

「予には彼らが悪しき人間というよりは不幸な人間，予が神の性質を身にまとったことを信じない痴れ者であるように思われる」［とガイウスは言った］.（367）

176 聖徒たちの迫害
ヨハネの黙示録 13, 15; 17, 6

A はネロのキリスト教徒迫害として有名な記録である．著者タキトゥス*は 166 で引用した小プリニウス*と同世代の友人同士であるが，キリスト教について抱くイメージが大きく異なっている．タキトゥスはネロに対しても嫌悪感を隠さないが，キリスト教徒に対しても同様で，とりわけ「人類敵視」（odium humani generis）という言葉は強烈である．常識人で政治家であったプリニウスに対して，保守的な思想の持ち主であったタキトゥスは，キリスト教徒がローマの伝統的な価値観や宗教伝統を共有しないことが，それだけで許せなかったのであろう．

B はローマのクレメンス*と呼ばれる人物に帰される手紙の一部である．人物そのものについてはほとんど何も分からないが，1 世紀末にローマで書かれたことは確実である．その中でペトロとパウロの殉教が「眼の前に思い浮かべ」られる出来事とされているのは，両名がローマで殉教したという伝説が事実であったことの強力な傍証となる．

ドミティアヌス帝に関する資料 C には，「キリスト教徒」という言葉が文面上は見当たらない．しかし「ユダヤ教の生活様式」「無神論」という言葉が，殺害された人々がキリスト教徒であったことを強く示唆している．「無神論」という言葉は，ギリシア・ローマの神々を，そしてとりわけ神格化された皇帝を崇拝しないという意味で使われており，後の殉教録文書にも頻出する．

ヨハネの黙示録 13, 15；17, 6

13,15第二の獣は，獣の像に息を吹き込むことを許されて，獣の像がものを言うことさえできるようにし，獣の像を拝もうとしない者があれば，皆殺しにさせた．
17,6わたしは，この女が聖なる者たちの血と，イエスの証人たちの血に酔いしれているのを見た．この女を見て，わたしは大いに驚いた．

A　タキトゥス*『年代記』15,44

［後 64 年のローマの大火災について］……しかし元首の慈悲深い援助も惜しみない施与も，神々に捧げた贖罪の儀式も，不名誉な噂を枯らせることができなかった．民衆は「ネロが大火を命じた」と信じて疑わなかった．そこでネロは，この風評をもみ消そうとして，身代わりの被告をこしらえ，これに大変手の込んだ罰を加える．それは，日ごろから忌まわしい行為で世人から忌み嫌われ，「クレーストゥス信奉者」と呼ばれていた者たちである．この一派の呼び名の起因となったクレーストゥスなる者は，ティベリウスの治世下に，元首属吏ポンティウス・ピラトゥスによって処刑されていた．その当座は，この有害きわまりない迷信も，一時鎮まっていたのだが，最近になって再び，この禍悪の発生地ユダヤにおいてのみならず，世界中からおぞましい破廉恥なものがことごとく流れ込んでもてはやされるこの都においてすら，猖獗をきわめていたのである．

そこでまず，信仰を告白していた者が審問され，ついでその者らの情報に基づき，実におびただしい人が，放火の罪というよりむしろ人類敵視の罪と結びつけられたのである．彼らは殺される時，なぶりものにされた．すなわち，野獣の毛皮をかぶせられ，犬に嚙み裂かれて倒れる．あるいは十字架に縛りつけられ，あるいは燃えやすく仕組まれ，そして日が落ちてから夜の灯火代りに燃やされたのである．ネロはこの見世物のため，カエサル家の庭園を提供し，そのうえ，戦車競技まで催して，その間中，戦車御者の装いで民衆の間を歩き回ったり，自分でも戦車を走らせたりした．そこで人々は，不憫の念をいだきだした．なるほど彼らは罪人であり，どんなむごたらしい罰にも価する．しかし彼らが犠牲になったのは，国家の福祉のためではなく，ネロ個人の残忍性を満足させるためであったように思われたからである．

B 『クレメンス*の手紙　コリントのキリスト者へ (1)』5-6

しかし古の例を引くのは止め，ごく最近に戦いをなした者たちに移ることにしよう．私たちの世代の，立派な例を取り挙げてみよう．嫉妬と羨望のために，教会の最も偉大な，また最も義しい柱であった人々は，迫害され，死に至るまでよく戦ったのだ．立派な使徒たちを我らの眼の前に思い浮かべてみよう．ペトロ，この人は不正な嫉妬のゆえに，一度二度ならず幾多の苦難を忍び耐え，こうして証を立てた上で，彼に相応しい栄光の場所へと赴いた．嫉妬と諍いのため，パウロは忍耐の賞に至る道を示した．(中略)

聖なる歩みをなしたこれらの人たちに，大多数の選ばれた人たちが共に加わった．これらの人たちは，嫉妬のゆえに様々な虐待と責苦を受け，私たちの間で最も美しい範をたれた．嫉妬のために婦人たちも迫害された．

C　ディオ・カシウス*『ローマ史』67, 14, 1-2

この頃 (後 95 年)，シヌエッサからプテオリまでの街道に石畳が敷かれた．そして同じ年に，ドミティアヌスは多くの者を処刑したが，その中には彼の甥であると同時に，皇帝自身の親戚筋に当たるフラウィア・ドミティラを妻としていた執政官フラウィウス・クレメンスが含まれていた．この二人は無神論の廉で咎められた．他にも，ユダヤ教の生活様式に加わっていた多くの者たちが，同じ罪状で有罪を宣告された．彼らの内の何人かは死刑に処されたが，財産没収で済んだ者もいた．ドミティラはパンダタリアへの流刑だけで済んだ．(大貫隆訳)

地図（ヘレニズム・新約時代の地中海周辺世界）
著者・著作解説
出典一覧表

ヘレニズム・新約時代の地中海周辺世界

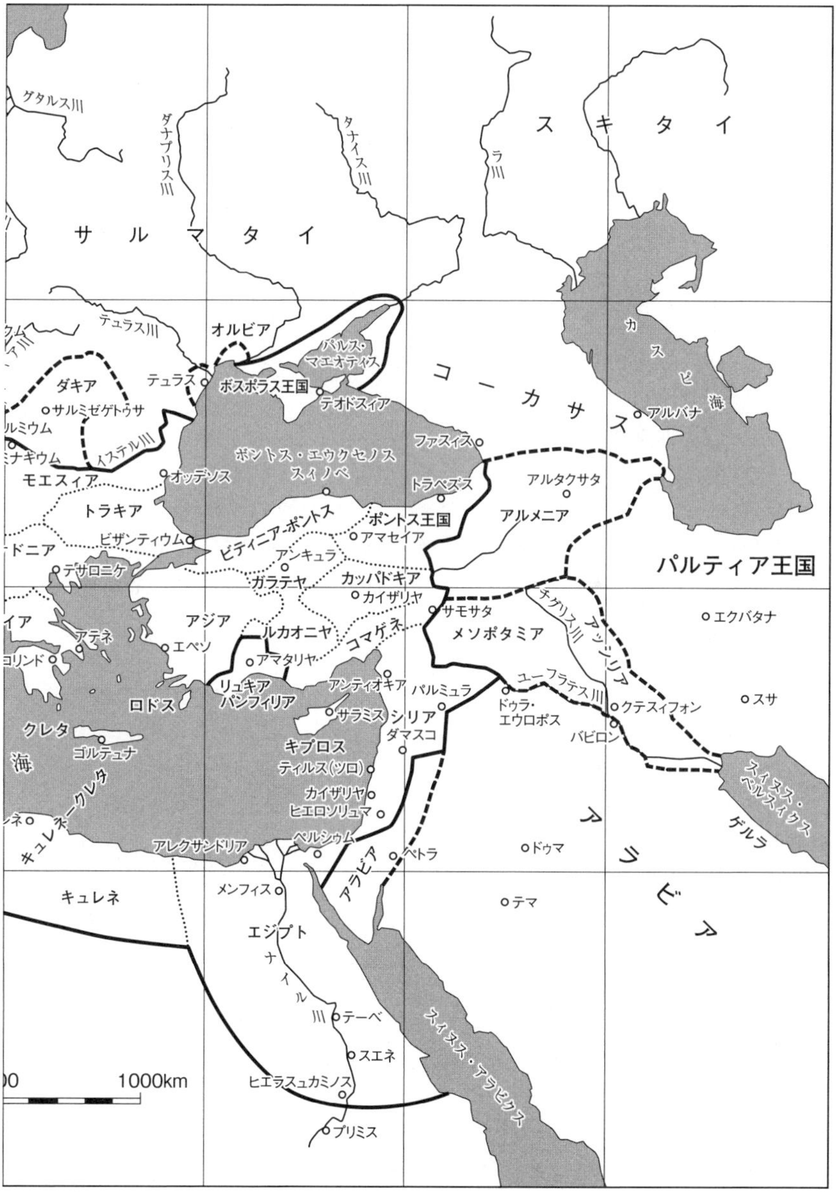

ゲタルス川
ダナプリス川
タナイス川
ラ川
スキタイ
サルマタイ
テュラス川
オルビア
パルス・マエオティス
ダキア
テュラス
ボスポラス王国
テオドスィア
サルミゼゲトゥサ
カスピ海
アルバナ
コーカサス
ファスィス
ポントス・エウクセノス
スィノペ
イステル川
オッデソス
モエスィア
トラキア
トラペズス
アルタクサタ
アルメニア
ポントス王国
アマセイア
ビザンティウム
ビティニア-ポントス
アンキュラ
パルティア王国
テサロニケ
ガラテヤ
カッパドキア
カイザリヤ
チグリス川
サモサタ
エクバタナ
アジア
アテネ
エペソ
ルカオニヤ
コマゲネ
メソポタミア
アッシリア
アマタリヤ
リュキア
パンフィリア
アンティオキア
パルミュラ
ユーフラテス川
ロドス
ドゥラ・エウロポス
クテスィフォン
スサ
クレタ
サラミス
シリア
キプロス
ダマスコ
バビロン
ゴルテュナ
海
ティルス(ツロ)
カイザリヤ
ヒエロソリュマ
スィヌス・ペルスィクス
キュレネ-クレタ
アレクサンドリア
ペルシウム
ペトラ
ドゥマ
アラビア
ゲルラ
メンフィス
キュレネ
テマ
エジプト
ナイル川
テーベ
スエネ
スィヌス・アラビクス
ヒエラスュカミノス
プリミス
1000km

著者・著作解説

あ　行

アエリウス・スパルティアヌス

『ローマ皇帝群像（ヒストリア・アウグスタ）』と呼ばれる書物において，その一部を書いたことになっている人物．ただしその歴史的実在性は疑問視されており，現在では，『ローマ皇帝群像』は後 4 世紀末もしくはそれ以降に一人の匿名の著者が仮想の「寄稿者」を装いつつ著したものだろうとする学説が有力である．

アエリウス・アリスティデス

ギリシア語名アイリオス・アリステイデス．後 117 年に小アジアで生まれる．2 世紀を代表する弁論家にして著作家であり，その後の文筆家に大きな影響を与えた．若い時から慢性の病気を患っていたため，繰り返しペルガモンのアスクレピオス神殿に滞在して神殿治療を行い，その記録も著作に残している．181 年以降に没．

『アダムとエバの生涯』

旧約聖書偽典の一つ．『創世記』冒頭のアダムとエバの物語を敷衍した文書．主としてギリシア語写本とラテン語写本で伝わっているが，前者には（何かの間違いか）『モーセの黙示録』という表題が付されている．キリスト教的な部分は僅かで，これを後代の付加と見なせば，本体の成立は前 1 世紀から後 1 世紀前半，パレスティナ地域でヘブライ語かアラム語で書かれ，それが後にギリシア語や他の古代語に翻訳されたものと思われる．

『アダムの黙示録』

ナグ・ハマディ文書*第 5 写本第 5 文書．至高神から受けていた知識をアダムが息子のセツに伝授するという形式をとりつつ，その後の歴史を至高神と創造神の確執として描き，その中でセツの子孫が辿る運命を啓示する．成立年代については後2世紀前半から3世紀まで諸説あるが，確定できない．

アテナゴラス

後177年頃に『キリスト教徒のための嘆願書』という文書を著した護教家．他に『死者の復活について』という著作も残っている．著作の内容から，ギリシア哲学や文学にかなり通暁していたことが推測される．著作そのもの以外，この人物についての情報は伝わっていない．

アプレイウス

後125年頃ヌミディアのマダウラに生まれ，カルタゴで育つ．アテナイで勉学の後，東方を遍歴．その後はローマ等で弁護士や著作家，弁論家として活動したが，やがてアフリカに戻り，170年頃にはカルタゴで皇帝崇拝の司祭になっていたという．その後の消息は不明．

アラトス

前315年頃にキリキアで生まれた詩人．アテナイで学び，その際にストア派哲学の影響を強く受けた．マケドニアやシリアで活動したのち，マケドニアで前240年以前に没した．残存する作品は天文を講じる教訓詩『星辰譜』だけだが，後世に大きな影響を与えた．

アリアノス

後86年頃にビテュニアで生まれる．若い時にニコポリスへ移り，ストア派哲学者エピクテトス*に学んだ．その後，政治家，文筆家として活躍し，160年頃にアテナイで没する．多くの作品を残したが，中でもエピクテトスの講義を記録した作品によって，自らは著作活動を行わなかったこの哲学者の教えを後世に伝えるという功績を果たした．

『アリステアスの手紙』

旧約聖書偽典の一つ．アリステアスを名乗る人物が友人のフィロクラテスに宛てた手紙という体裁をとり，アレクサンドリア図書館のためにヘブライ語聖書（旧約聖書）が七十二名の学者によって七十二日でギリシア語に翻訳された経緯を語る．さらに，そこへユダヤ教の弁明や宣伝の要素が組み込まれている．成立場所は，話の舞台でもあるアレクサンドリアであろう．成立年代は前2世紀の後半か．

アリストテレス

前384年，ギリシア北方のスタゲイラで生まれる．アテナイでプラトン*に学び，プラトンの死後，小アジア等を回り，またマケドニア王フィリッポスに招かれて王子アレクサンドロス（後の大王）の教師を務める．前335年頃，アテナイに戻って自らの学園リュケイオンを開く．前322年にエウボイア島のカルキスで死去．自然，社会，文学，哲学等，幅広い分野にわたって旺盛な研究活動を行い膨大な著作を残した，古代ギリシアを代表する学者．

アルキノオス

後2世紀に書かれたと想定される文書『プラトン哲学要綱』の写本にその著者として記されている名前．長年，著者は同時期に活動したプラトン主義哲学者アルビノスであり，写本の名前は書き間違いと考えられてきたが，近年では，写本の通りにアルキノオスという人物が著者なのだろうと考えられている．ただし，この書物の著者だということ以外にアルキノオスに関する情報はない．

アルテミドロス

後2世紀半ばから後半に活動したエフェソ出身の著作家．自ら地中海圏各地を調査旅行し，また先行研究書（ほぼすべて散逸）を精査してまとめた『夢判断の書』は，後世に大きな影響を残した．なおこの作品において著者は，すでに有名人を輩出しているエフェソではなく，母親の出身地であるリュディアのダルディスの名を挙げて感謝するべく「ダルディスのアルテミドロス」と名乗った．

イアンブリコス

後245年頃にシリアで生まれた新プラトン派哲学者．ローマでプロティノス*の弟子であるポルフュリオスに学び，シリアに戻って自らの学校を開設した．現在では失われてしまったものも含め，旺盛な著作活動を行った．プロティノスの理論に新ピタゴラス主義や神秘主義の要素を加え，新プラトン主義哲学の歴史に新たな局面を切り開いた．325年頃没．

イグナティオス

生年不詳．アンティオキアの司教で，おそらく後107年から110年の間にローマで殉教死を遂げた．アンティオキアからローマへ護送される間に書いた七通の書簡が残存しており，「使徒教父文書」*の一部として扱われている．

イソクラテス

前436年アテナイ生まれ．古代ギリシアを代表する弁論家の一人で，多くの演説を書き残した．政治的にはマケドニア王フィリッポス（アレクサンドロス大王の父親）にギリシア統一の夢を託した．また教育者としては思索を追究するプラトン*の哲学学校に対抗して実践的な修辞学や弁論術を重視する学園を開き，多数の弟子を育てた．前338年没．

イブン・アン・ナディーム

後995年もしくは998年に没したイスラム教シーア派の書誌学者．バグダッドで書店を経営しつつ，当時流通していたアラビア語文献の目録である『フィフリスト（学術書目録）』を著した．これには内容を問わずナディームが入手できた古今東西の書物について，その著者名，書名，要約そして引用が含まれており，貴重な情報源となっている．

ウェルギリウス

前70年に北部イタリアのマントゥア（現マントヴァ）で生まれた，ラテン文学を代表する叙事詩作家．後にナポリに移住．皇帝アウグストゥスの右腕であった政治家マエケーナースの庇護を受けて著作活動を行った．『牧歌』『農耕詩』を仕上げた後，ローマ建国を謳う大作『アエネーイス』に取り組む．その仕上げのためにギリシア旅行に出た時に病気となり，前19年，ブルンディシウム（現ブリンディジ）にて客死．『アエネーイス』は未完成な部分を僅かに残したまま公刊された．

エイレナイオス

後130年頃に小アジアで生まれたキリスト教著作家．178年頃にルグドゥヌム（現フランス・リヨン）の司教となる．著作『異端反駁』全5巻は，キリスト教史上初の複数巻からなる大規模な著作であり，異端者についての貴重な情報源である一方，それらとの対決を通してエイレナイオス自身が正統的な教理の確立を目指した，最初の組織的なキリスト教教理書だということもできる．202年頃没．

エウセビオス

後260年頃に生まれ，313年頃にカイサリアの司教となった人物．キリスト教教義の修得にあたっては，かつてカイサリアで活動したオリゲネス*の影響を強く受けた．アリウス派論争との関連で教会政治家として活動し，ニカイア公会議（325年）にも出席する一方で，『教会史』をはじめとする多数の著作を残した．339年に没．

エウリピデス

前480年頃にアテナイで生まれた悲劇作家．先輩のアイスキュロス，同世代のソフォクレスとあわせて古典ギリシアの三大悲劇作家に数えられる．生涯に90作ほどの劇を書いたとされるが，うち19作（ただし一つは偽作とされる）が残存．408年頃にマケドニア王アルケラオスに招かれてペラの町に移り住み，アテナイに戻ることなく，406年頃にその地で没した．

『エジプト人の福音書』

同じような題名の文書は他にもあるが，本資料集で引用されているのはナグ・ハマディ文書*の第3写本第2文書および第4写本第2文書に重複して筆写されている文書．至高神についての説明から始まり，上位世界の成立，創造神の登場と天地創造，人間の創造，救済者であるセツ＝イエスの派遣，「セツの種族」に対する救済の約束，賛美の歌（洗礼式文？）と，時系列を辿った体系的な構成を示している．成立の時期や場所は確定できない．

『エチオピア語エノク書』

旧約聖書偽典の一つ．『第1エノク書』とも呼ばれる．エノクが啓示を受けたり，訓戒を語ったり，手紙を書いたりする．全体としては古代エチオピア語訳でのみ伝承．「寝ずの番人の書」「譬えの書」「天文の書」「夢幻の書」「エノク書簡」という五つの部分からなり，元来はそれぞれ成立時期を異にする独立した文書であったと考えられている（前3世紀～前1世紀）．アラム語の断片が死海写本の中に見つかったことから，原語はアラム語もしくはヘブライ語だった可能性がある．

エピクテトス

後55年頃，フリュギアのヒエラポリスで生まれる．帝政ローマ時代のストア哲学を代表する一人．奴隷であったが，主人の許可を得て，ストア哲学者ムソニウス*を聴講した．奴隷身分から解放された後は，ローマで哲学教師として活動したが，89年に他のすべての哲学者と同じようにローマから追放され，以後はニコポリスで哲学を講じた．著作活動は行わなかったが，弟子のアリアノス*が記録を残した．2世紀前半の中頃に没．

エピダウロス碑文

ペロポネソス半島東海岸地域にある町エピダウロスにはアスクレピオス神殿の遺跡があり，出土した石柱四本に計七十の治癒物語が記されていた．成立年代は前4世紀後半．アスクレピオスはギリシア神話における医療の神．その加護を求めて病人が各地から集まってきており，エピダウロスは宿泊施設や劇場，図書館なども備えた一大保養地となっていた．

エピファニオス

後315年頃にパレスティナで生まれ，367年にキプロス島サラミスの司教となった人物．若い時にはエジプトで修道生活を送っていた．オリゲネス*を異端視した代表人物の一人で，375年前後，オリゲネスを含む異端八十流派を次々に論駁しようとする大作『薬籠（パナリオン）』を著した．403年に没．

オウィディウス

前43年にイタリア半島中部のスルモー（現スルモナ）で生まれた，ローマ帝政初期を代表する詩人．恋愛をテーマにした詩を多数書き，またギリシア・ローマ神話の集大成である『変身物語』は後世のヨーロッパ文化に大きな影響を残した．後8年，何らかの理由で皇帝アウグストゥスによって黒海沿岸のトミス（現ルーマニア・コンスタンツァ）へと追放され，その後も詩作活動は続けたが，ローマへ戻る許可を得ることなく17年に没した．

『大いなるセツの第二の教え』

ナグ・ハマディ文書*第7写本第2文書．「私」が人間の姿をとって世へ降下し，見かけ上の受難をすることでこの世を支配するアルコーンたちを欺き，それによって信者たちの救済の道を準備した，という思想を「私」が一人称で語るという構成．表題ではこの「私」がセツと同一視されているが，本文にセツという名前は現れない．受難は見かけだけだとする「仮現論」，そして多数派正統教会との対決姿勢を特徴とする．成立は2世紀後半から3世紀前半か．

オクシュリンコス・パピルス

エジプトの町オクシュリンコス（現エルバナサ，カイロの南南西約160キロ）において発掘された大量の古代ギリシア語パピルス文書群．1896年の発掘開始以来，何千もの文書が発掘されており，現在でも発掘・整理・解読・公刊の作業が続いている．年代や分野を問わず，オクシュリンコス・パピルスの発見によって忘却から救い出された古代文書は少なくない．

オリゲネス

後185年頃にアレクサンドリアで生まれたキリスト教学者，著作家．父親もキリスト教徒であったが202年に殉教した．家族を支えるために塾を開いたが，後にそれがキリスト教教理を専門的に研究・教授する学校になった．231年に教会内のトラブルに巻き込まれて拠点をカイサリアに移す．聖書注解を中心に膨大な著作を残して後世に多大な影響を与えたが，その大胆な思索性は，後にオリゲネスを異端者とみなす人々が登場する原因にもなった．254年頃に没．

か　行

『学説彙纂』（ユスティニアヌス）

東ローマ皇帝ユスティニアヌス1世（在位後527-565年）が編纂を命じた体系的法律書．それまでのローマ法学者の学説を精査し，ユスティニアヌスの時代にも使用可能な条文を厳選，編集を加えた上で533年に完成した．全50巻．ラテン語名 Digesta，ギリシア語名 Pandectae．過去の皇帝が定めた法をまとめた『勅法彙纂』，時代に合わせてユスティニアヌスが新たに発布した法令の集成である『新勅法』，入門書の『法学提要』とあわせて「ローマ法大全」を形成する．

カッディッシュの祈り

ユダヤ教徒が会堂礼拝において唱和していたアラム語の短い祈り．神の名が崇められることや神の王国が到来することが祈願の中に含まれており，イエスの「主の祈り」のルーツなのではないかと考えられている．

『雷・全きヌース』

ナグ・ハマディ文書*の第6写本第2文書．「私」が語るモノローグ形式をとる．「私」と「雷」および「全きヌース」との相互関係は明瞭でない．思想的背景も特定しがたいが，「私は生命にして死」「私は既婚者にして処女」のような，相反する属性の並存というコンセプトが特徴的．はっきりとキリスト教的な要素は欠けている．成立地はエジプト説が有力．成立時期は2世紀から3世紀の間で特定できない．

カリトーン（アフロディシアスの）

『カイレアスとカッリロエ』と呼ばれる作品において，冒頭，その著者だと名乗っている人物．ただし偽名の可能性もある．この作品の成立年代についても，前1世紀から後2世紀まで諸説あり，はっきりしない．いずれにせよ，古代小説文学というジャンルにおいて，これが残存する最も古い作品（の一つ）であることは，ほぼ定説になっている．

キケロー

前106年，イタリア半島中部の町アルピーヌム（現アルピーノ）に生まれた古代ローマを代表する政治家，弁論家，著作家．63年にコンスルを務めるなど第一線の政治家として活動する一方，権力闘争の関係で蟄居を強いられた時期などを利用して哲学や修辞学等について数多くの著作を書いた．キケローのラテン語は後世の模範とされた．カエサル暗殺の翌43年，第二次三頭政治と呼ばれる政治的取引の犠牲となり，政敵アントニウスが送った刺客に殺された．

偽プラトン『アクシオコス』

「死について」とも題される対話編．アクシオコスなる老人が死を目前にして怯えており，駆けつけたソクラテスが魂の不死を説いて彼を慰める．プラトン*の作品として伝承されているが，思想や用語から，匿名の著者による前1世紀頃の作品と考えられている．

『ギリシア語バルク黙示録』

旧約聖書偽典の一つ．ギリシア語の他にスラブ語版が伝わっているが，内容はかなり異なるので，おそらく別の文書．『第3バルク書』と呼ばれることもある．エレミヤの書記バルクが天使ファマエールから啓示を受け，また天界旅行を行う．作者の関心は主として人間の死後の運命に寄せられており，生前の所業に応じた分類として「義人」と「悪人」の他に中間的な人間が想定されている．後2世紀，シリア・パレスティナ地域で成立か．

『ギリシア語碑文集』（IG）

IGはInscriptiones Graecaeの略．19世紀からギリシア語碑文集の集成は進んでいたが，20世紀に入り，古典学者ヴィラモーヴィッツの主導で，ギリシア本土および島嶼だけに対象を絞ることになって現在に至る（他の地域はそれぞれ専用のシリーズが立ち上げられる）．ドイツのベルリンを拠点に作業が続いている．

『ギリシア語碑文集成』（SIG）

SIGはSylloge Inscriptionum Graecarumの略．内容は表題の通り．ヴィルヘルム・ディッテンベルガーが1883年に二部からなる初版を出したギリシア語碑文集．後にF・ヒラー・フォン・ゲルトリンゲンによって1915年から1924年にかけて改訂第3版が全4巻全5冊の形で出版された．

『ギリシア語魔術パピルス』（PGM）

PGMはPapyri Graecae Magicaeの略．前2世紀頃から後5世紀頃までのギリシア語で書かれた魔術パピルスの集成．個別のパピルスが公開されることはあったが，網羅的な集成を手がけたのはK・プライゼンダンツで，標記のタイトルで1928年から1931年までに2巻本を出版した．後に改訂，補充され，現在に至っている．

『ギンザー』（マンダ教文書）

マンダ教徒の聖典．書名は「宝」の意．『右ギンザー』と『左ギンザー』に分けられ，右の部はマンダ教の神話，倫理，歴史等を内容とし，対して左の部は教徒が死後に辿る行程に関する説明と教示が中心となる．マンダ教は現在でも存続しており，その長い歴史において随時変更され，また拡張されてきたと考えられる．最初の成立は後2～3世紀か．

クセノフォン

前430年頃にアテナイに生まれた軍人にして著作家．若い頃にソクラテスに傾倒し，その思い出を複数の作品に残している．ペルシア王子のキュロスが王座を継いだ兄アルタクセルクセスに対して反乱を企てた際，その傭兵となってペルシアに渡った（401年）．しかしキュロス軍は壊滅し，クセノフォンは残されたギリシア人傭兵1万人を率いるリーダーとなってギリシア帰還を果たした．その後も軍人として活動し，また著作活動を行った．360年より後，コリントまたはアテナイで没．

クラテス

前365年頃生，285年頃没．アテナイのキュニコス派（犬儒派）哲学者．「犬の」ディオゲネスを師と仰ぎ，同様の生活を送った．ただし社会に対してディオゲネスほど反抗的ではなかったともいう．また彼はストア派の創始者ゼノンの師の一人でもある．

クレメンス（アレクサンドリアの）

後2世紀半ばに異教徒の両親から生まれた．キリスト教に入信した後，諸国遍歴を経てアレクサンドリアに定住したが，セプティミウス・セウェールス帝によるキリスト教迫害の際にアレクサンドリアを離れ（202／3年），小アジアで没した（215年以前）．ギリシアの哲学および文学の正統性を認めた上で，それをキリスト教の真理性の下に包括することに情熱を傾けた．主要著作の一つである『絨毯』（あるいは『雑録』）は，ギリシアの哲学および文学からの膨大な引用を含むことでも知られる．

クレメンス（ローマの）

おそらく後96年頃に書かれた使徒教父文書*『クレメンスの手紙　一』の著者とされる人物（『クレメンスの手紙　二』と呼ばれる使徒教父文書もあるが，著者は別人）．著者がローマ教会のリーダー的存在であったことは内容から明らかであるが，「クレメンス」という名前を含めて，具体的な人物像は不明．後の伝説においては，初代のペトロを引き継ぐ四代目のローマ教皇に位置づけられている．

ケルソス

後2世紀後半に活躍した中期プラトン主義の哲学者．『真理の教え』と題する著作は，ギリシア哲学の側からキリスト教を本格的に論駁した最初の試みとして有名である．しかし，原本は伝存せず，オリゲネス*による反論書である『ケルソス駁論』の中で繰り返し行われている引用から再構成する他はない．

『古代誌』（Palaia）

A・ヴァシリエフがウィーンの写本とヴァチカンの写本をもとに校訂して1893年に出版したギリシア語文書．天地創造からダビデまでの物語，そして若干のそれ以外のエピソードや人物伝を，一般キリスト信徒向けに書き直したもの．最終的な成立は後9世紀末もしくはそれ以降であるが，それよりはるかに古い時代のユダヤ教やキリスト教の伝承が組み込まれていると考えられる.

『この世の起源について』

ナグ・ハマディ文書*第2写本第5文書. 他に第13写本第2文書および大英図書館所蔵のパピルス ms. or. 4926（1）に部分的な写しが伝わっている.『この世の起源について』という表題は便宜上のもので, 写本には表題が記されていない. 内容的には, 原初の存在が「カオス」であるというヘシオドス的な説を論駁するという体裁で, 上位世界での出来事から天地と人間の創造, 楽園追放, 人類の歴史, そして終末を, おおむね時系列を辿って説明している. 成立地はエジプト（アレクサンドリア）か. 成立年代は3世紀後半頃を想定するのが有力.

『コプト語魔術パピルス』（KZT）

アンゲリクス・クロップが1930／1年にブリュッセルで出版したコプト語魔術文書の集成. 正確な題名は『精選コプト語魔術文書集』（Ausgewählte Koptische Zaubertexte）. 全3巻で, 原典コプト語テキスト, ドイツ語訳と注解, 入門編からなる.

さ　行

『砂漠の師父の言葉』

『師父たちの発言（Apophthegmata Patrum）』という題名で伝わるギリシア語文書で, 砂漠で修行したキリスト教修道士たちの発言を集め, 修道士の名前のアルファベット順に整理・配列した語録集. 挙げられているのは後3世紀末から5世紀にわたる百名以上におよぶ修道士である. 個々の段落は, 発言だけの場合も, 発言にいたる経緯を含めたエピソードの形式（いわゆる「アポフテグマ」の形式）をとる場合もある. 修道僧の間で口頭で伝えられていた伝承が, 5世紀後半に文書化されたものと考えられる.

『三体のプローテンノイア』

ナグ・ハマディ文書*第13写本第1文書. プローテンノイアすなわち「最初の思考」を名乗る女性的存在によるモノローグ形式をとる. このプローテンノイアが「父」,「母」, そして「子」としてそれぞれ活動を行うため,「三体の」という形容がつけられている. キリスト教的な要素はごくわずかで, 二次的な付加だと考えられている. 成立はエジプト（アレクサンドリア）か. キリスト教要素の付加を除いた本体についていえば, 2世紀前半もしくはさらに早い時期も考え得る. ただし2世紀後半以降の可能性が全く否定されるわけではない.

『シェームの釈義』

ナグ・ハマディ文書*第7写本第1文書．デルデケアスなる啓示者からシェームなる人物が受けた教えという体裁．シェームはノアの息子セムのことか．闇を光と並ぶ原初的な存在とみなし，宇宙史を両勢力の争い，そして光に属する「シェームの種族」の救済を物語る．成立の年代と地域は共に不明．

『死海文書』

1947年から1956年にかけて死海沿岸の地クムランの洞窟から発見されたパピルス文書群．厳密に「死海文書」という場合には，この「クムラン文書」の他，死海沿岸の他の地域で発見された少数の類似文書も含める．由来としては，エルサレム陥落を目前にした後70年直前，神殿内やその他の巻物類が避難のためにこの地の洞窟に隠匿され，そのままになったのではないかと考えられている．『イザヤ書』など既知の文書についても，またそれまで知られていなかった文書についても，きわめて古い写本が見つかったという意義が大きい．

使徒教父文書

17世紀末から，特に古い正統的なキリスト教教父文書をこの名で呼ぶ習慣が生まれた．しかし他の教父文書に較べて高い権威を認められているというわけではなく，実質的には以下の文書の総称として使われるにすぎない．『イグナティオスの手紙』(全7書)，『バルナバの手紙』，『クレメンスの手紙　一』，『クレメンスの手紙　二』，『ポリュカルポスの手紙』，『ヘルマスの牧者』，『十二使徒の教訓（ディダケー)』．場合によってはこれに『ポリュカルポスの殉教』，『ディオグネートスの手紙』，『クァドラートゥスの断片』，『パピアスの断片』などが加わる．

使徒信条

現在でもカトリック，プロテスタントなど教派の違いを超えて採用されている代表的な信条の一つ．内容的には，(1) 神，(2) イエス・キリスト，(3) 教会，再臨，死者の復活についての三項から成る．後3世紀に形を成す「古ローマ信条」を基にしている．「使徒信条」という名称は4世紀から6世紀にかけて成立した．現在教会で用いられている文言に最も近いものは，7世紀にガリアに確認される．その後ドイツをはじめヨーロッパ全域で用いられるようになった．

『シビュラの託宣』

アポロンに仕える巫女シビュラが伝えた託宣という体裁で，叙事詩のリズムによる韻文形式をとりつつ，ユダヤ教徒やキリスト教徒が自らの思想や信仰を語ったもの．全 14 巻からなるが，おおむね，1～2 巻と 11～14 巻はユダヤ教的な土台にキリスト教的修正を大幅に加えたもの，3～5 巻はユダヤ教的，6～8 巻はキリスト教的，9～10 巻は他巻からの抜粋のみである．したがって巻の番号と成立順序は一致せず，また巻によって旧約偽典と新約外典に分類が分かれることになる．なお，他に引用断片がある．最も古い第 3 巻で前 2 世紀，最も新しい巻で後 6 世紀前後の成立と推定される．

『十二使徒の教訓』

「教訓」のギリシア語原語から『ディダケー』とも呼ばれる．いわゆる使徒教父文書の一つ．1873 年にイスタンブールの図書館で写本（11 世紀）が発見され，10 年後に公開された．洗礼志願者への教え，祭儀や教会生活の規定，巡回伝道者への対応等を内容とする．成立年代は 1 世紀末から 2 世紀初頭，成立地域はシリア・パレスティナ地域説がそれぞれ有力．

『シラ書』

旧約聖書外典の一つで別名を『ベン・シラの知恵』とも呼ばれる．『箴言』や『コヘレト』に代表されるユダヤ教知恵文学に属し，処世訓や格言を集めている．前 2 世紀初頭にヘブライ語で著された．

『シリア語バルク黙示録』

旧約聖書偽典の一つ．エレミヤの書記バルクが神から受けた啓示を内容とする物語．ギリシア語で写本が伝わる『バルク黙示録』とはおそらく別の文書で，シリア語の方は『第 2 バルク書』と呼ぶこともある．第二神殿の崩壊が前提とされているので，成立は後 70 年以降，下限は 2 世紀初頭．成立はパレスティナか．

『シルワノスの教え』

ナグ・ハマディ文書*第 7 写本第 4 文書．旧約聖書の『箴言』に代表される智恵文学の一種で，読者に直接語りかけて教え諭すというスタイルの文書．しかしヘレニズム時代に（とりわけストア派哲学者が好んだという）「ディアトリベー」の要素も顕著である．特にキリスト教的だとはいえない一般的な倫理訓戒が多く含まれる一方で，神であったキリストが世に下って人間となったという受肉論を強調するのが特徴．成立地はアレクサンドリア説が有力．成立時期は 3 世紀後半か．

スエトニウス

後 70 年頃生まれたローマの伝記作家．生誕地はヌミディアのヒッポ・レギウス（後にアウグスティヌスが司教を務める都市）であった可能性が高い．著作活動と並行して政治家としてのキャリアをも重ね，ハドリアヌス帝の時には宮廷の文書係（皇帝の秘書官）にまで出世したが，その後更迭され，著作家として余生を送ったらしい．多数の著作があったが，現在残るのは『ローマ皇帝伝』をはじめ数点のみ．没年不詳（130 年頃か）．

ストバイオス

ヨアンネス・ストバイオス．後 5 世紀初頭に成立したギリシア語引用集――『詞華集』――の著者として伝えられる人物で，個人としての情報は皆無．名前のストバイオスは，おそらくマケドニアの町ストビに由来する（「ストビのヨアンネス」）．引用集としてはさまざまな文学者（特に詩人）や哲学者（特に新プラトン派）の著作からの写しが多数含まれており，貴重な情報源となっている．

『スラブ語エノク書』

旧約聖書偽典の一つ．『第 2 エノク書』とも呼ばれる．古代教会スラブ語訳で伝承されているが，原本はギリシア語と考えられる．エノクが天に引き上げられ，第七天まで上って神から直接に教えを受ける．その後 30 日間だけ地上に戻って息子メトセラに訓戒を与える．エノクが天に戻った後，メトセラが祭司となり，孫のニルが後を継ぐ．ニルの妻から生まれたメルキゼデクは，生まれて 40 日後にエデンへ移される．メトセラが祭司となって以降の話は独立した文書であった可能性がある．成立は後 1 世紀の神殿崩壊以前か．

『聖書古代誌』（偽フィロン）

ラテン語訳でのみ伝わる古代ユダヤ教文書．フィロンの著作のラテン語訳と一緒に伝承されたが，内容的に，フィロンの著作ではないことが分かっている．内容はアダムからサウルまでの歴史で，聖書正典とは部分的に大きく異なる物語を伝えていて興味深い．元来はヘブライ語で書かれ，それがギリシア語訳を経由してラテン語訳されたと考えられている．成立地域はパレスティナであろう．年代については，前 1 世紀から後 2 世紀中盤まで，研究者の意見が分かれている．

『世界について』（偽アリストテレス）

あるいは『宇宙について』（*Περὶ κόσμου*, De mundo）．宇宙について論じた後 1 世紀中頃の文書．アリストテレス*の作品として伝承されたが，実際にはストア派哲学の影響下にある．ギリシア語写本の他，アプレイウス*によるラテン語訳がある．

『セクストゥスの金言』

ナグ・ハマディ文書*第 12 写本第 1 文書．他に 2 種類のギリシア語写本，さらにラテン語など数種類の古代語訳写本が残されている．ほとんどが 1 文だけの格言風の言葉を羅列したもので，元来は451個前後の言葉があり，うち残存写本から復元できるのは157番から397番までの240個前後である（個数は校訂者の判断によって若干左右される）．キリスト教徒の間で広く読まれていたが，「イエス」も「キリスト」も言及されず，キリスト教的な要素は乏しい．成立時期は2世紀末，場所はアレクサンドリアとされる．「セクストゥス」の名は，後にこの文書が3世紀半ばのローマ司教シクストゥス2世による作品と見なされるようになったためである．

セネカ

前4年から後1年の間にコルドゥバ（現スペイン・コルドバ）に生まれた政治家，作家，ローマ帝政期を代表するストア派哲学者．ローマで弁論家として名を上げ，出世の道をたどる．41年にコルシカ島へ追放されるが，49年にローマへ戻ってネロの教師となり，ネロが皇帝に即位した後はその顧問役を務める．ネロが次第に暴君化すると政治の一線から退くが，ネロ暗殺計画に荷担したとの嫌疑をかけられ，65年，ネロの命令によって自決．

『ゾーストリアノス』

ナグ・ハマディ文書*第8写本第1文書．ゾロアスター（ザラスシュトラ）の祖先（もしくはゾロアスターの別名）であるゾーストリアノスが，自らが忘我状態のうちに体験した天界旅行を報告するというスタイルで，上位世界をも含めた全宇宙の構造を解説する文書．プロティノスを訪問したキリスト教徒がこの名の文書を持っていたという記録があり，したがって遅くとも3世紀前半には成立していたことになる．成立地は不詳．

『ソロモンの頌歌』

新約聖書外典の一つ．1909年にシリア語写本が発見されて全貌が明らかになった文書で，それまでは古代教会内外の著作による引用や言及によってのみ知られていた．いわば楽譜のない賛美歌集であり，この種のものとしては，知られている限り，キリスト教史上最古である．ギリシア語の断片も発見されているが，原語はシリア語だったとする説が有力である．とすれば成立地はシリア，おそらくエデッサであろう．成立時期は後2世紀．130年頃といった早い時期を考える研究者もある．

た　行

『第5エズラ書』，『第6エズラ書』

ラテン語訳ウルガータ聖書に『エズラ書』という表題で掲載されている文書は，

ヘブライ語（旧約）聖書にも，そのギリシア語訳（七十人訳）にも欠けている．さらにウルガータ『エズラ書』の中央部分（3章から14章）はシリア語等の古代オリエント諸語への翻訳があり，内容的にも明らかにユダヤ教文書であるのに対し，冒頭部分（1章から2章）と末尾部分（15章から16章）は他言語への翻訳がなく，内容からもキリスト教徒による付加と考えられる．このため，中央部分を『第4エズラ書』，冒頭部分を『第5エズラ書』，そして末尾部分を『第6エズラ書』と呼んで区別する慣習がある（ただし「エズラ」と「ネヘミヤ」の名を冠する文書の伝承はきわめて複雑なので，呼称についてもその都度よく確認する必要がある）．『第5エズラ書』は，神がイスラエルの罪をなじる言葉を預言者エズラに託し，また「神の子」の姿をエズラに見せる．付加の時期は分からないが，『第6エズラ書』と同時であったと考えることもできる．『第6エズラ書』では，「私の民」が迫害される状況を神が嘆き，救いを約束して忍耐を命じている．キリスト教徒迫害が前提されていると思われ，後2〜3世紀にキリスト教徒が付加したものである可能性が高い．

『第3マカベア書』

『第1マカベア書』（前2世紀後半）と『第2マカベア書』（前124年頃）は前2世紀のマカベヤ戦争（セレウコス朝シリアに対するユダヤ教徒の独立戦争）を記述するが，『第3マカベア書』はそれと異なって，実際にはマカベヤ戦争とは関係がなく，前3世紀後半のエジプトの王プトレマイオス4世に対するユダヤ教徒の抵抗を描いている．前1世紀前半の著作．

『第八と第九のものに関する講話』

ナグ・ハマディ文書*第6写本第6文書．表題は内容から便宜的につけられたもの．導師ヘルメスが弟子に教えを垂れるという対話形式の作品．教示対話を通して神秘体験を目指す姿勢が特徴的．キリスト教的要素はなく，ヘルメス・トリスメギストスが啓示者に設定される「ヘルメス文書」の一つに分類される．成立時期は特定できない（2〜4世紀）．他のヘルメス文書と同じく，成立地はアレクサンドリアであろう．

タキトゥス

後56年頃に生まれたローマの政治家にして歴史家．騎士身分の出身であるが，姻戚によって元老院議員となる．97年にはコンスル，112年から113年にかけてはアシア州総督を務める．このように政治家として順調に出世するのと並行して，代表作の『年代記』をはじめ，ローマ帝国内外の歴史に関する書物を多数執筆した．没年不詳（120年頃か）．

『魂の解明』

ナグ・ハマディ文書*第2写本第6文書．女性的存在である「魂」が「父」のもとから転落し，身体の中に捕らえられて汚されるが，「父」が「長子」を天から遣わし，それと結婚することで「魂」は清められ，天に戻る．この救済神話を聖書やホメロスの語句と結びつけ，その成就として説明するのが特徴．成立年代は2世紀から4世紀前半までの間で特定できない．場所はアレクサンドリアと想定される．

『ダマスコ文書』

19世紀後半にカイロのシナゴーグで見つかった大量の写本群の中から発見され，さらに死海文書の中にも断片が含まれていた文書．略称CD．内容的に2部からなり，第1部は説教，第2部は律法の解釈（ハラハー）や教団組織の解説．前1世紀初頭の成立と考えられる．

タルグーム（ユダヤ教ラビ文献）

ヘブライ語（旧約）聖書のアラム語訳．ユダヤ人の母語がヘブライ語からアラム語に移ったのに対応して，前2世紀から後7世紀まで，バビロンやパレスティナで翻訳が行われた．そのためさまざまなバージョンがあり，また必ずしも逐語的な翻訳ではなく，釈義的な情報を加えた敷衍訳というべきものもある．

タルムード（ユダヤ教ラビ文献）

『パレスティナ・タルムード』（後5世紀頃）と『バビロニア・タルムード』（後6世紀頃）があるが，いずれも後2世紀末頃に編纂された『ミシュナ』（文書伝承および口頭伝承によって伝えられたユダヤ教律法の集成）に関するラビ（律法学者）たちの見解を集めた文書．とりわけ『バビロニア・タルムード』はそれまでのラビたちの知恵を整理して集大成したもので，その後のユダヤ教徒にとって規範的な意味をもった．

『知恵の書』

旧約外典の一つで，別名『ソロモンの知恵』．正典旧約聖書の中の『箴言』に始まる知恵文学の伝統に連なるもので，処世知・経験知を踏まえた教訓的な言葉を集めた格言集．前1世紀の著作と考えられている．

『知識の解明』

ナグ・ハマディ文書*第11写本第1文書．写本の保存状態が劣悪だが，何らかの分裂状態に直面した教会指導者が，頻繁に聖書（特にパウロ書簡）を引用しつつ，トラブルを解決しようとして行った説教と思われる．成立時期は2世紀半ばから後半，成立地は小アジア地域か．

ディオ・カシウス

後150年頃生まれたローマの政治家，文筆家．コンスルや属州総督等として活動する一方で，建国伝説から同時代までのローマ史をギリシア語で叙述する『ローマ史』を執筆した（部分的に残存）．235年頃没．

ディオゲネス・ラエルティオス

おそらく後3世紀前半の文筆家．ただし『哲学者列伝』を書いたということ以外の個人的情報は全く知られていない．この書はタレースからエピクロスまでのギリシア哲学者について，生涯，著作目録，著作からの引用，思想の要約，各種エピソード，周囲や後世からの評価等々，真偽を問わずさまざまな情報が満載されている．

『デモティック語魔術パピルス』

デモティック語（デモティック文字で書かれた古代エジプト語で，コプト語の前段階）の魔術パピルス．巻物でありながら両面を使用している．19世紀初頭にエジプトの古代エジプトのテーベ遺跡で発見され，1904年にグリフィスとトンプソンが英訳つき校訂版を出版した．パピルス自体は前3〜2世紀のものと判定されている．したがって書かれている呪文の類はさらに（最大で200年程度）古い．

テュアナのアポロニオス

カッパドキア（小アジア）のテュアナで生まれた伝説的なピタゴラス派哲学者．後1世紀に活動．奇跡行為を含むさまざまな逸話があり，フィロストラトス*が伝記をまとめている．しかし歴史的人物としてのアポロニオスについて，生涯や思想に関する確実なことは全く分からない．

テルトゥリアヌス

後160年頃にカルタゴで生まれる．高度の教育を受け，弁論家として活動するが，キリスト教に入信し，その後はキリスト教著作家として多数の作品を残した．ラテン語で本格的な著作活動を行った最初のキリスト教徒である．3世紀に入った頃からモンタノス派に接近するが，モンタノス派が後に異端の烙印を押されたため，晩年のことは全く情報が伝わっていない．おそらく220年代頃に没．

『闘技者トマスの書』

ナグ・ハマディ文書*第2写本第7文書．復活後で昇天前のイエスが弟子のトマスに秘密の教えを語り，それを横で聞いていたマタイが書き記したという設定で始まる．しかし文書後半はイエスが「あなたがた」に向けて行った説教になっており，成立過程で大胆な編集作業が行われたことを示唆する．こうした事情から単一の成立年代や成立場所を想定することはできない．この文書がほぼ現状の形になった地域としては，使徒トマスが愛好された東シリアが考えられる．

トゥキュディデス

前460〜455年頃にアテナイで生まれた歴史家．ペロポネソス戦争（前431〜404年）に自らも参加したが，その体験をも含めて大作『戦史』を書いた（未完）．その際に公文書等の客観的証拠を重視する姿勢を示したことにより，ヘロドトスと対照されて「批判的歴史学の父」と呼ばれることがある．399年もしくはその後数年以内に没．

トゥルファン・マニ教文書

1902年以降，トゥルファン（現中国・新疆ウイグル自治区）近郊でドイツ，イギリス，フランスの探検隊が相次いで発掘した大量のマニ教文書群（この発掘では絵画類も大量に見つかっている）．写本は中世ペルシア語やウイグル語，さらには中国語で記されている．解読の結果，19世紀までは知られていなかった多くのマニ教文書が一挙に世に出ることとなり，研究が大きく進展した．

『トビト書』

旧約聖書外典の一つ．アッシリアのニネベに捕囚の身だったユダヤ人の義人トビトは，ある日雀の糞を目に受けて失明する．息子トビヤは父親が貸した金を取り戻すために行く途中，天使ラファエルの忠告に従って，河で捕まえた魚の胆汁と心臓を持って行く．目的地に着くと，それを燻して悪魔を祓い，貸した金も回収する．帰国後魚の胆汁を父親の目に塗ると，その視力が回復する——という物語．前200〜170年ごろの成立．

『トマス行伝』

外典使徒行伝の一つ．使徒トマス，正確には「双子のユダ・トマス」のインド宣教と殉教の物語．全体が13の「行い」に分けられている．途中の数ヵ所に歌が挿入されており，中でも「真珠の歌」が名高い．成立は3世紀初め，成立地はシリア，原語もシリア語であったとする説が有力である．

『トマスによるイエスの幼時物語』

5歳から12歳までの少年イエスを，超人的な異能と知能を持った神童として描く大衆読み物的な物語．神童イエスは病気と障害に苦しむ人も癒すが，自分を怒らせる者を即死させ，身体に障害を負わせたりもする．ただし，その後で彼らを再び癒すこともある．後2世紀後半の著作と推定される．

『トマスによる福音書』

ナグ・ハマディ文書*第2写本第2文書．オクシュリンコス・パピルス*にもギリシア語版の断片的な写しがある．イエスの発言を（伝統的な数え方では）114 個並べた語録集．一部は正典福音書とも一致するが，微妙に異なる語録，正典福音書には載せられていない語録も含まれ，伝承史的な関連が議論されている．語録集ゆえに複雑な成立過程が想定されるが，ほぼ現状の形になったのは 2 世紀中頃か．使徒トマスと関係の深い東シリア地域を最終成立地に想定する研究者が多い．

な　行

ナグ・ハマディ文書

1945 年にナイル川中流沿岸の町ナグ・ハマディで偶然にローマ時代の墓から発掘されたコプト語のパピルス文書群．13 の冊子からなり，解読の結果，52 個程度の文書（重複を含む）が筆写されていることが分かった．大部分がキリスト教関係の文書で，しかも「異端」的な傾向のものが多い．この写本群が筆写・制作されたのは 4 世紀半ばであり，すべてのナグ・ハマディ文書について，これが成立年代の絶対的な下限となる．

『ニコデモ福音書』

新約聖書外典の一つ．『ピラト行伝』とも呼ばれる．2 部からなり，前半はイエスの裁判が中心で，イエスの死に関するピラトの責任を完全に免除するところに特徴がある．後半はイエスの冥界降りを扱う物語で，娯楽性の高い読み物となっている．元来，両者は別々の文書であったと考えられる．しかしどちらの部分についても，成立年代は確定できない．成立場所も不明．

ヌメニオス

後 2 世紀後半の中期プラトン主義および新ピュタゴラス主義の哲学者．著作は断片的にしか知られていない．3 種類の神性を想定し，人間の魂が神的根源と同根であることを説いたと言われる．その観念には，グノーシス主義にも通じるところがあり，ユダヤ教とキリスト教についても一定の知識を持っている．プロティノス*以降の新プラトン主義に大きな影響を及ぼした．

は　行

パウサニアス

生没年不詳．後 2 世紀に『ギリシア案内記』全 10 巻を著し，ギリシア各地の歴史，地勢，習俗，建築物，名勝などについての情報をまとめた．当時の読者にとっては観光ガイドブックのような役割を果たしたが，現在の我々にとっても，ギリシア各地のローカルな事項に関する重要な情報源となっている．

『パウロ行伝』（『パウロとテクラの行伝』）

外典使徒行伝の一つ．内容はパウロの宣教活動と殉教物語．ただし宣教物語の一部は「パウロとテクラの行伝」と通称され，女性テクラが実質的な主人公となり，テクラの回心と殉教が物語られる．これは『パウロ行伝』以前にテクラ物語が成立していたことを示しており，『パウロ行伝』の著者は先行するさまざまな伝承を取り込んでこの作品をまとめたということが分かる．テルトゥリアヌスが『パウロ行伝』を知っており，200年頃の著作『洗礼について』の中で，「小アジアの長老」が「最近に」この文書を書いたと述べている．

バシレイデース

ハドリアヌスからアントニウス・ピウス帝の時代に，アレクサンドリアで活動したキリスト教的グノーシス主義者で，いわゆるバシレイデース派の教祖．その教説は神話的グノーシス主義の代表的体系の一つとされる．アレクサンドリアのクレメンス*，エイレナイオス*，ヒッポリュトス*にまとまった報告がある．うちヒッポリュトスの報告は本書の出典一覧表の『ナグ・ハマディ文書 I 救済神話』に邦訳がある．

『バルクの書』

ヒッポリュトス*が『全異端反駁』V, 26, 1-27, 5 で証言している文書で，その著者はユスティノスという名前であったという．同名の「殉教者ユスティノス*」と区別するために，「グノーシス主義者ユスティノス」とも呼ばれる．原著は失われてしまっているので，その内容もヒッポリュトスの断片的な引用をつなぎ合わせる他はない．邦訳については，本書の出典一覧表を参照のこと．なお，旧約外典の『バルク書』とは全く別の文書であることに要注意．

『バルナバの手紙』

いわゆる使徒教父文書*の一つ．本文に著者名は書かれておらず，「バルナバ」は後代につけられた二次的な名称．読者に「完全な知識」を授けようとする書簡形式の文書で，反ユダヤ教と聖書のアレゴリー的解釈を特徴とする．2世紀前半にエジプトで書かれたのではないかと推定されている．

『ピスティス・ソフィア』

大英博物館所蔵のアスキュー写本（Codex Askewianus）に筆写されている長大なコプト語文書．この写本を18世紀末にロンドンの医師アスキューが古物商から購入するまでは存在を知られていなかった．写本の成立は後4～5世紀．文書は，復活後のイエスが弟子たちに明かした秘密の教えという名目で，宇宙論や救済論などさまざまな内容を扱っている．文書としての成立年代は3世紀後半，成立地はエジプトとする説が有力．

ヒッポリュトス

後170年頃生まれのキリスト教著作家．ローマ教会の指導者として頭角を現したが，217年頃，司教カリクストゥス（カリストゥス）の時に教義上の問題で教会分裂が起こり，反カリクストゥス派のリーダーとして司教（対立司教）となった．分裂状態が続いていた235年，対立派を引き継いだ司教ポンティアヌスと共に皇帝の命令でサルジニア島に追放され，ヒッポリュトスはそのままその地で没したという．その後何らかの経緯で教会内の和解がなされ，ヒッポリュトスは殉教者・聖人として崇敬されることになった．

『フィリポによる福音書』

ナグ・ハマディ文書*第2写本第3文書．語録集であるが，『トマスによる福音書』等と較べると各語録の規模が大きく（そのため「語録」より「段落」や「パラグラフ」と呼ぶのが通例），したがって区切り方も解釈者によって大きく異なる．編者がどのような意図でこの文書を作り，その際にどのような資料を用いたのかについては議論があるが，明解な結論は出ていない．成立時期，成立地域ともに不明．

フィロストラトス

この名で呼ばれるギリシア人著作家は2世紀後半から3世紀前半にかけて4人おり，おそらくレムノス島を故郷とする一族であった．このうちフラウィオス・フィロストラトスと呼ばれる人物は，後170年頃，レムノス島で生まれ，主にアテナイとローマで活動した．「フィロストラトス」に帰されるいくつかの作品のうち，後1世紀に活動した放浪のピタゴラス派哲学者を主人公とする伝記である『テュアナのアポロニオス*伝』は，『ソフィスト列伝』と並んで，この人物の著作に間違いないとされる．250年頃に没．

フィロン（アレクサンドリアの）

前30年～前15年の間にアレクサンドリアで裕福なユダヤ人の家庭に生まれたユダヤ人哲学者，著作家．後39／40年，皇帝崇拝義務の免除を求めるユダヤ人使節団の一員として皇帝カリグラに面会した．多数の著作を残している．哲学的にはユダヤ教の教えをギリシア哲学，とりわけプラトン哲学の枠組みで理解しようと試み，また（旧約）聖書を字義的ではなく隠喩的に解釈する方法を追究した．両方の面において，後のキリスト教教義形成に大きな影響を与えた．後40年～50年頃に没．

『復活に関する教え』

ナグ・ハマディ文書*第1写本第4文書.「わが子レギノスよ」で始まる書簡形式をとっているため,『レギノスへの手紙』とも呼ばれる. 内容は復活がどのように起きるのかについて論じた論考で, そこから『復活に関する教え』という題名が付けられたものと思われる. 成立時期は, この問題が盛んに論じられていた2世紀後半と思われる. 成立地域は不明.

プラウトゥス

前254年頃に中部イタリアのサッシナ（現サルシナ）で生まれたローマの劇作家. 仕事をしながらギリシアの新喜劇を範にとったラテン語劇を創作したところ大評判となり, その後は作家業に専念したという. 生涯で130の劇を創作したとされ, うち21編が残存している. 古い時代のラテン語に関する重要な資料である一方, ルネサンス以降, シェイクスピアやモリエールなどの近代劇に大きな影響を与えた. 前184年頃に没.

プラトン

前427年にアテナイで生まれた, 古代ギリシアを代表する哲学者にして著作家. ソクラテスに傾倒し, その刑死（399年）以降, ソクラテスの対話を再現するような作品を執筆. シチリア旅行でピタゴラス派哲学に接する等の経験を経て, 387年, アテナイに学園を設立. ソクラテスとは異なる独自の思想を追究しはじめ, やはり対話文学の形式で次々に発表した.「イデア」の理論が特徴的. 347年頃アテナイで没.

プリニウス（大）

後24年頃, 北イタリアのコームム（現コモ）で生まれた軍人, 政治家にして博物学者. 軍務について頭角を現し, また69年ウェスパシアヌスが皇帝に即位すると, 政治家としても出世して属州総督等を務める. そうした公務と並行して大作『博物誌』の著述を進める. 79年夏, ナポリ近郊のウェスウィウス（ヴェズーヴィオ）火山が噴火すると, 直ちに現地調査に赴き, 酸欠や有毒ガス, もしくは他の原因で死去. 次項のプリニウスは甥にあたり, 区別するために「大」プリニウスとも呼ばれる.

プリニウス（小）

大プリニウスの甥. 後61／62年にコームムで生まれる. ローマで教育を受け, その後, 政治家としてのキャリアを積む. 100年には補充コンスル, 110年にはポントゥス・ビテュニア州の総督となる. 文筆家でもあり, 皇帝トラヤヌスを含むさまざまな人々と交わした手紙を全10巻の書簡集にまとめて自ら公刊. 113年頃に任地で没. 大プリニウスと区別する目的で「小」プリニウスとも呼ばれる.

プルタルコス

後45年頃, ギリシア・ボイオティア地方のカイロネイアに生まれた著作家, 中期プラトン派哲学者. アテナイで学んだが, その後はカイロネイアを拠点として活動した. ただしギリシア各地, そしてエジプトやイタリアにも旅行したことがある. いずれかの時点でローマ市民権を獲得しており, またデルフォイのアポロン神殿での神官職も保持していた. いわゆる『プルターク英雄伝』(『対比列伝』) と『倫理論集』の著者であり, それぞれが膨大な分量にのぼる. 120年頃に没.

プロティノス

後205年頃にエジプトのリュコポリス (デルタ地方のリュコポリス) で生まれた哲学者. いわゆる「新プラトン主義」の始祖. 244年にローマで学校を開き, 多くの弟子を育成した. 269年, 持病 (ハンセン病とも結核ともいわれる) の悪化のためカンパニア地方に移って療養生活に入るが, そのまま270年頃に没. 弟子の一人であるポリュフュリオスが, プロティノスの死後, 師の論考を整理・編集し,『エンネアデス』というタイトルで公刊した.

『ペトロ行伝』

外典使徒行伝の一つ. 全体の3分の2程度がラテン語訳で伝わり, その他は部分的にギリシア語原典のテキストが残っている. 内容はペトロの宣教活動と殉教の物語. 宣教活動は魔術師シモンとの奇跡行為対決が中心. 殉教物語は小説や映画で有名な「クオ・ヴァディス」物語のモデルとなった. 2世紀後半の成立. 成立地は不明.

『ペトロの宣教』

この書名の文書が現存するわけではなく, アレクサンドリアのクレメンス*が『絨毯』および『預言者精選』において合計9回, さらにオリゲネス*が『ヨハネ福音書注解』で1回行っているきわめて断片的な引用が知られるに過ぎない. したがって, その内容についても推測の限りを出ないが, ユダヤ教およびギリシア的多神教に対抗してキリスト教の真理性を弁証するいわゆる「護教文学」の初期に属するものと思われる. 後100年頃にエジプトで書かれたものと推定されている.

『ペトロの黙示録』

同名の文書が複数あるが, 本資料集で使われるのはナグ・ハマディ文書*第7写本第3文書. イエスが逮捕される直前, 忘我状態になったペトロが見た幻と, その中で交わしたイエスとの対話を内容としている. 敵対グループに対する論争的な姿勢と，イエスの受難は見かけだけであったという仮現論が特徴的．成立時期は2世紀後半から3世紀前半か．成立地は不明．

『ペトロ福音書』

1886／7年の冬にエジプト・アクミーム近郊で偶然に墓の中から発見された文書．ペトロが一人称で語っており，イエスの受難と復活の物語が含まれていることから，古代教会で存在が証言されていた『ペトロ福音書』と同定されている．イエス処刑の責任を全面的にユダヤ人に負わせる傾向，復活場面の詳細な描写などが特徴である．成立は後2世紀半ば，成立地はシリア地域と考えられている．

『ヘルマスの牧者』

いわゆる使徒教父文書*の一つ．ヘルマスという解放奴隷のキリスト教徒が，5編の「幻」，12編の「戒め」，10編の「譬え」を受けたことを自分で書き記したという体裁をとっている．啓示者は，最初の四つの幻は老女の姿をとった「教会」，残りは天使である．このように黙示文学のスタイルをとってはいるが，内容面では悔い改めを求める説教である．ローマで2世紀半ばに成立したと考えられている．

ヘルメス文書

ヘルメス（しばしば「ヘルメス・トリスメギストス」＝「三重に偉大なヘルメス」と呼ばれる）が導師となって弟子（しばしば「タト」を名乗る）に神秘的・哲学的な教えを授けるというスタイルの文書，もしくは教えの内容からそれに準ずると判断できる文書の総称．中世から「ヘルメス選集（Corpus Hermeticum）」という名でまとめられていた18文書を中心に，前3世紀から後3世紀にわたる数多くの文書がこれに該当する．

ま　行

『マルカーの教え』（サマリア文書）

サマリア教団（前3世紀頃にユダヤ教から分離した教団）において史上最も偉大とされる教師であり，また詩人でもあったマルカー（後4世紀後半）の著書．全6巻．アラム語で記されており，モーセ五書（サマリア教団は他の旧約文書を認めない）を対象とするミドラッシュ*風の解釈書である．最古の写本は14世紀．

マルクス・アウレリウス

ローマ皇帝にして帝政期を代表するストア哲学者．121年にローマで生まれる．

最高レベルの教育を受け，138年，アントニヌス・ピウス帝が即位すると共に，マルクスを養子として帝位継承者に選んだ．161年に即位．その後は外敵の侵入を防ぐための陣頭指揮に追われ，国境の各地を回った．そうしたさなかにギリシア語で綴りつづけた『自省録』が，マルクスが180年に戦地で没した後，公刊されて多数の愛読者を得た．

『マルサネース』

ナグ・ハマディ文書*第10写本第1文書．きわめて保存状態が悪い．主人公マルサネースが地上を離れて天の階層を次々と通過し，13番めの階層にまで到達する様子を物語る．ギリシア語のアルファベット24文字に象徴的な解釈を施す字母論が特徴的．成立時期，成立地域ともに不詳．

ミドラッシュ（ユダヤ教ラビ文献）

ユダヤ教聖書（旧約聖書）各書に対するラビたちの解釈（説教等における口頭の発言の記録）をまとめて文書化したもの．パレスティナ地域で成立．各種あるが，とりわけ「ミドラッシュ・ラッバ（大ミドラッシュ）」と呼ばれる後6世紀に集成されたシリーズが有名．

ムソニウス

後1世紀後半に活動したストア派哲学者．生没年について詳しいことは分かっていない．ローマでギリシア語を使って講義を行い，聴講者にはエピクテトス*や小プリニウス*がいた．著作活動は行わなかったと思われるが，弟子による引用を集めるという方法でムソニウス語録集が古代のうちに編纂され，その一部が現在まで伝わっている．

『メルキゼデク』

ナグ・ハマディ文書*第9写本第1文書．イスラエルの伝説的な大祭司メルキゼデクが天使ガマリエルから受ける啓示，メルキゼデクの行う供儀，そして再びメルキゼデクが啓示者たちから受ける啓示という3章構成．成立時期は2世紀後半から3世紀前半か．成立地域は不明．

や　行

『ヤコブ原福音書』

新約聖書外典の一つ．表題は伝承されておらず，著者がヤコブを名乗っていることから便宜的にこのような表題がつけられた．テキストは時代の変化と読者層の広がりによって次第に変形を被ったが，基層をなすのは処女降誕の物語で，とりわけマリアがイエスを産んだあとも処女であったことが強調される．マリア崇拝の発展に強い影響を及ぼした．後2世紀後半頃の成立．成立地域は不明．

『ヤコブの黙示録　一』

ナグ・ハマディ文書*第5写本第3文書．同名の文書がナグ・ハマディ文書中に二つあるため，便宜上「一」という番号が振られている．内容は主の兄弟ヤコブがイエスから受ける秘密の教えであるが，対話がイエスの受難前と復活後の2部に分けて設定されている．対話の後，ヤコブが殉教する場面が語られていたらしいが，写本の欠損が激しく，詳細不明．成立時期は3世紀前半か．場所はシリア・パレスティナ地域やエジプトなど諸説ある．

『ヤコブの黙示録　二』

ナグ・ハマディ文書*第5写本第4文書．同第3文書と区別するために「二」がつけられる．主の兄弟ヤコブがイエスから受けた啓示とヤコブの殉教物語とが繋ぎ合わされた形になっており，他の点もあわせて，多重な編集過程が想定できる．成立の時期，場所とも判断の手掛りを欠く．

ユスティノス

後100年頃にパレスティナのフラウィア・ネアポリス（現ナーブルス）で生まれたキリスト教哲学者，護教家．真理探究のためにギリシア哲学諸派を学んでいたところ，ある時にキリスト教徒の老人と出会い，キリスト教にこそ真理があると確信して入信したという．ローマで学園を開いて弟子を育て，また著作活動を行った．後に邪教を説いているという嫌疑で逮捕され，165年頃にローマで殉教死．

ユダヤ教十八祈禱文（シェモーネ・エズレ）

ユダヤ教の礼拝において唱えられる祈りで，その中でも最も重要なもの．「シェモーネ・エズレ」は「8・10」すなわち「18」の意であり，18の祈願からなる．ユダヤ教徒は会堂で1日3回，これを唱和することになっていた．起源は明らかでないが，この慣習は紀元前からあったと考えられる．後1世紀末，12番目の祈禱にキリスト教徒呪詛の言葉が書き込まれた．

ヨアンネス・クリュソストモス

後345年または349年，アンティオキアに生まれたキリスト教徒．アンティオキア教会で働いた後，398年に帝国首都コンスタンティノポリスの司教（主教）とされる．その後は教会内外のトラブルや権力闘争に翻弄されつづけた．407年には皇帝から黒海東岸の町ピテュウス（現グルジア共和国・ピツンダ）への追放処分を受け，そこへ向かう旅の途中，黒海南岸ポントス州のコマナで没した．説教がきわめて雄弁であったため，「黄金の口」すなわち「クリュソストモス」という別称がつけられている.

ヨセフス

後37年頃にエルサレムで生まれたユダヤ人歴史家. ギリシア語で著作. ユダヤ戦争(66年〜70年)においてイスラエル軍の一員として戦ったが67年に包囲されて投降し, その際にローマ軍司令官ウェスパシアヌスが皇帝になるであろうと予言したという. それが69年に現実になると, ヨセフスはローマで好意的に迎えられた. その後はユダヤ史の著述に専念し,『ユダヤ古代誌』『ユダヤ戦記』等を著した. 100年頃に没.

『ヨハネ行伝』

外典使徒行伝の一つ. 使徒ヨハネの宣教活動と死(殉教死ではない)を物語る. 一般に思想性よりは娯楽性を志向する外典使徒行伝の中にあって, もっとも思想性(いわゆるグノーシス主義)が強い文書である. おそらく3世紀前半の成立. 場所は分からない.

『ヨハネのアポクリュフォン』

ナグ・ハマディ文書*第2写本第1文書, 第3写本第1文書, 第4写本第1文書, そしてベルリン・グノーシス・パピルス8502と, あわせて4つの写本で伝えられている文書. イエスが弟子ヨハネに授けた啓示という仕立てで, 至高神についての説明から始まる系統的な宇宙・世界創成神話を内容とする. 写本相互の比較から, この文書は時代と共に修正され, 分量が次第に大きくなっていったことが分かる. 遅くとも2世紀前半にはこの文書の最初のバージョンが存在していたと考えられる. その地域はエジプト(アレクサンドリア)か.

『ヨハネの書』(マンダ教文書)

マンダ教徒の聖典.『王たちの書』とも呼ばれる. 信徒のためのさまざまな事柄が雑多に書かれている.『ギンザー』*を補足する役割がある. 洗礼者ヨハネが行う講話が含まれており, これはマンダ教が洗礼者ヨハネを崇敬していたこと, そしてヨハネが興したのと同様の洗礼教団がマンダ教の起源に関連することを示唆する. イスラム時代になって編纂されたが, 個々の伝承はそれより古いと考えられる.

『ヨブの遺訓』

旧約聖書偽典の一つ. 死を前にしたヨブは, 試練の後に授けられた7人の息子と3人の娘を呼び, 自らの生涯を物語る. その後に遺産を分け, ヨブは死ぬ. ここで展開される一人称による回顧は正典『ヨブ記』の語り直しであり, これを行うことに文書の主たる著作目的があったものと考えられる. 後1世紀にギリシア語で書かれたとする説が有力だが, 決定的ではない.

『ヨベル書』

旧約聖書偽典の一つ．シナイ山で律法を受け取る際にモーセが天使を通して神から受けた啓示という設定．内容が天地創造からその時点までの歴史であるため，「小創世記」という別称をもつ．写本は古代エチオピア語訳しかなかったが，死海写本に断片が見つかり，原本はヘブライ語であることが明らかになった．成立はおそらく前2～3世紀．

ら　行

『ラテン語碑文集成』（CIL）

CILはCorpus Inscriptionum Latinarumの略．名称の通り，ラテン語で刻まれている古代の碑文記録を集大成するシリーズ．1853年にローマ史学者モムゼンの主導で作業が始まり，現在もドイツを拠点として出版が続いている．

リウィウス

前59年頃にパタウィウム（現パドヴァ）で生まれたローマ人歴史家．故郷で教育を受けて成人し，30歳を越えてからローマに出たらしい．ローマではアウグストゥスの庇護を得，伝説的な建国物語から同時代までのローマ史執筆に専念した．完成した『ローマ建国史』全142巻は，残存するのは4分の1にも満たないが，帝政初期のラテン語文学を代表する散文作品であり，またローマの故事に関する情報の宝庫である．後17年に故郷パタウィウムで没したと伝えられる．

ルキアノス

後120年前後に属州シリアのサモサタ（現トルコ共和国・サムサットの近郊）で生まれたギリシア語小説作家．アテナイをはじめ各地で生活経験がある．まず弁論家として活躍したが，後に風刺的な傾向の強い小説作家となった．作品として80作もが伝えられている（偽作も含む）ことは，当時，かなりの流行作家であったことを推測させる．晩年についての確かな情報はないが，2世紀のうちに没したものと思われる．

わ　行

『われらの大いなる力の概念』

ナグ・ハマディ文書*第6写本第4文書．天地創造からノアの物語，救い主の到来と受難，冥界降り，昇天，現在の状況，そして終末論を，「肉」「心魂」

「将来」という三つの「アイオーン」に区分して概説している．成立年代や成立地域を判断する有力な手掛かりはない．

出典一覧表

I 邦 訳

あ 行

アエリウス・スパルティアヌス『ハドリアヌスの生涯』南川高志訳，『ローマ皇帝群像 1』（西洋古典叢書），京都大学学術出版会，2004 年所収
『アダムとエバの生涯』小林稔訳・解説 →『聖書外典偽典別巻 補遺 I』所収
『アダムの黙示録』大貫隆訳・解説 →『ナグ・ハマディ文書 IV 黙示録』所収
アテナゴラス『キリスト教徒のための嘆願書』井谷嘉男訳，『キリスト教教父著作集 12 初期護教論集』教文館，2010 年所収
アプレイウス『黄金のろば』（上），呉茂一訳，岩波文庫，1956 年，（下），呉茂一・国原吉之助訳，1957 年
アラトス『星辰譜』伊藤照夫訳，『ギリシア教訓叙事詩集』（西洋古典叢書），京都大学学術出版会，2007 年所収
アリアノス『アレクサンドロス大王東征記』（上下），大牟田章訳，岩波文庫，2001 年
アリストテレス『ニコマコス倫理学』（上下），高田三郎訳，岩波文庫，1971-1973 年
――――『政治学』山本光雄訳，岩波文庫，1961 年
『アリステアスの手紙』左近淑訳・解説 →『聖書外典偽典 3 旧約偽典 I』所収
アルテミドロス『夢判断の書』城江良和訳，国文社，1994 年
イグナティオス「エペソのキリスト者へ」八木誠一訳・解説，『使徒教父文書』荒井献編，講談社文芸文庫，1998 年所収
イソクラテス「デモニコスに与う」小池澄夫訳，『弁論集 1』（西洋古典叢書），京都大学学術出版会，1998 年
ウェルギリウス『牧歌』小川正廣訳，京都大学学術出版会，2004 年
――――『アエネイス』高橋宏幸訳，京都大学学術出版会，2001 年
エイレナイオス『使徒たちの使信の説明』小林稔・小林玲子訳，『初期ギリシア教父』（中世思想原典集成 1），上智大学中世思想研究所編，平凡社，1995 年所収
――――『異端反駁 III-IV』（『キリスト教教父著作集 3/I-II エイレナイオス 3-4』），小

林稔訳，教文館，1999-2000 年
エウリピデス『バッカイ』逸身喜一郎訳，『ギリシア悲劇全集 9』岩波書店，1992 年所収
『エジプト人の福音書』筒井賢治訳・解説　→『ナグ・ハマディ文書 II　福音書』所収
『エチオピア語エノク書』村岡崇光訳・解説　→『聖書外典偽典 4　旧約偽典 II』所収
エピクテトス『人生談義』(上下)，鹿野治助訳，岩波文庫，1958 年
オウィディウス『変身物語』(上下)，中村善也訳，岩波文庫，1981，1984 年
『大いなるセツの第二の教え』筒井賢治訳・解説　→『ナグ・ハマディ文書 IV　黙示録』所収
オリゲネス『ケルソス駁論 I-II』(『キリスト教教父著作集 8-9　オリゲネス 3-4』)，出村みや子訳，教文館，1987，1997 年

か　行

『雷・全きヌース』荒井献訳・解説　→『ナグ・ハマディ文書 III　説教・書簡』所収
カリトーン (アフロディシアスの)『カイレアスとカッリロエ』，『叢書アレクサンドリア図書館 11』丹下和彦訳，国文社，1998 年
キケロー『神々の本性について』山下太郎訳，『キケロー選集 11』岩波書店，2000 年所収
――――『ウェッレース弾劾』大西英文・西村重雄・谷栄一郎訳，『キケロー選集 4，5』岩波書店，2001 年所収
偽フィロン『聖書古代誌』井阪民子・土岐健治訳，教文館，2012 年
偽プラトン『アクシオコス』西村純一郎訳，『プラトン全集 15』岩波書店，1993 年所収
『ギリシア語バルク黙示録』土岐健治訳・解説　→『聖書外典偽典別巻　補遺 I』所収
クセノフォン『キュロスの教育』(西洋古典叢書)，松本仁助訳，京都大学学術出版会，2004 年
『クレメンスの手紙　コリントのキリスト者へ (1)』小河陽訳・解説　→『使徒教父文書』所収
『コーラン』(上)，井筒俊彦訳，岩波文庫，1957 年
『この世の起源について』大貫隆訳・解説　→『ナグ・ハマディ文書 I　救済神話』所収

さ　行

『砂漠の師父の言葉』谷隆一郎・岩谷さやか訳，知泉書房，2004 年
『三体のプローテンノイア』荒井献訳・解説　→『ナグ・ハマディ文書 III　説教・書簡』所収
『シェームの釈義』大貫隆訳・解説　→『ナグ・ハマディ文書 IV　黙示録』所収
『死海文書』日本聖書学研究所編訳，山本書店，1963 年 (1994 年復刊)

『使徒教父文書』荒井献編，講談社文芸文庫，1998 年
『シビュラの託宣』柴田有訳・解説　→『聖書外典偽典 3　旧約偽典 I』所収
『シビュラの託宣』佐竹明訳・解説　→『聖書外典偽典 6　新約外典 I』所収
『十二使徒の教訓』佐竹明訳・解説　→『使徒教父文書』所収
『シリア語バルク黙示録』村岡崇光訳・解説　→『聖書外典偽典 5　旧約偽典 III』所収
『シルワノスの教え』大貫隆訳・解説　→『ナグ・ハマディ文書　グノーシスの変容』所収
スエトニウス『ローマ皇帝伝』(上下)，国原吉之助訳，岩波文庫，1986 年
『スラブ語・エノク書』森安達也訳・解説　→『聖書外典偽典 3　旧約偽典 I』所収
『聖書外典偽典 1　旧約外典 I』日本聖書学研究所編，教文館，1975 年
『聖書外典偽典 2　旧約外典 II』日本聖書学研究所編，教文館，1977 年
『聖書外典偽典 3　旧約偽典 I』日本聖書学研究所編，教文館，1975 年
『聖書外典偽典 4　旧約偽典 II』日本聖書学研究所編，教文館，1975 年
『聖書外典偽典 5　旧約偽典 III』日本聖書学研究所編，教文館，1976 年
『聖書外典偽典 6　新約外典 I』日本聖書学研究所編，教文館，1976 年
『聖書外典偽典 7　新約外典 II』日本聖書学研究所編，教文館，1976 年
『聖書外典偽典別巻　補遺 I』日本聖書学研究所編，教文館，1979 年
『聖書外典偽典別巻　補遺 II』日本聖書学研究所編，教文館，1982 年
セネカ『倫理書簡集 I』(『セネカ哲学全集 5』)，高橋宏幸訳，岩波書店，2005 年
———『倫理書簡集 II』(『セネカ哲学全集 6』)，大芝芳弘訳，岩波書店，2006 年
———『自然研究』土屋睦廣訳，『自然論集』(セネカ哲学全集 3-4)，岩波書店，2005 年所収
『ゾーストリアノス』大貫隆訳・解説　→『ナグ・ハマディ文書　グノーシスの変容』所収
『ソロモンの頌歌』大貫隆訳・解説　→『聖書外典偽典別巻　補遺 II』所収

た　行

『第 3 マカベア書』土岐健治訳・解説　→『聖書外典偽典別巻　補遺 I』所収
『第八と第九のものに関する講話』大貫隆訳・解説　→『ナグ・ハマディ文書　グノーシスの変容』所収
タキトゥス『年代記』(上下)，国原吉之助訳，岩波文庫，1981 年
———『同時代史』国原吉之助訳，筑摩書房，1996 年
『魂の解明』荒井献訳・解説　→『ナグ・ハマディ文書 III　説教・書簡』所収
『ダマスコ文書』，『死海文書』日本聖書学研究所編訳，山本書店，1963 年 (1994 年復刊) 所収
『知識の解明』大貫隆訳・解説　→『ナグ・ハマディ文書　グノーシスの変容』所収
ディオゲネス・ラエルティオス『ギリシア哲学者列伝』(上中下)，加来彰俊訳，岩波文庫，

1984，1989，1994 年
テルトゥリアヌス『護教論』(『キリスト教教父著作集 14　テルトゥリアヌス 2』)，鈴木一郎訳，教文館，1987 年
デルフォイのガリオ碑文　→『原典新約時代史』116 頁所収（後出「III　研究文献・辞典・事典・その他」参照）
『闘技者トマスの書』荒井献訳・解説　→『ナグ・ハマディ文書 III　説教・書簡』所収
トゥキュディデス『戦史』（上下），久保正彰訳，岩波文庫，1966-1967 年
『トビト書』土岐健治訳・解説→『聖書外典偽典 1　旧約外典 I』所収
『トマス行伝』荒井献・柴田善家訳・解説　→『聖書外典偽典 7　新約外典 II』所収
『トマスによるイエスの幼時物語』八木誠一・伊吹雄訳・解説→『聖書外典偽典 6　新約外典 I』所収
『トマスによる福音書』荒井献訳・解説　→『ナグ・ハマディ文書 II　福音書』所収

な　行

『ナグ・ハマディ文書 I　救済神話』岩波書店，1997 年
『ナグ・ハマディ文書 II　福音書』岩波書店，1998 年
『ナグ・ハマディ文書 III　説教・書簡』岩波書店，1998 年
『ナグ・ハマディ文書 IV　黙示録』岩波書店，1998 年
『ナグ・ハマディ文書　グノーシスの変容』岩波書店，2010 年
『ニコデモ福音書』田川建三訳・解説　→『聖書外典偽典 6　新約外典 I』所収

は　行

『パウロ行伝』（パウロとテクラの行伝），青野太潮訳・解説　→『聖書外典偽典 7　新約外典 II』所収
『バルクの書』（ヒッポリュトス『全異端反駁』V，26，1-27,5），荒井献訳・解説　→『ナグ・ハマディ文書 II　福音書』所収
『バルナバの手紙』佐竹明訳・解説　→『使徒教父文書』所収
『フィリポによる福音書』大貫隆訳・解説　→『ナグ・ハマディ文書 II　福音書』所収
フィロストラトス『テュアナのアポロニオス伝 1』（西洋古典叢書），秦剛平訳，京都大学学術出版会，2010 年
フィロン（アレクサンドリアの）『正しい人はみな自由である』土岐健治訳，教文館，2004 年
――――『ガイウスへの使節』（西洋古典叢書），秦剛平訳，京都大学学術出版会，2000 年所収
『復活に関する教え』大貫隆訳・解説　→『ナグ・ハマディ文書 III　説教・書簡』所収

プラウトゥス『黄金の壺』五之治昌比呂訳,『ローマ喜劇集 1　プラウトゥス』, 京都大学学術出版会, 2000 年所収
プラトン『ソークラテースの弁明・クリトーン・パイドーン』田中美知太郎・池田美恵訳, 新潮文庫, 1980 年
―――『饗宴』鈴木照雄訳,『プラトン全集 5』岩波書店, 1974 年所収
―――『国家』(上下), 藤沢令夫訳, 岩波文庫, 1979 年
プリエネ碑文　→『原典新約時代史』37 頁所収
『プリニウス書簡集――ローマ帝国一貴紳の生活と信条』国原吉之助訳, 講談社学術文庫, 1999 年
プルタルコス「ロムルス」柳沼重剛訳,『英雄伝 1』(西洋古典叢書), 京都大学学術出版会, 2007 年所収
―――「小カトー」,『英雄伝』(九), 河野与一訳, 岩波文庫, 1956 年
―――「アレクサンドロス伝」井上一訳,『プルタルコス英雄伝』(中), ちくま学芸文庫, 1996 年所収
―――「いかに敵から利益を得るか」瀬口昌久訳,『モラリア 2』(西洋古典叢書), 京都大学学術出版会, 2011 年所収
―――「神託の衰微について」丸橋裕訳,『モラリア 5』(西洋古典叢書), 京都大学学術出版会, 2009 年所収
―――「神罰が遅れて下されることについて」田中龍山訳,『モラリア 7』(西洋古典叢書), 京都大学学術出版会, 2008 年所収
―――「教養のない権力者に一言」伊藤照夫訳,『モラリア 9』(西洋古典叢書), 京都大学学術出版会, 2011 年所収
―――「コロテス論駁」戸塚七郎訳,『モラリア 14』(西洋古典叢書), 京都大学学術出版会, 1997 年所収
―――『エジプト神イシスとオシリスの伝説について』柳沼重剛訳, 岩波文庫, 1996 年
プロティノス「グノーシス派に対して」水地宗明訳,『プロティノス, ポルピュリオス, プロクロス』田中美知太郎責任編集, 中央公論社, 1980 年所収
『ペテロ行伝』小河陽訳・解説　→『聖書外典偽典 7　新約外典 II』所収
『ペテロの宣教』佐藤吉昭訳, 青野太潮解説　→『聖書外典偽典別巻　補遺 II』所収
『ペテロ福音書』小林稔訳・解説　→『聖書外典偽典 6　新約外典 I』所収
『ペトロの黙示録』筒井賢治訳・解説　→『ナグ・ハマディ文書 IV　黙示録』所収
『ヘルマスの牧者』荒井献訳・解説　→『使徒教父文書』所収
『ヘルメス文書』荒井献・柴田有訳, 朝日出版社, 1980 年
ヘロドトス『歴史』(上中下), 松平千秋訳, 岩波文庫, 1971-1972 年
『ベン・シラの知恵』村岡崇光訳・解説→『聖書外典偽典 2　旧約外典 II』所収

ま 行

マルクス・アウレリウス『自省録』神谷美恵子訳，岩波文庫，1956 年
『マルサネース』大貫隆訳・解説　→『ナグ・ハマディ文書　グノーシスの変容』所収
『メルキゼデク』大貫隆訳・解説　→『ナグ・ハマディ文書　グノーシスの変容』所収

や 行

『ヤコブ原福音書』八木誠一・伊吹雄訳・解説　→『聖書外典偽典 6　新約外典 I』所収
『ヤコブの黙示録一』荒井献訳・解説　→『ナグ・ハマディ文書 IV　黙示録』所収
『ヤコブの黙示録二』荒井献訳・解説　→『ナグ・ハマディ文書 IV　黙示録』所収
ユスティノス『アントニヌスに宛てたキリスト教徒のための弁明（第一弁明）』柴田有訳，『ユスティノス』（『キリスト教教父著作集』1），教文館，1992 年所収
――――『ユダヤ人トリュフォンとの対話（序論）』三小田敏雄訳，同上所収
ヨセフス『ユダヤ戦記』(1)-(2)（I-IV 巻）新見宏訳，(3)（V-VII 巻）秦剛平訳，山本書店，1975-1981 年，1982 年
――――『ユダヤ古代誌』(1-6)，秦剛平訳，ちくま学芸文庫，1999-2000 年
『ヨハネ行伝』大貫隆訳・解説　→『聖書外典偽典 7　新約外典 II』所収
『ヨハネのアポクリュフォン』大貫隆訳・解説　→『ナグ・ハマディ文書 I　救済神話』所収
『ヨブの遺訓』土岐健治訳・解説　→『聖書外典偽典別巻　補遺 I』所収
『ヨベル書』村岡崇光訳・解説　→『聖書外典偽典 4　旧約偽典 II』所収

ら 行

リウィウス『ローマ建国以来の歴史 1』（西洋古典叢書），岩谷智訳，京都大学学術出版会，2008 年
ルキアノス「船または願い事」，『ルキアノス選集』（叢書アレクサンドリア図書館 8），内田次信編訳，国文社，1999 年所収
――――「デモナクスの生涯」同上
――――「死者の対話集」同上

わ 行

『われらの大いなる力の概念』大貫隆訳・解説　→『ナグ・ハマディ文書　グノーシスの変容』所収

II　原典および欧文訳（本書における日本語の見出しの五十音順）

略　号

Berger/Colpe＝K. Berger/C. Colpe, *Religionsgeschichtliches Textbuch zum Neuen Testament*, Göttingen 1987.

CIL＝*Corpus Inscriptionum Latinarum*, Berlin 1862-.

Delling＝G. Delling, *Antike Wundertexte*, Berlin ²1960（KTVÜ 79）.

Herzog＝R. Herzog, *Die Wunderheilungen von Epidauros. Ein Beitrag zur Geschichte der Medizin und der Religion*, Leipzig 1931.

IG＝*Inscriptiones Graecae*, Berlin 1873-.

KZT＝*Ausgewählte Koptische Zaubertexte I-III*（Textpublikation, Übersetzungen, Anmerkungen, Einleitung）, hrsg. von Angelicus M. Kropp, Bruxelles 1930-1931.

LCL＝*Loeb Classical Library*, London/Massachusetts.

NHC＝*Nag Hammadi Codices*.

NHS＝*Nag Hammadi Studies*, Leiden 1971-（現在はNHMS＝*Nag Hammadi and Manichaean Studies*に改称）

OCT＝*Oxford Classical Texts*.

PGM＝*Papyri Graecae Magicae. Die griechischen Zauberpapyri I-II*, hrsg. von K. Preisendanz, Leipzig 1928-1931, Stuttgart ²1973-1974.

SIG＝*Sylloge Inscriptionum Graecarum I-IV*, hrsg. von W. Dittenberger, Leipzig ³1915-1923.

SC＝*Sources Chrétiennes*, Paris 1941-.

SVF＝*Stoicorum Veterum Fragmenta I-IV*, hrsg. von J. von Arnim, Stuttgart 1903-1924.

Strack/Billerbeck＝H. L. Strack/P. Billerbeck, *Kommentar zum Neuen Testament aus Talmud und Midrasch*, 5 Bde, München 1924-1928.

「重訳」とある場合は，すべて大貫隆訳である.

あ　行

アエリウス・アリスティデス「アスクレピオスの泉によせて」:『講話』39, 15 : Delling, Nr. 29.

―――「サラピス神礼賛」:『講話』45, 29. 31. 33 : Delling, Nr. 32.

―――「聖なる話」II :『講話』48, 30-35 : Delling, Nr. 31.

アプレイオス『弁明』: *Apulée, Apologie, Florides*, texte établi et traduit par P. Vallette, Paris ³1971.

――― 『講談集』: 同上所収
アルキノオス『プラトン哲学要綱』: Alcinoos, *Enseignement des doctrine de Platon*, Introduction, texte établi et commenté par John Whittaker et traduit par Pierre Louis, Paris 1990.
イアンブリコス『ピュタゴラス伝』: Iambrichos, *Pythagoras: Legende-Lehre-Lebensgestaltung*, Griechisch-deutsch, hrsg. von Michael von Albrecht, Zürich/München ²1985.
イブン・アン・ナディーム『フィフリスト（学術書目録）』: G. Flügel, *Mani, seine Lehre und seine Schriften*, Leipzig 1862, Nachdruck Osnabrück 1969 ; 英語版 : *The Fihrist of al-Nadim: a tenth-century survey of Muslim Culture*, translated by Bayard Dodge, Columbia Universuty Press 1970.
エイレナイオス『異端反駁』: Irenäus von Lyon, Adversus *Haereses/Gegen die Häresien*, Griechisch-Lateinisch-Deutsch, übersetzt und eingeleitet von N. Brox, Freiburg i. B., 1993.
エウセビオス『福音の準備』: Eusèbe de Césarée, *La Préparation évangélique*,
Livres V, 18-36-VI, éd. Édouard des Places, Paris 1980（SC 266）.
Livres VIII-IX-X, éd. Édouard des Places/Guy Schroeder, Paris 1991（SC 369）.
Livres XII-XIII, éd. Édouard des Places, Paris 1983（SC 307）.
Livres XIV-XV, éd. Édouard des Places, Paris 1987（SC 338）.
エピダウロス碑文　石碑 A, B : Delling, Nr. 24＝Herzog, 8-32（＝IG IV² I, 121-123）からの抜粋.
エピファニオス『薬籠』: Epiphanius I（Panarion haer. 1-33）, hrsg. von K. Holl, Berlin 1915; II（Panarion haer. 34-64）, 1922（²1980）.
オクシュリンコス・パピルス 1381, 51-57, 79-145, 203-222 行 : *The Oxyrhynchus Papyri*, Part XI, ed. B. P. Grenfell/A. S. Hunt, London 1915＝Delling, Nr. 35.（抜粋）

か　行

偽アリストテレス『世界について』: P. Gohlke, *Über die Welt: Aristoteles an König Alexander*, Paderborn ²1952 ; E. S. Forster, De Mundo, Oxford 1913.
キケロー『ラビリウス弁護演説』: Cicero, *Pro C. Rabirio Perduellionis reo*, A. C. Clark（ed.）, *M. Tulli Ciceronis Orationes IV*, Oxford 1909（OCT）.
『ギリシア語碑文集』＝IG.
『ギリシア語碑文集成』＝SIG ³III, Nr. 1171, 1173＝Delling, Nr. 26, 27.
『ギリシア語魔術パピルス』＝PGM.
クラテスの手紙 : A. J. Malherbe（ed.）, *The Cynic Epistles: A Study Edition*, Atlanta 1977（Sources for Biblical Study, V. 12）所収.
クレメンス（アレクサンドリアの）『絨毯』: *Stromata, Clemens Alexandrinus*, hrsg. von O. Stählin, Bd. 2（Buch I-VI）, Berlin 1906; Bd. 3（Buch VII-VIII）1909.

『古代誌』(Palaia):A. Vassiliev, *Anecdota Graeco-Byzantina*, Moskau 1893, p. 258 に基づく K. Berger/C. Colpe, Nr. 611 から重訳.

『コプト語魔術パピルス』=KZT.

さ 行

サマリア文書『マルカーの教え』: J. Macdonald (ed.), *Memar Marqah*, 2 Vols, Berlin 1963 (BZAW 84) から重訳.

ストバイオス『詞華集』: *Ioannis Stobaei Anthologium*, recensuerunt Curtius Wachsmuth et Otto Hense, Apud Weidmannos, Volumen I–II, 1884 (C. Wachsmuth), III–V, 1894, 1909, 1912 (O. Hense).

『セクストゥスの金言』: H. Chadwick (ed.), *The Sentences of Sextus*, Cambridge 1959.

セトム・カエムウェーゼが息子シ・オシレと陰府に下る話: E. Brunner-Traut (Hg.), *Altägyptische Märchen*, Düsseldorf, ^{2}1965 から重訳.

た 行

第5エズラ書 1, 28–30: Berger/Colpe, Nr. 174a から重訳.

第6エズラ書 16, 41–46: Berger/Colpe, Nr. 431 から重訳.

ディオ・カシウス『ローマ史』: Cassius Dio, *Roman History*, transl. by E. Cary/H. B. Foster, Vol. VII (Books 56–60), London/Massachusetts (Harvard UP), 1924 (LCL); Vol. VIII (Epitome of Book LXI–LXX), 1925. 但し, 38L, 175C, 176C については, Tufts University の *Digital Library, Perseus Collection: Greek and Roman Materials* による.

『デモティック語魔術パピルス』: F. L. Griffith, *The demotic magical Papyrus of London and Leiden*, Vo. 1, London 1904 から重訳.

『テュアナのアポロニオスの手紙』: Philastratus, *The Life of Apolonius of Tyana II*, by F. C. Conybeare, London/Massachusetts (Harvard UP), 1912 (LCL 17).

テルトゥリアヌス『マルキオン反駁』: Tertullian, *Adversus Marcionem*, edited and translated by E. Evans, 2 vols, Oxford 1972 (OECT).

『トゥルファン・マニ教文書』: *Handschriften-Reste in Estrangelo-Schrift aus Turfan, Chinesisch-Turkistan*, II. Teil, hrsg, v. F. W. K. Müller, Berlin 1904 から重訳.

は 行

パウサニアス『ギリシア案内記』

VI, 26,1-2：Delling, Nr. 18.
X, 38,13：同上 Nr. 28.
『バルクの書』：ヒッポリュトス『全異端反駁』V, 26, 1-27, 5 所収.
『ピスティス・ソフィア』：*Pistis Sophia*, hrsg. von Carl Schmidt（Leipzig 1905）, transl. Violet Macdermot, Leiden 1978（NHS IX）.
ヒッポリュトス『全異端反駁』：M. Marcovich（ed.）, *Refutatio Omnium Haeresium*, Berlin/New York 1986.
フィロストラトス『テュアナのアポロニオス伝』（部分的に邦訳あり）：Philostratus, *The Life of Apollonius of Tyana*, I-II, by F. C. Conybeare, London/Massachusetts（Harvard UP）, 1912（LCL 16-17）.
フィロン（アレクサンドリアの）『律法の寓喩的解釈』：Philo, *Legum Allegoria/Allegorical Interpretation of Genesis II, III*＝Philo I, by F. H. Colson/G. H. Whitaker, London/Massachusetts（Harvard UP）, 1929（LCL 226）所収.
―――『モーセの生涯』：Philo, *De Vita Mosis/Moses I and II*＝Philo VI, by F. H. Colson, London/Massachusetts（Harvard UP）, 1935（LCL 289）所収.
―――『賞罰について』：Philo, *De Praemiis et Poenis/On Rewards and Punishments*＝Philo VIII, by F. H. Colson, London/Massachusetts（Harvard UP）, 1939（LCL 341）所収.
プリニウス（大）『自然誌』：C. Plinii Secundi/C. Plinius Secundus der Ältere, *Naturalis Historiae/Naturkunde*, Lateinisch-deutsch, Libri/Bücher XXIX-XXX, München/Zürich 1991.
プルタルコス「スパルタ人の箴言」：Plutarch, *Sayings of Spartans*＝Plutrach's Moralia III, by F. C. Babbitt, Massachusetts（Harvard UP）/London 1931（LCL 245）所収.
―――「ローマ人の習慣について」：Plutarch, *The Roman Questions*＝Plutrach's Moralia IV, by F. C. Babbitt, Massachusetts（Harvard UP）/London 1936（LCL 305）所収.
―――「アレクサンドロスの幸運について」同上所収.
―――『食卓歓談集』：*Plutarch, Table-Talk*（Book VII）＝Plutrach's Moralia IX, by E. L. Minar/F. H. Sandbach/W. C. Helmbold, Massachusetts（Harvard UP）/London 1961（LCL 425）所収.

ま 行

マンダ教文書『ギンザー』：*Ginzā, Der Schatz oder Das große Buch der Mandäer*, übersetzt und erklärt von Mark Lidzbarski, Göttingen 1925, Neudruck 1978 から重訳.
マンダ教文書『ヨハネの書』：*Das Johannesbuch der Mandäer*, Einleitung, Übersetzung, Kommentar von Mark Lidzbarski, Giessen 1915, Nachdruck Berlin 1966 から重訳.
ムソニウス『談論』：O. Hense（Hg.）, *C. Musonius Rufus Reliquiae*, Leipzig（Bibliotheca Scriptorum Graecorum et Romanorum Teubneriana）1905, Nachdruck 1990.

や　行

ユスティニアヌス『学説彙纂』: *Iustiniani Digesta*, recognovit Theodorus Mommsen/Retractavit Paulus Krueger（Corpus Iuris Civilis, vol. I）, Berlin ^{16}1954.

ユスティノス『ユダヤ人トリュフォンとの対話』: *Justinus Martyr, Dialogus*＝E. Goodspeed（Hg.）, Die ältesten Apologeten, Göttingen 1914 所収.

ユダヤ教十八祈禱文（シェモーネ・エズレ）: K. G. Kuhn, *Achtzehnbittengebet, Vater unser und Reim*, Tübingen 1950 から重訳.

ユダヤ教ラビ文献

バビロニア・タルムード Berakhoth 34b : *Der babyronische Talmud*, neu übers. von L. Goldschmidt, I, Berlin ^{2}1964, Nachdruck Königsstein/Ts 1980, 155-156 から重訳.

バビロニア・タルムード Taanith 24b-25a : 同上 III, Berlin ^{2}1965, Nachdruck Königsstein/Ts 1980, 723 から重訳.

バビロニア・タルムード Baba mezia 59b : 同上 VII, Berlin ^{2}1964, Nachdruck Königsstein/Ts 1981, 638 から重訳.

バビロニア・タルムード Sanhderin 100b : 同上 IX, Berlin ^{2}1967, Nachdruck Königsstein/Ts 1981, 84 から重訳.

エルサレム・タルムード Berakhoth 9, 1 : P. Fiebig, *Jüdsiche Wundergeschichten des neutestamentlichen Zeitalters*, Tübingen 1911, 61-62 から重訳.

エルサレム・タルグーム創世記 38, 25-26 : Berger/Colpe, Nr. 157 から重訳.

ミドラッシュ雅歌 7, 3 : Strack/Billerbeck, IV/$_{2}$, 852-853 から重訳.

カッディッシュの祈り : Strack/Billerbeck, I, 408-409 から重訳.

ヨアンネス・クリュソストモス「自宅に処女たちを隠匿している者たちを駁す」: J. Dumortier（ed.）, *Saint Jean Chrysostome: Les cohabitations suspectes. Comment observer la virginité*, Paris 1955（Nouvelle Collection de Textes et Documents 22）所収.

ら　行

『ラテン語碑文集成』VI, 3＝CIL, vol. VI, pars III p. 2244 Nr. 21521: Tituli sepulcrales: ediderunt E. Bormann/G. Henzen/Chr. Huelsen, Berlin 1886.

リウィウス『ローマ建国以来の歴史』II, XXXIX : T. Livius, *Ab Urbe Condita/Römische Geschichte*, Buch I-III, Lateinisch und deutsch, hrsg. von H. J. Hillen, München/Zürich 1987; Buch XXXIX-XLI, 1983.

ルキアノス『嘘好き』: Lukian, Lügenfreund＝Die Hauptwerke des Lukian, *Griechisch und deutsch*, hrsg. und übers. von K. Mras, München ^{2}1980 所収.

――――『ペレグリーノスの最期』: Lukian, *Des Peregrinos Lebensende*, 同上所収.

――――『偽預言者アレクサンドロス』: Lucian, *Alexander the false Prophet*＝Lucian IV, by A. M. Harmon, London/Massachusetts（Harvard UP）1925（LCL 162）所収.

III　研究文献・辞典・事典・その他

A　邦文

『原典新約時代史――ギリシャ，ローマ，エジプト，ユダヤの史料による』蛭沼寿雄・秀村欣二・新見宏・荒井献・加納政弘，山本書店，1976年
『旧約新約聖書大事典』旧約新約聖書大事典編集委員会，教文館，1989年

B　欧文

Barrett, C. K., *Die Umwelt des Neuen Testaments. Ausgewählte Quellen*, übers. von C. Colpe, Tübingen 1959（原著は英語）.

Deissmann, A., *Licht vom Osten. Das Neue Testament und die neuentdeckten Texte der hellenistisch-römischen Welt*, Tübingen [4]1923.

Immisch, O., *Philologische Studien zu Platon. Erstes Heft. Axiochus*, Leipzig 1896.

Klauck, H.-J., *Die religiöse Umwelt des Neuen Testaments I*, Stuttgart 1995.

Leipoldt, J./Grundmann, W.（Hgg）, *Umwelt des Urchristentums*, Bd. III, Berlin [3]1973.

Lexicon Iconographicum Mythologiae Classicae（LIMC）, Zürich/München 1981–.

Martíneg, F. G., *The Dead Sea Scrolls Translated: The Qumran Texts in English*, Leiden 1994.

Pauly, *Der Neue, Enzyklopädie der Antike*, 12/2, Stuttgart/Weimar 2002.

Peek, W., *Griechische Grabgedichte*, Berlin 1960, SQAW 7.

Stead, M., *Egyptian Life*, London 1986, p. 25.

Von Gemünden, Petra, *Vegetationsmetaphorik im Neue Testament und seiner Umwelt*, Freiburg（Schweiz）/Göttingen 1993.

———, *Die Palmenzweige in der Johanneischen Einzugsgeschichte (12, 13). Ein Hinweis auf eine symbolische Uminterpretation im Johannesevangelium?*, in: *Picturing the New Testament*, A. Weissenrieder, F. Wendt and P. von Gemünden（ed.）, Tübingen 2005.

Weinreich, Otto, *Türöffnung im Wunder- und Prodigien- und Zauberglauben der Antike, des Judentums und Christentums*（1929）, in: ders., *Gebet und Wunder, zwei Abhandlungen zur Religions- und Literaturgeschichte*, abgedruckt in: ders., *Religionsgeschichtliche Studien*, Stuttgart 1968.

あとがき

東京大学出版会の小暮明さんから，最初に本書の企画について相談があったのは2009年春のことであったと記憶する．同出版会からは，すでに『西洋古代史資料集』（1987年）と『哲学　原典資料集』（1993年）が刊行されており，それと同じ趣旨の資料集を新約聖書についても刊行したいとのことであった．「はじめに」にも記した通り，折しも新約聖書に関連するヘレニズム文化圏の著作の原典訳が目覚ましい勢いで蓄積されていたことに鑑みて，私はこの企画を時宜に適したものと考え，喜んでお受けした．

当初は引照本文を，宗教，思想，哲学，文学など領域ごとに分類して提示することも考えたが，最終的には，利用者の便宜を考えて，新約聖書の該当箇所に沿って立項して提示する方式を採用した．その点ではK. Berger/C. Colpe (Hgg.), *Religionsgeschichtliches Textbuch zum Neuen Testament*, Göttingen 1987から，少なからず示唆を受けている．

項目の選定には，基本的に私が責任を負っている．その上で，筒井賢治氏には約30項目について，既存の邦訳の選定，それがない場合には原典訳，そして解説をお願いした．筒井氏は私が原典から行った翻訳にも目を通し，補正してくださった．しかし，それぞれの原典訳に対する責任は，あくまでそれぞれにあることをお断りしておきたい．筒井氏には，その他にも巻末の「著者・著作解説」の執筆，原稿全体の仕上げと閲読，校正などに一方ならずご協力をいただいた．篤くお礼を申し上げたい．

本書の刊行は当初2010年の秋の予定であった．それをはるかに超えて4年間にわたり，終始忍耐強く原稿の仕上がりを待ってくださった小暮明さんにも，篤くお礼を申し上げたい．

当然のことながら，本書は決して網羅的であることを主張するものではない．採用に値するテキストでありながら，紙幅の都合で断念したものも少なくない．また，編者の不勉強による見落としもあるに違いない．読者の方々のご叱正を乞う次第である．

2013年正月

大貫 隆

大貫　隆
1945年生れ．ドイツ・ミュンヘン大学にてDr. theol. 取得．東京大学大学院人文科学研究科博士課程（西洋古典学）修了．現在，自由学園最高学部教師，東京大学名誉教授．『イエスという経験』（岩波書店，2003年），『聖書の読み方』（岩波新書，2010年）など．

筒井賢治
1965年生れ．東京大学大学院人文科学研究科修士課程（西洋古典学）修了．ドイツ・マインツ大学にてDr. phil. 取得．現在，東京大学教養学部准教授．Die Auseinandersetzung mit den Markioniten im Adamantios-Dialog (Walter de Gruyter, Berlin/New York, 2004),『グノーシス――古代キリスト教の〈異端思想〉』（講談社選書メチエ，2004年）など．

新約聖書・ヘレニズム原典資料集

2013年2月22日　初　版

［検印廃止］

編訳者　大貫（おおぬき）　隆（たかし）・筒井賢治（つついけんじ）

発行所　一般財団法人　東京大学出版会
代表者　渡辺　浩
113-8654 東京都文京区本郷7-3-1 東大構内
http://www.utp.or.jp/
電話 03-3811-8814　Fax 03-3812-6958
振替 00160-6-59964

装　幀　間村俊一
印刷所　株式会社精興社
製本所　誠製本株式会社

ISBN 978-4-13-012450-8　Printed in Japan